FRAUKE SEEBA
MATTHIAS SEEBA-GOMILLE

AKTIVISTMUSS

EIN POLITISCHES MITMACHBUCH

Danke

Für mehr Herz, Hirn und Verstand.
Wenn der Faschismus wieder kommt…,
dann sollten wir ihm die Wurzeln kappen.

Viele Menschen haben uns durch dieses Projekt getragen, haben uns den Kopf gewaschen, uns motiviert, abgelenkt und unterstützt:

Anna, Melli und Hans-Peter, meine seelische Unterstützung und Lieblingsmenschen, Euch ist es zu verdanken, dass ich weder meinen Verstand noch mich selbst verloren habe. Selda, Müslimistin mit orthografischen Zauberkräften und riesigem Herz, Du hast mich meine Wörter auch fühlen lassen.

Papa und Mama, Ihr habt mir beigebracht, an das Gute und an mich selbst zu glauben, niemals aufzugeben, zu lieben statt zu hassen, und mir die Welt geöffnet.

Hanno und Focko, Ihr seid die Ruhe und das Chaos, doch vor allem seid Ihr immer da, wenn ich Euch brauche. Heiko, Du bringst mich wieder und wieder an meine Grenzen, aber Du zeigst mir auch, dass es sich lohnt, zu kämpfen und die Hoffnung nicht aufzugeben.

Matze, Du zeigst Du mir, dass einfach alles möglich ist! Du ertappst und pushst mich, machst mich glücklich und verliebt, wahnsinnig und verletzlich … und das ist auch gut so!

Z., M. und B., Ihr seid großartig, neugierig, kritisch und stark – Ihr werdet die Welt ein kleines Stückchen besser machen – ganz sicher!

– Kiki –

Ich danke meiner Frau, meinen Kindern, all den Menschen, die sich meine Freund:innen und Wegbegleiter:innen nennen, dem Verlag Antje Kunstmann, Wiebke Lüftner und meiner Psychologin Frau Dr. Stadtmann.

– Matze –

Ein besonderer Dank gilt allen Unterstützer:innen, allen Fans und Freund:innen der Hooligans Gegen Satzbau in den letzten acht Jahren. Ohne Euch wäre vieles nicht möglich und wir nicht da, wo wir sind.

Verlag: Antje Kunstmann GmbH, München 2023
Idee, Konzept, Inhalt & Umsetzung: Frauke Seeba, Matthias Seeba-Gomille
Fotos, Bilder: privat, www.unsplash.com, siehe Quellenangaben
Druck und Bindung: Pustet, Regensburg
ISBN: 978-3-95614-544-5

♪00

DIE PLAYLIST ZUM BUCH:

www.aktivistmuss.de

INHALT

DEMOKRATIE?!

10 Vorwort

12 Was mir zur Demokratie einfällt
14 Klar, da kenn ich mich aus!
16 Mich hat aber niemand gefragt!
18 Gewaltenteilung leicht gemacht
20 In bester Verfassung? Das Grundgesetz
22 Der Wahrheit auf der Spur
26 Endlich souverän! – Die „Verfassunggebende Versammlung"
28 Die Ewigkeitsklausel und der Schutz vor einer Diktatur
30 Diktatur – Rette sich wer kann!
32 Wie frei bin ich?
34 Die AfD als Verteidigerin des Grundgesetzes?
36 Die Freiheitliche Demokratische Grundordnung
38 Wahlen – Wer nicht wählt, hat bereits gewählt
42 Lass Köpfe rollen

49 Meinungsfreiheit – Das wird man ja wohl noch sagen dürfen!
50 Zensur?
54 Halt die Fresse, hier herrscht Meinungsfreiheit!
56 Was die AfD über Meinungsfreiheit denkt

INHALT

SCHÖNE NEUE WELT

62 Geschlossene Welten

64 Algorithmen – Du liest, was Du bist

66 Bleib, wo Du bist – Filterblase und Echokammern

68 Die wundersame Welt der Suchmaschinen

70 Das ist aber Troll hier!

72 Tanz der Sockenpuppen

74 Socialbots – Propagandamaschinen

76 Fakten? Alternativlos!

78 Undercovernews – Fakt oder kann das weg?

80 Alternative Fakten und gefühlte Wahrheiten

82 Was ist eigentlich dieser Journalismus... ?

84 Systempresse vs. Pressefreiheit

86 Faktencheck – Verarschen kann ich mich alleine!

90 Das ist alles nur geklaut!

92 Bilder- und Videorückwärtssuche

93 Deepfakes erkennen

94 Eindeutige Beweise?

96 Bildercheck – Was Sharepics verraten

98 Kontext is King

100 Die Macht der Sprache

100 Cancel Culture und Political Correctness

102 Politische Korrektheit – Praxistest

104 Das ist doch voll divers!

109 Cancel Culture?! – Was denkst du?

112 Gendern – Aber wie?!

114 Silencing – Wie man Leute zum Schweigen bringt

118 Tone Policing – So rede ich nicht mit dir!

122 Scheinargumente

126 Strategisches lachen – Lachsmileys

128 Rassistisch? Fremdenfeindlich? Rechtsextrem?

INHALT

RECHT(S) GEFÄHRLICH

132 Wo ist eigentlich rechts?
137 Fischen am rechten Rand
140 Vom Wahlkampf zum Machtkampf
142 Rechtspopulismus – Rechtsextremismus
144 Extrem populistisch
146 Aber die AfD ist doch nicht rechtsextrem!?

148 Systematische Diskriminierung
150 Formen der Diskriminierung
152 Du und und Deine Rassismen
154 Alltagsrassismus
157 Entdecke Deine Privilegien

158 Recht(s) deut(sch)lich
160 Neue Führer – Braune Stars und Sternchen
168 (R)echte Sprachrohre
172 Müll entsorgen und sortieren
174 Gaming extrem

178 Nazis erkennen
180 Nazi-Symbole – Rechte Klebchen
185 Nazi-Codes – Das ABC der Neonazis
186 Nazi-Mode – Der Neonazis neue Kleider
188 Flagge zeigen
190 Online-Nazis – Memekrieg an der Netzwerkfront
196 Vom Digitalen ins Analoge – Stochastischer Terrorismus
198 Rechte Rhetorik und populistische Tricks
200 „Nazisatire" – Lachen mit Nazis?!
202 Deutschland – Aber normal!
204 Angstmachen
208 Über die Angst
210 Höckes kleines Angstlabor
214 #KeineAngst – Das Songprojekt

INHALT

DIE GROSSE VERSCHWÖRUNG

222 Freunde der Nazis
222 Spaziergänge der Ich-Bin-Kein-Nazi-Abers
224 Undercover-Nazi
227 (Ab)-Spaltung
228 Die Querdenkenden
232 Die Reichstagstreppen-Clowns
234 Versteckte Anführer:innen
240 Die Querfront – Wenn sich der Kreis schließt
241 Dunning-Kruger und die Scheinexpert:innen
242 Incels – Toxisch männlich

244 Verschwörungen – Nächste Woche sterben wir alle – reloaded – Nächste Woche sterben wir alle – reloaded –

244 Verschwörungen – Nächste Woche sterben wir alle – reloaded –
246 Warum glauben wir Verschwörungserzählungen?
250 Verschwörte Sprache
251 Verschwörtes Wissen
252 Die wirklich wahre Wahrheit
254 Von Gefahren und Lösungen
256 Verschwörte Welt
258 Verschwörungscheck
260 Aufstand in Schwurbelhausen
262 Verschwörungserzählungen und rechte Propaganda
264 Reichsbürger:innen und Selbstverwalter:innen
266 Austritt aus der Bundesrepublik Deutschland

268 Kann mal jemand unsere Verfassung schützen?!
268 Extremismus und die Hufeisentheorie
270 Der Verfassungsschutz
272 Verdächtig – verdächtiger – am verdächtigsten
274 Politisch motivierte Kriminalität – PMK
276 Neutrale Polizei?
280 Aber die Linken...!
282 Hilfe!!! Der Linksrutsch kommt!

AKTIV IST MUSS

286 Aktivis[t]mus[s]
288 Bin ich etwa Antifaschist:in?
290 ANTIFA – Die sind doch alle linksradikal!
292 ANTIFA – Die Klassiker
294 Leaking ANTIFA
296 Zusammen statt gegeneinander
300 Attila Klaus Peter H. und der vergessene Faktencheck

310 Aktivismus
310 Wie werde ich Aktivist:in?
312 Diskutieren oder ignorieren?
314 Diskutieren mit Strategie

318 Online-Aktivismus
320 Digitaler Selbstschutz
322 Sei Dein eigenes Sprachrohr
324 Memes – Sage es mit Bildern
326 Keine Plattform für Täter:innen
327 Hilfe, ich hab Scheiße im Netz!
328 Was tun mit menschenverachtenden Beiträgen?
330 Hate Speech – Wenn der Hass spricht...
331 ... gibt es ein Gegenmittel – Widersprich dem Hass
332 Wehrhaftes Netz – Löschen, Blocken, Melden
338 Hass mit System

340 Offline-Aktivismus
341 Handeln statt zusehen
342 Straßenprotest – Demonstrativ demonstrieren
344 Demoanmeldung leicht gemacht
350 Kreativer Protest
352 Ziviler Ungehorsam
353 Sitzblockade – Sitzenbleiben gegen Rechts
354 Sitzenbleiben, stehen oder gehen
356 Antifaschistische Schule

360 Begrifflichkeiten

VOrWORT

♪01

Faschist:innen dürfen sich wählen lassen?!

Die AfD ist Teil unserer Demokratie?!

Rechte Influencer:innen mit Hundert tausenden „Fans“ verbreiten in Lifestyle-videos Menschenhass.

Esoteriker:innen tanzen auf rechtsextremen Demos für den „Frieden“.

Hass wird in Fabriken gezüchtet!

Anthroposoph:innen attackieren die Presse, während sie nach „Freiheit“ schreien.

Sockenpuppen, Trolle und Bots faken „Mehrheitsmeinungen“.

Respekt wird als „postmoderne Hasstirade“ mit dem Vorschlaghammer „eingetrichtert“.

Rechtsextreme Polizist:innen hetzen in internen Chats gegen BIPOC.

Hass, Ausgrenzung, alternative „Wahrheiten", Schwurbeleien und Anfeindungen begegnen uns überall, im digitalen wie im analogen Leben, in den sozialen Medien wie auf der Straße. Wir fragen uns, wo das alles hinführen wird, und merken genau, dass wir etwas tun sollten.

Aber was? Und wo fangen wir an?
Dieses Buch hat weder einen Anfang noch ein Ende. Schlag es auf, egal, an welcher Stelle. Blättere vor und zurück. Du wirst eintauchen in eine „Schöne neue Welt", Dir vielleicht die Frage stellen, warum Du so wenig über unsere „Demokratie?!" weißt, und erkennen, dass es „Recht(s) gefährlich" ist, wenn wir nicht endlich genauer hinschauen. Du wirst sehen, welche Gefahren „Die große Verschwörung"mit sich bringt und warum so viele Menschen an sie glauben. Die Herausforderungen sind groß. Aber Du wirst die Challenge annehmen, denn der Gedanke „Aktiv ist Muss" wird Dich nicht mehr loslassen, bis Dir irgendwann klar wird, was Du tun musst und kannst.

Mach das Buch zu Deinem und entscheide selbst, wo es Dich hinführen soll. Lass Dich mitreißen, lies hier ein wenig und dort weiter. Immer wieder werden Dir Querverweise (-> „siehe S. XXX") begegnen, die Dich an eine andere Stelle bringen. Du wirst niemals ans Ende gelangen, denn kaum bist Du dort, fängt alles wieder von vorne an.

Halte Dein Handy bereit — Du wirst es brauchen. QR-Codes werden Dich aus dem Buch herausführen – zu Infos oder Videos, die Dich tiefer ins Thema oder zum Lachen bringen.

Auf www.aktivistmuss.de findest Du die Playlist zum Buch. Jedes Mal, wenn Du beim Lesen über ein Noten-Symbol stolperst, verrät Dir die Nummer daneben einen Song von der Playlist, der zum jeweiligen Inhalt passt.

Von Rechtspopulist:innen bis Terrorist:innen haben sie eins gemeinsam: sie wollen in die Geschichtsbücher eingehen. In unseres werden sie es nicht, darum verzichten wir auf ihre Namen und sprechen lieber über ihre Worte und Taten. Die Infos in diesem Buch sind wahr, ehrlich und überprüfbar. Trotzdem ist das Buch weder ein Lehrbuch über Demokratie noch eine Studie über Aktivismus oder ein objektiv-neutrales Sachbuch. Als Aktivist:innen sind wir Teil von ihm und machen kein Geheimnis aus unserer Haltung. Wir wollen Dich nicht belehren, sondern weiterbringen, unterstützen und informieren. Dabei können wir nicht neutral sein und wollen das auch gar nicht. Denn gegenüber Faschismus und Hass sollte niemand „neutral" sein. Im Gegenteil, wir sollten uns diesen Dingen immer entgegenstellen.

Wer nicht FÜR den Faschismus ist, ist GEGEN ihn und wer GEGEN Faschismus ist, ist ANTIFAschist:in.

DEMO-KRATIE

Was mir Zum Thema einfällt:

02

Demokratie

KLAR, DA KENN ICH MICH AUS!

♪03

1. Was bedeutet Demokratie?

A) Herrschaft einer Minderheit
B) Herrschaft einer Mehrheit
C) Herrschaft des Volkes
D) Herrschaft des Systems

2. Nach dem deutschen Grundgesetz geht alle Staatsgewalt …

A) vom Staate aus
B) vom Volke aus
C) von der Regierung aus

3. Wer wählt eigentlich die/den Bundeskanzler:in?

A) Das Volk
B) Der Bundesrat
C) Der Bundespräsident
D) Der Bundestag

4. Was ist kein Grundrecht?

A) Freie Meinungsäußerung
B) Versammlungsfreiheit
C) Unverletzlichkeit der Wohnung
D) Asylrecht

5. Deutschland eine Demokratie?! Seit wann das denn?

A) seit 1933
B) seit 1949
C) seit dem Kaiserreich
D) von 1918-1933

6. Was ist DAS zentrale Element einer Demokratie?

A) Wahlen
B) Demonstrationen
C) Die Macht des Lauteren
D) Meinung vor Wissen

7. Gibt es in Deutschland eine Wahlpflicht?

A) ja, bedingungslos
B) nein
C) erst ab 18
D) ja, aber man kann sie umgehen

ZUM NACHDENKEN

In einer Demokratie entscheidet und bestimmt stets die Mehrheit. Das heißt auch, dass es immer eine Minderheit gibt, die nicht einverstanden ist oder gar unter den Entscheidungen der Mehrheit leidet. Ein hausgemachtes Problem. Wie denkst Du darüber?

8. Passives Wahlrecht bedeutet, dass ...

A) man online wählen kann
B) man per Post von zu Hause aus wählen kann
C) man selber gewählt werden kann

9. Was bedeutet Gewaltenteilung?

A) Dass das Volk das System stürzen kann, wenn es gemeinsam Gewalt ausübt.

B) Dass sich die staatliche Gewalt auf mehrere Staatsorgane aufteilt, die sich kontrollieren und ihre Macht beschränken.

C) Dass Polizei und Bundeswehr ausschließlich gemeinsam gegen Proteste vorgehen dürfen, wenn sie Gewalt anwenden wollen.

AUFLÖSUNG

1. Das Wort „Demokratie" kommt aus dem Griechischen und bedeutet „Volksherrschaft". Während in den kleinen Gesellschaften im alten Griechenland Gesetze noch über Abstimmungen auf dem Marktplatz entschieden wurden, ersetzte in den meisten demokratischen Ländern die repräsentative Demokratie diese Art der direkten Demokratie. Das Volk herrscht nun indirekt durch die Wahl von Repräsentant:innen.

2. Alle Staatsgewalt geht vom Volke aus, so steht es im Grundgesetz.

3. „Der Bundeskanzler wird auf Vorschlag des Bundespräsidenten vom Bundestag ohne Aussprache gewählt." Art. 63 des Grundgesetzes

4. Alle Antworten umfassen Grundrechte. Zu finden sind sie im Grundgesetz.

5. Bereits von 1918 bis 1933, also bis zur Machtübernahme der NSDAP, war Deutschland ein demokratischer Staat, genauer eine direkte Demokratie. Da Nazis aber bekanntlich auf Führer stehen, formten sie innerhalb kürzester Zeit die Demokratie in eine Diktatur um. Inzwischen leben wir seit 1949 wieder in einer Demokratie.

6. Ohne freie Wahlen gibt es keine Demokratie.

7. Nein, in Deutschland gibt es keine Wahlpflicht, sondern eine Wahlfreiheit mit dem Recht, an Wahlen teilnehmen zu können.

8. Das AKTIVE Wahlrecht bezeichnet das Recht, wählen zu dürfen. Das PASSIVE Wahlrecht bezeichnet das Recht, sich selbst zur Wahl stellen, also kandidieren zu können.

9. Jegliche staatliche Gewalt wird auf mehrere Staatsorgane aufgeteilt, die sich gegenseitig kontrollieren und ihre Macht dadurch beschränken.

#MUSSMANLESEN

www.gesetze-im-internet.de/gg/

MICH HAT ABER NIEMAND GEFRAGT!

Demokratie ist eine Herrschaftsform, in welcher theoretisch alle Menschen gleiche Rechte und Pflichten haben. Sie haben das Recht auf eine freie Meinungsäußerung, ein Recht auf Versammlung und Information. Unsere Verfassung, das Grundgesetz, umfasst alle elementaren Rahmenbedingungen, an die wir uns und auch der Staat sich halten müssen.

Das Wort Demokratie kommt aus dem Griechischen und bedeutet „Herrschaft des Volkes". Kernbestandteil einer Demokratie ist, dass die Politik, die Regierung oder die Volksvertretung vom Volk frei und geheim gewählt werden können. Zur Wahl stehen in einer Demokratie in der Regel verschiedene Parteien und Personen, die ganz unterschiedliche Meinungen oder Überzeugungen haben. Frei und geheim sind die Wahlen, wenn keine:r dazu gedrängt oder gar gezwungen werden darf, eine bestimmte Partei zu wählen, und keine Person sagen muss, was sie gewählt hat. Die Parteien und Personen, die bei der Wahl die meisten Stimmen erhalten haben, stellen die Regierung. Die Bevölkerung kann in regelmäßigen Abständen neu wählen, den Bundestag zum Beispiel alle vier Jahre. Sind Büger:innen unzufrieden mit der Politik ihrer Regierung, haben sie die Möglichkeit, eine neue Regierung zu wählen.

In Deutschland haben wir eine repräsentative Demokratie. Das bedeutet, dass die politischen Entscheidungen letztlich durch von uns gewählte Vertreter:innen getroffen werden – also den Politiker:innen, die wir zusammen gewählt haben. Einige Menschen frustriert das, weil sie das Gefühl haben, dass ihre Entscheidungen und Ansichten keine Rolle spielen und sie durch Wahlen nichts verändern können. Sie fühlen sich dem Willen der Politiker:innen ausgesetzt und wünschen sich eine Demokratie, in welcher sie selbst entscheiden können. Aber wäre eine direkte Demokratie, in welcher zum Beispiel Gesetzesentwürfe durch Volksabstimmungen entschieden werden, wirklich eine Alternative?

Volksabstimmungen nehmen extrem viel Zeit in Anspruch und können Entscheidungen ewig hinauszögern, was in vielen Bereichen massive Probleme verursachen würde. Stellen wir uns nur vor, dass alle 60 Millionen Wahlberechtigte in Deutschland gemeinsam entscheiden müssten, wie Gelder verteilt werden. Zudem ist es unwahrscheinlich, dass die breite Bevölkerung das benötigte Expert:innenwissen auf allen erforderlichen Gebieten hätte und damit kompetent genug wäre, schwerwiegende Entscheidungen zu treffen und die Folgen abzuschätzen.

Ja, vielleicht wirken auch nicht alle unsere Politiker:innen immer sonderlich kompetent, aber immerhin haben sie die Möglichkeit, Expert:innen zu beauftragen, um Situationen und ihre Auswirkungen einzuschätzen. Wie sollten wir uns einen solchen Überblick verschaffen können?

Insofern ist also die repräsentative Demokratie in Deutschland vielleicht gar nicht so schlecht. Auch, weil es in einigen Bundesländern zusätzlich die Möglichkeit gibt, an Volks- oder Bürgerentscheiden teilzunehmen und Volksbegehren zu starten. Das ist eine gute Option, um direkt Einfluss auf politische Entscheidungen zu nehmen.

Die Demokratie in Deutschland ist aber nicht nur „repräsentativ", sondern auch „parlamentarisch". In einer parlamentarischen Demokratie wird das Parlament (also die Volksvertretung) direkt vom Volk gewählt. Das ist bei uns der Bundestag. Die Regierung, also zum Beispiel der/die Bundeskanzler:in und die Bundesminister:innen, wird dann durch das von uns gewählte Parlament bestimmt und kontrolliert.

In einer Präsidialdemokratie, wie es sie in den USA oder Frankreich gibt, ist das anders. Dort werden sowohl das Parlament als auch der Präsident direkt vom Volk gewählt.

Unsere Demokratie ist sicherlich nicht perfekt und es gibt viele Dinge, die besser laufen könnten. Aber wir sollten sie auch nicht als selbstverständlich hinnehmen. Denn in vielen Ländern gibt es nach wie vor keine Demokratie, keine Meinungs- und Pressefreiheit, kein Versammlungs- oder Informationsrecht. Darum nutze die Möglichkeiten, die Du hast, um unsere Demokratie und unsere Gesellschaft mitzugestalten. Neben Wahlen gibt es noch unzählige andere Dinge, die Du tun kannst. Engagiere Dich in einer Partei oder politischen Gruppe, lass Dich für den Betriebsrat, das Studierendenparlament oder das Amt des/der Klassensprecher:in aufstellen, nutze Bürger:innensprechstunden, um Deine Anliegen vorzutragen, sammle Unterschriften, geh demonstrieren, engagiere Dich ehrenamtlich, starte eine Bürger:inneninitiative, feuer Diskurse an, überzeuge und lass Dich überzeugen, suche Dir Mitstreiter:innen für Deine Anliegen und werde im Großen oder Kleinen aktiv.

♪ 04

VOLK - WER GEHÖRT DAZU?

www.bundestag.de/services/glossar
www.bpb.de/kurz-knapp/lexika/das-junge-politik-lexikon/320981/praesidialdemokratie-praesidentielles-regierungssystem/

GEWALTENTEILUNG LEICHT GEMACHT

Damit niemals zu viel Macht an einer Stelle liegt, ist in unserem Grundgesetz die Gewaltenteilung verankert. Die gesamte staatliche Gewalt ist in die Bereiche Legislative, Exekutive und Judikative aufgeteilt, die sich gegenseitig kontrollieren und beschränken.

Also los, auf geht's, lass uns die „Gewalt" teilen! Was gehört zusammen?

- **Gesetzgebende Gewalt**
- **Rechtsprechende Gewalt**
- **Vollstreckende Gewalt**

Verwaltung, Bundesrat, Landesregierung, Bundesregierung, Bundespräsident:in, Landesgericht, Bundestag, Landesparlament, Oberster Gerichtshof, Bundesgerichtshof, Bundeskanzler:in, Polizei

LEGISLATIVE	JUDIKATIVE	EXEKUTIVE
....	....	....

AUFLÖSUNG

LEGISLATIVE

- **Gesetzgebende Gewalt**

Sie macht Gesetze, damit alle wissen, was erlaubt ist und was nicht.

Wer ist das?
Bundestag, Bundesrat, Landesparlamente, Bundespräsident:in

JUDIKATIVE

- **Rechtsprechende Gewalt**

Sie urteilt darüber, ob und inwiefern ein Gesetz gebrochen wurde und entscheidet über das Strafmaß.

Wer ist das?
Alle Gerichte, zum Beispiel Bundesverfassungsgericht, oberste Gerichtshöfe, Landesgerichte

EXEKUTIVE

- **Vollstreckende Gewalt**

Sie setzt die Gesetze im Alltag um und achtet darauf, dass sich alle daran halten.

Wer ist das?
Bundesregierung, Landesregierungen, Verwaltungen, Polizei, Finanzämter

IN BESTER VERFASSUNG? DAS GRUNDGESETZ

WIR HABEN GAR KEINE VERFASSUNG!

In Deutschland nennen wir die Verfassung Grundgesetz. In ihm stehen die wichtigsten Regeln für den Staat und das Zusammenleben der Menschen in Deutschland, an die sich alle halten müssen. Sogar die Gesetze!

Nach der Befreiung von der nationalsozialistischen Diktatur, also den Nazis, im Jahr 1945 brauchte Deutschland neue Regeln für die Politik und das Zusammenleben der Menschen. Allerdings hatten die sogenannten Siegermächte (USA, England, Frankreich und die Sowjetunion) nicht die gleichen Vorstellungen von diesen Regeln.

In Westdeutschland beauftragten die Alliierten den Parlamentarischen Rat, eine Verfassung zu erarbeiten, die sicherstellt, dass es in Deutschland nie wieder zu einer Diktatur kommt.

Da Deutschland geteilt war, wurde die Verfassung vorerst nur provisorisch als Grundgesetz für Westdeutschland niedergeschrieben. Denn man wollte eine mögliche Wiedervereinigung Ost- und Westdeutschlands auf keinen Fall gefährden. Nach der Wiedervereinigung der beiden deutschen Staaten wurde das Grundgesetz ganz offiziell zur Verfassung der GESAMTEN deutschen Bevölkerung.

Das Grundgesetz ist unterteilt in 146 Artikel und besteht aus:

05

- **der Präambel**
- **den Grundrechten (Art. 1–19)**
- **den grundrechtsgleichen Rechten (Art. 20 Abs. 4, Art. 33, Art. 38, Art. 101, Art. 103 und Art. 104)**
- **dem Staatsorganisationsrecht**

HABEN WIR DOCH!

Über eine Sache war man sich einig: Nie wieder sollte es in Deutschland eine Diktatur wie den Nationalsozialismus geben, in welcher die komplette Macht über alles an einer einzigen Stelle liegt. Darum wurde sie in verschiedene Verantwortungsbereiche zwischen Bund und Ländern aufgeteilt – das wird Föderalismus genannt. Daher existieren neben der Bundesverfassung auch noch Länderverfassungen. Aus diesem Grund genießen unsere Bundesländer, z. B. im Bildungswesen, im Polizei-, Ordnungs- und Kommunalrecht, ziemlich viele Freiheiten, gesetzlichen Gestaltungsspielraum und haben eigene Zuständigkeitsbereiche.

DAS GRUNDGESETZ

der Wahrheit auf der Spur - Quiz

1. Deutschland hat keine rechtmäßige Verfassung

Stimmt.
Das Grundgesetz wurde uns von den Besatzern auferlegt. Sobald eine echte Verfassung vom deutschen Volke in freier Entscheidung beschlossen wird, spielt das Grundgesetz keine Rolle mehr. Wir sollten also alles dafür tun, sobald wie möglich eine Verfassung zu erstellen.

Stimmt nicht.
Das Grundgesetz erfüllt die Funktion einer Verfassung, heißt nur nicht so.

2. Es wurden niemals Friedensverträge untereinander geschlossen

Stimmt.
Es gibt keinen gemeinsamen Friedensvertrag.

Stimmt nicht.
direkt nach dem Zweiten Weltkrieg haben die Siegermächte und Deutschland einen gemeinsamen Friedensvertrag unterzeichnet. Deutschland versprach, keine Kriege mehr zu führen, und die Besatzer, Deutschland nicht mehr zu besetzen.

3. Deutschland ist kein souveräner Staat, sondern eine GmbH

Stimmt.
Deutschland ist noch immer nicht souverän. Es wird weiterhin durch die Siegermächte besetzt, die zum Zwecke der Verwaltung eine GmbH gründeten. Diese hat jedoch nur so lange Bestand, bis eine vom deutschen Volk legitimierte Verfassung in Kraft tritt. Aus diesem Grunde tragen wir auch Personalausweise: Wir werden nicht als Bürger:innen bezeichnet, sondern tragen die Bezeichnung von Angestellt:innen.

Stimmt nicht.
Deutschland ist seit Kriegsende und dem Friedensvertrag vollkommen souverän.

Stimmt zum Teil.
Erst nach der Wiedervereinigung wurde Deutschland völlig souverän.

4. Gibt es die „Bundesrepublik Deutschland – Finanzagentur GmbH“?

Ja.
Das ist ein Satireprojekt auf Facebook, das sich über Reichsbürger:innen und Anhänger von Verschwörungserzählungen lustig macht.

Nein.
Das ist ein reines Fantasieprodukt von Verschwörungsanhänger:innen.

Ja.
Das ist eine Firma der Bundesrepublik Deutschland.

“

BRD FINANZAGENTUR GMBH

der Wahrheit AUF DER SPUR AUFLÖSUNG

1. Deutschland hat keine rechtmäßige Verfassung

Stimmt nicht
Eine Verfassung regelt grundsätzlich und für alle, wie der Staat funktionieren soll, wer für was zuständig ist und welche Regeln gelten. Genau das macht unser Grundgesetz! Die Verfassung der Bundesrepublik Deutschland ist also de facto das 1949 vom Parlamentarischen Rat beschlossene Grundgesetz. Da das Grundgesetz jedoch eigentlich nur „dem staatlichen Leben für die Übergangszeit eine neue Ordnung" geben sollte, wurde der Artikel 146 GG mit aufgenommen:

„Dieses Grundgesetz, das nach Vollendung der Einheit und Freiheit Deutschlands für das gesamte deutsche Volk gilt, verliert seine Gültigkeit an dem Tage, an dem eine Verfassung in Kraft tritt, die von dem deutschen Volke in freier Entscheidung beschlossen worden ist."

Das Grundgesetz könnte also rein theoretisch von einer Verfassung abgelöst werden. Was aber nichts daran ändert, dass das Grundgesetz bereits die gültige Verfassung der gesamten Bundesrepublik Deutschlands ist.

#MUSSMANWISSEN

In Israel und Großbritannien gibt es tatsächlich keine förmliche Verfassung, dennoch zweifelt kaum jemand an der Souveränität (= Unabhängigkeit) dieser Staaten.

3. Deutschland ist kein souveräner Staat, sondern eine GmbH

Stimmt nur zum Teil
Erst der Zwei-plus-Vier-Vertrag von 1990 machte Deutschland zum vollständig souveränen (= unabhängigen) Staat. Dass Deutschland ein Staat und keine Firma ist, steht übrigens auch in unserer Verfassung, also genauer gesagt, im Grundgesetz Artikel 20, Abs. 1:
„Die Bundesrepublik Deutschland ist ein demokratischer und sozialer Bundesstaat."

2. Es wurden niemals Friedensverträge untereinander geschlossen

Stimmt

Nach dem Zweiten Weltkrieg wurden zwar untereinander keine Friedensverträge abgeschlossen, aber jede einzelne Siegermacht hat eine Friedenserklärung abgegeben. Allerdings räumten sie sich verschiedene Rechte ein, um beispielsweise bei einer Rückkehr der Nationalsozialisten an die Macht eingreifen zu können. Es war ja nicht so, dass alle Nationalsozialisten einfach aus Deutschland verschwunden waren.

Mit der Wiedervereinigung 1990 setzten sich die vier Besatzungsmächte (Großbritannien, Frankreich, USA, Sowjetunion) mit der BRD und der DDR zusammen und beschlossen, ab sofort auf diese Rechte zu verzichten, und verhandelten den Zwei-plus-Vier-Vertrag.

2 + 4 = zwei deutsche Staaten + vier Besatzer

Dieser Vertrag ermöglichte nicht nur die deutsche Wiedervereinigung, sondern regelte auch das Verhältnis zwischen den Ländern völlig neu. Es handelt sich also genau genommen nicht um einen „Friedensvertrag", dennoch erfüllt dieser Vertrag den gleichen Zweck!

Zwei-plus-Vier-Vertrag (Artikel 7)

(1) Die Französische Republik, das Vereinigte Königreich Großbritannien und Nordirland, die Union der Sozialistischen Sowjetrepubliken und die Vereinigten Staaten von Amerika beenden hiermit ihre Rechte und Verantwortlichkeiten in Bezug auf Berlin und Deutschland als Ganzes. Als Ergebnis werden die entsprechenden, damit zusammenhängenden vierseitigen Vereinbarungen, Beschlüsse und Praktiken beendet und alle entsprechenden Einrichtungen der vier Mächte aufgelöst.

(2) Das vereinte Deutschland hat demgemäß volle Souveränität über seine inneren und äußeren Angelegenheiten.

4. Gibt es die „Bundesrepublik Deutschland – Finanzagentur GmbH"?

Ja

Die „Bundesrepublik Deutschland – Finanzagentur GmbH" gibt es tatsächlich. Sie wurde 2000 gegründet und ist ein Finanzdienstleistungsunternehmen, welches der Bundesrepublik Deutschland gehört. Sie ist zuständig für die Kreditaufnahme und das Schuldenmanagement des Bundes. Der „Skandal" ist also eher unspektakulär.

ENDLICH SOUVERÄN!

Die „Verfassunggebende Versammlung“

Die Verfassunggebende Versammlung sieht sich als eine Bewegung, die aus der „Mitte des Volkes“ entsteht, eine überparteiliche, religionsunabhängige und außerparlamentarische Kraft darstellt und nicht durch „Eliten“ bestimmt wird. Sie fühlt sich durch das „Verfassungsvolk“ (also die deutsche Bevölkerung) beauftragt, ihr Selbstbestimmungsrecht zu verteidigen und zu retten, lehnt alle politischen Strukturen Deutschlands ab und bestreitet dessen Existenzberechtigung.

Ihre Grundannahme ist, dass Deutschland ein durch die USA versklavtes Unternehmen ohne eigene Verfassung und das Grundgesetz ein reines „Besatzungsrecht“ sei, weil der Zwei-plus-Vier-Vertrag (siehe vorherige Seite) nur der Täuschung der deutschen Bevölkerung galt. Diese Annahme teilt sie mit vielen Querdenkenden, Reichsbüger:innen und Neurechten (auch innerhalb der AfD).
So findet man das Narrativ (= Erzählung) des „Nicht souveränen Deutschlands“ deutschlandweit auch auf sogenannten „Anti-Corona-Demos“ und in unzähligen rechten Beiträgen.
Ihr auserkorenes Ziel ist die gemeinsame Formulierung einer eigenen Verfassung durch das „Deutsche Volk“. Dabei wird sich skurrilerweise auf Artikel 146 des Grundgesetzes berufen, das ja eigentlich gar keine Gültigkeit hat.
Etwas verwirrend ist das schon.

Wie die gemeinsame neue Verfassung entwickelt werden soll, dazu gibt es verschiedene Ideen. So kann man per Unterschrift auf einem Vordruck an einem Referendum zur Abschaffung des Grundgesetzes teilnehmen. Oder es soll an einem „Tag X“ eine „Verfassunggebende Versammlung“ einberufen werden, an welchem endlich eine Verfassung im Sinne des Volkes formuliert werden soll, die Deutschland handlungsfähig und souverän macht!

Allerdings scheiterten bisher alle Vorhaben, da sie vom „Verfassungsvolk“ einfach nicht ernst genommen wurden.

H** T*******
@AfD_H****T*****

#Berlin2908 Heute wurde die verfassungsgebende Versammlung in Berlin ausgerufen. Die Demonstration ist durchwegs friedlich, die Exekutive versucht wirklich alles um die Menschen zu blockieren. Niemand lässt sich aufhalten und blockieren, Frieden und Freiheit für alle.

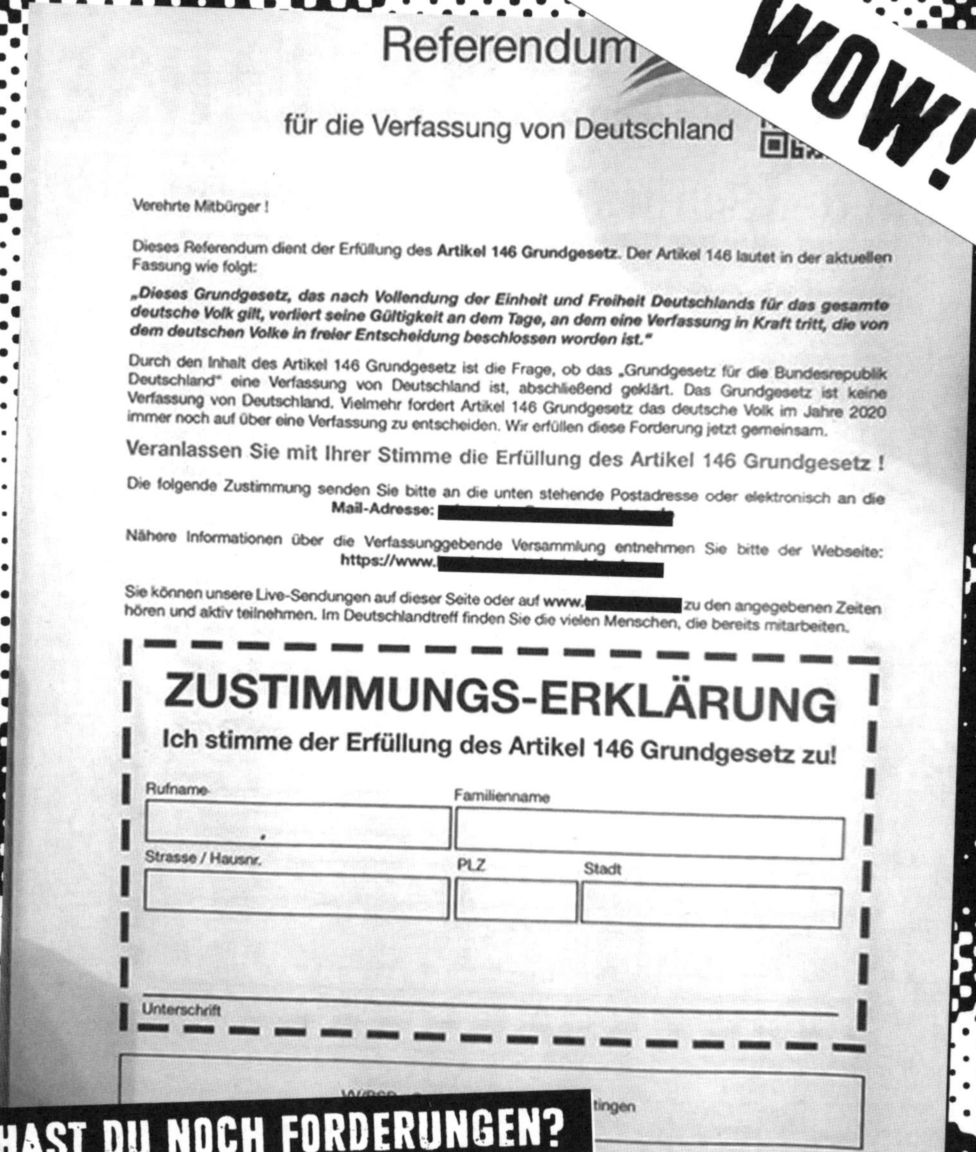

Referendum

für die Verfassung von Deutschland

Verehrte Mitbürger !

Dieses Referendum dient der Erfüllung des **Artikel 146 Grundgesetz**. Der Artikel 146 lautet in der aktuellen Fassung wie folgt:

„Dieses Grundgesetz, das nach Vollendung der Einheit und Freiheit Deutschlands für das gesamte deutsche Volk gilt, verliert seine Gültigkeit an dem Tage, an dem eine Verfassung in Kraft tritt, die von dem deutschen Volke in freier Entscheidung beschlossen worden ist."

Durch den Inhalt des Artikel 146 Grundgesetz ist die Frage, ob das „Grundgesetz für die Bundesrepublik Deutschland" eine Verfassung von Deutschland ist, abschließend geklärt. Das Grundgesetz ist keine Verfassung von Deutschland. Vielmehr fordert Artikel 146 Grundgesetz das deutsche Volk im Jahre 2020 immer noch auf über eine Verfassung zu entscheiden. Wir erfüllen diese Forderung jetzt gemeinsam.

Veranlassen Sie mit Ihrer Stimme die Erfüllung des Artikel 146 Grundgesetz !

Die folgende Zustimmung senden Sie bitte an die unten stehende Postadresse oder elektronisch an die **Mail-Adresse:**

Nähere Informationen über die Verfassunggebende Versammlung entnehmen Sie bitte der Webseite: **https://www.**

Sie können unsere Live-Sendungen auf dieser Seite oder auf **www.** zu den angegebenen Zeiten hören und aktiv teilnehmen. Im Deutschlandtreff finden Sie die vielen Menschen, die bereits mitarbeiten.

ZUSTIMMUNGS-ERKLÄRUNG

Ich stimme der Erfüllung des Artikel 146 Grundgesetz zu!

Rufname | Familienname

Strasse / Hausnr. | PLZ | Stadt

Unterschrift

HAST DU NOCH FORDERUNGEN?

....

....

....

....

....

Quelle:
www.bige.bayern.de/infos_zu_extremismus/reichsbuerger_und_selbstverwalter/organisationen_und_szene/organisationen/index.html

Die EWIGKEITSKLAUSEL

und der Schutz vor einer Diktatur

„Eine Änderung dieses Grundgesetzes, durch welche die Gliederung des Bundes in Länder, die grundsätzliche Mitwirkung der Länder bei der Gesetzgebung oder die in den Artikeln 1 und 20 niedergelegten Grundsätze berührt werden, ist unzulässig."

Ewigkeitsklausel im Grundgesetz, Artikel 79

Dieser Artikel schützt sowohl unsere wichtigsten Grundrechte als auch den Föderalismus und die Demokratie.

♪06

Das abgebildete Plakat ist Teil einer satirischen Kunstaktion, die echte Aussagen verschiedener Politiker:innen zeigt.

Bund und Länder sollen diskutieren, sich im Blick behalten und gegenseitig konfrontieren, damit nie wieder zu viel Macht an einer Stelle zusammentrifft.

#MUSSMANWISSEN

Föderalismus ist die Aufteilung der Macht in verschiedene Verantwortungsbereiche innerhalb eines Staates zwischen Bund und Ländern.

GRUNDGESETZ ARTIKEL 1

(1) Die Würde des Menschen ist unantastbar. Sie zu achten und zu schützen ist Verpflichtung aller staatlichen Gewalt.

(2) Das Deutsche Volk bekennt sich darum zu unverletzlichen und unveräußerlichen Menschenrechten als Grundlage jeder menschlichen Gemeinschaft, des Friedens und der Gerechtigkeit in der Welt.

(3) Die nachfolgenden Grundrechte binden Gesetzgebung, vollziehende Gewalt und Rechtsprechung als unmittelbar geltendes Recht.

GRUNDGESETZ ARTIKEL 20

(1) Die Bundesrepublik Deutschland ist ein demokratischer und sozialer Bundesstaat.

(2) Alle Staatsgewalt geht vom Volke aus. Sie wird vom Volke in Wahlen und Abstimmungen und durch besondere Organe der Gesetzgebung, der vollziehenden Gewalt und der Rechtsprechung ausgeübt.

(3) Die Gesetzgebung ist an die verfassungsmäßige Ordnung, die vollziehende Gewalt und die Rechtsprechung sind an Gesetz und Recht gebunden.

(4) Gegen jeden, der es unternimmt, diese Ordnung zu beseitigen, haben alle Deutschen das Recht zum Widerstand, wenn andere Abhilfe nicht möglich ist.

DIKTATUR Rette sich wer kann!

Wir alle kennen sie, die Klagen über die drohende Diktatur in Deutschland. Für viele hilft da nur noch die Flucht ...

Ordne die Länder den Gesellschaften zu. In welches „Paradies mit weitreichenden Grundrechten“ könnten sich die von Unterdrückung bedrohten Deutschen retten?

LIBYEN | UNGARN | THAILAND | DEUTSCHLAND

SÜDAFRIKA | POLEN | CHINA | USA | URUGUAY

RUSSLAND

OFFENE ZIVILGESELLSCHAFT

Staat sichert allen Menschen Grundrechte zu

Polizeilich geschützte Demonstrationen im öffentlichen Raum und Bildung von Vereinigungen sind für alle möglich, Du kannst frei an Informationen gelangen und diese verbreiten, Medien sind unabhängig und das Internet ist unzensiert

HIER FINDEST DU DIE LÖSUNG:

https://monitor.civicus.org

BEEINTRÄCHTIGTE ZIVILGESELLSCHAFT

Staat sichert zumeist allen Menschen Grundrechte zu

Regierungskritische Gruppen werden mitunter verfolgt oder schikaniert, unverhältnismäßige Gewalt gegen Demonstrierende oder Druck auf Medienvertreter:innen wird z.T. ausgeübt

BESCHRÄNKTE ZIVILGESELLSCHAFT

Staat beschränkt die Grundrechte

Zivilgesellschaftliche Organisationen werden durch Überwachung, Schikane, öffentl. Demütigung zersetzt, legale Versammlungen werden mitunter durch exzessive polizeiliche Gewalt beendet. Journalist:innen sind körperlichen Übergriffen und Verleumdungsklagen ausgesetzt

UNTERDRÜCKTE ZIVILGESELLSCHAFT

Staat beschränkt die Grundrechte stark

Regierungskritische Aktivist:innen riskieren, überwacht, bedroht, verhaftet, verletzt oder getötet zu werden, Medien geben meist die Sicht des Staates wieder, unabhängige Medien werden verfolgt

BESCHRÄNKTE ZIVILGESELLSCHAFT

Es gibt keine Grundrechte oder zivilgesellschaftlichen Raum

Kritik am herrschenden Regime wird schwer bestraft, keine Medienfreiheit, Internet ist stark zensiert und die meisten Webseiten sind geblockt, Menschen werden bei der Ausübung ihrer Vereinigungs-, Versammlungs- und Meinungsfreiheit inhaftiert, misshandelt oder getötet

WIE FREI BIN ICH?

Verkommt Deutschland zu einer Diktatur oder leben wir „im besten Deutschland, das wir je hatten“?

Was macht Dein Leben in diesem souveränen, demokratischen Staat in Friedenszustand aus? **Schreibe oder male auf.**

♪ 07

Was ist dran?

Schätze ein und bewerte.

B**** v** S*******
@B******_vS*****

Den Außenminister will wie ausdrücklich #Groenemeyer die #Diktatur. Das ist die furchterregendste,übelste, totalitärste Hassrede, die ich je gehört habe. Das ist Ton u Furor des neuen Terrors von links. Wer das unterstützt, ist - wie @HeikoMaas -ein Fall für den Verfassungsschutz

J Z******
AfD LV Sachsen

Berufsverbote sind typisch für Diktaturen!

A******** f** D**********
Meme

Alarmstufe Rot.

Merkel verkündet das Ende der freien Meinungsäußerung!

#MUSSMANWISSEN

Nur etwa zwei Prozent der Weltbevölkerung leben in Staaten, in denen Grundrechte wie eine freie Meinungsäußerung und das Versammlungs- und Vereinigungsrecht uneingeschränkt gelten. Mehr als die Hälfte davon lebt in Deutschland.

Quelle:
www.brot-fuer-die-welt.de/pressemeldung/2018-nur-2-prozent-der-weltbevoelkerung-koennen-uneingeschraenkt-in-freiheit-leben/

DIE AFD als Verteidigerin des Grundgesetzes?

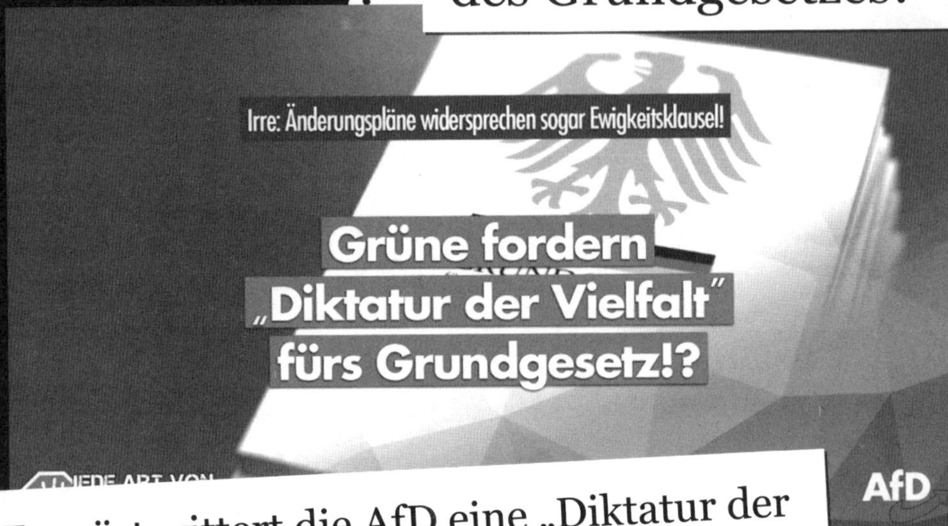

Empört wittert die AfD eine „Diktatur der Vielfalt“ und schreibt auf ihrer Seite:

„Völlig irre – um die ‚Willkommenskultur' zu stärken und noch mehr ‚Flüchtlinge' aufnehmen zu können, fordern die Grünen jetzt eine Änderung unseres Grundgesetzes. Mit einem dicken Katalog an Forderungen von Kommunal-, Landes- und Bundespolitikern der Grünen sind die Parteichefs zur Kanzlerin gefahren. Im Kanzleramt wollen sie heute Druck bei Merkel machen. Aber die Grünen gehen noch weiter: Sie wollen ‚Vielfalt in Einheit' als Staatsziel im Grundgesetz definieren und als ein ‚Grundrecht auf Multikulti' festschreiben."

WORUM GEHT ES?

SCHAU AM BESTEN NACH UND BEURTEILE SELBST

Was für unglaublichen Forderungen haben Bündnis 90/ die Grünen wohl wirklich gestellt, dass die AfD eine Diktatur wittert?

Forderungspapier Bündnis 90/ Die Grünen „Verwirklichungschancen für alle“

Es reicht ein Blick ins Grundgesetz, um zu sehen, dass Vielfalt, Gleichheit und auch ein Recht auf Asyl einen wichtigen Teil, wenn nicht sogar die Basis unseres Grundgesetzes darstellen. Da einige Formulierungen des Grundgesetzes aber offenbar „flexibel“ ausgelegt werden können, sollen diese genauer beschrieben werden. Das gefällt der AfD natürlich nicht. Aus diesem Grund framen sie den Begriff „Vielfalt“ mit „Diktatur“ und greifen damit ziemlich offensichtlich unser Grundgesetz an.

WAS WÜRDEST DU DER AFD ANTWORTEN? ♪08

#MUSSMANWISSEN

Wie wir über etwas denken, hängt von Kontexten ab, also wie eine Information (egal ob on- oder offline) eingebettet wird. Framing ist nicht nur kulturabhängig, sondern wird auch bewusst eingesetzt, um Meinungen zu beeinflussen. Bei jeder Information, die Du aufnimmst, solltest Du darum immer auch schauen, wie sie „eingebettet“ wurde.

WIRF EINEN BLICK INS GRUNDGESETZ

Schau Dir die Artikel 1-4 und 16a genauer an.

DIE FREIHEITLICHE DEMOKRATISCHE GRUNDORDNUNG

Das sind die obersten Grundwerte der Demokratie in Deutschland. Freiheitlich, weil sie jeden Menschen vor staatlicher Willkür schützen will. Demokratisch, weil sie die Menschen teilhaben und mitgestalten lässt. Der Begriff „freiheitliche demokratische Grundordnung" taucht in unserer Verfassung zum Beispiel hier auf:

Artikel 18

„Wer die Freiheit der Meinungsäußerung, insbesondere die Pressefreiheit, die Lehrfreiheit, die Versammlungsfreiheit, die Vereinigungsfreiheit, das Brief-, Post- und Fernmeldegeheimnis, das Eigentums- oder das Asylrecht zum Kampfe gegen die freiheitliche demokratische Grundordnung missbraucht, verwirkt diese Grundrechte. Die Verwirkung und ihr Ausmaß werden durch das Bundesverfassungsgericht ausgesprochen."

Artikel 21 (2)

„Parteien, die nach ihren Zielen oder nach dem Verhalten ihrer Anhänger darauf ausgehen, die freiheitliche demokratische Grundordnung zu beeinträchtigen oder zu beseitigen oder den Bestand der Bundesrepublik Deutschland zu gefährden, sind verfassungswidrig."

♪09

Das Verfassungsgericht fasst die unantastbaren Prinzipien und Grundwerte unserer Demokratie so zusammen:

- Achtung der Menschenrechte, vor allem der Schutz der Würde des Menschen mit dem Recht auf Leben und freie Entfaltung
- Volkssouveränität (Selbstbestimmung des Volkes, freie Wahlen)
- Gewaltenteilung (siehe S. 18)
- Verantwortung der Regierung
- Gesetzlich geregelte Verwaltung
- Unabhängige Gerichte
- Mehrparteienprinzip (welches eine Diktatur ausschließt)
- Chancengleichheit für alle politischen Parteien mit Recht auf verfassungsmäßige Ausübung einer Opposition

Die freiheitliche demokratische Grundordnung umschreibt also all das, was in unserer Demokratie in Deutschland wichtig ist:

Die Würde des Menschen soll für ALLE Menschen gleichermaßen gelten. Jeder sollte vor dem Gesetz frei und gleich sein. Durch regelmäßige Wahlen für alle können die Bürger die Regierung selbst bestimmen. Dabei soll das sogenannte Mehrparteienprinzip garantieren, dass viele verschiedene Parteien, die völlig unterschiedlicher Meinung sein können, zur Wahl stehen. Parteien oder Personen, die eine Wahl gewinnen, regieren für einen bestimmten und klar definierten Zeitraum, nach welchem sie auch wieder abgewählt werden können. Wer die Wahl verliert, hat das Recht, sich als Opposition zu positionieren.

Die „Freiheitliche demokratische Grundordnung" ist also eigentlich eine super Sache. Zumindest in der Theorie. Aber wie sieht es in der Praxis aus?

Welche Situationen fallen Dir ein, in denen Menschen nicht gleich behandelt werden oder die Selbstbestimmung der Bevölkerung noch ausbaufähig ist?

....

....

....

....

Widerspruch ist wichtig. Opposition ist Widerspruch. In welchen Situationen würdest Du gerne manchmal Widerspruch gegen Autoritäten oder eine Mehrheit einlegen?

....

....

....

....

#MUSSMANWISSEN

Der Begriff „Opposition" kommt aus dem Lateinischen und bedeutet „im Widerspruch zur Mehrheit". Die Opposition ist ein wichtiger Bestandteil unserer Demokratie, denn sie kontrolliert die Regierung. Die „parlamentarische Opposition" sind Parteien, die im Parlament vertreten sind, aber nicht zu den Regierungsparteien gehören. Die „außerparlamentarische Opposition" sind Gruppen/Parteien, die die Arbeit der Regierung kritisieren, aber nicht direkt im Parlament vertreten sind.

www.bpb.de/kurz-knapp/lexika/pocket-politik/16414/freiheitliche-demokratische-grundordnung/
www.hanisauland.de/wissen/lexikon/grosses-lexikon/o/opposition.html

WAHLEN

Wer nicht wählt, hat bereits gewählt.

Protestwaehlende

Protestwählende geben ihre Stimme einer kleinen, nicht selten populistischen oder extremen „Interessenpartei", um ihre Unzufriedenheit mit den sogenannten „Volksparteien" auszudrücken. Im Gegensatz zu Volksparteien, die mit ihren Themen und Programmen möglichst breite Bevölkerungsschichten ansprechen wollen, vertreten Protest- oder Interessenparteien nur die Interessen von wenigen Menschen. Bei einer Protestwahl spielen Emotionen wie Wut, Enttäuschung und Angst eine große Rolle, die von polarisierenden Politiker:innen gezielt angesprochen werden. Darum sind es vor allem populistische Parteien mit extremen Ansichten, die von Protestwählenden profitieren.

Da Protestwählende die Politik oft als große „Verarschung" oder „abgekartetes Spiel böser Eliten" wahrnehmen, spielen die konkreten Inhalte aus Wahl- und Parteiprogrammen von Protestparteien nicht selten eine untergeordnete Rolle. Meistens sind sie noch nicht mal bekannt.

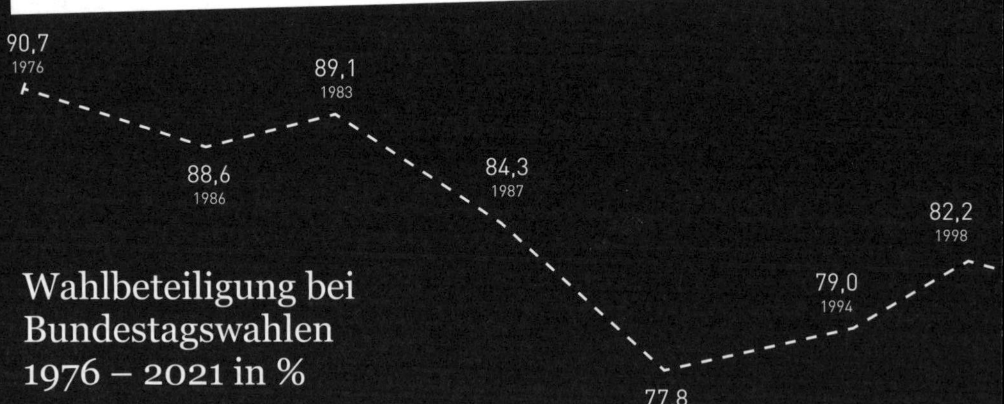

Wahlbeteiligung bei Bundestagswahlen 1976 – 2021 in %

Diagram: www.bundestagswahl-2021.de
Inhaltsquelle: www.wmn.de/buzz/protestwaehler-daran-erkennt-man-sie-id267304

NichtWaehlende

10

Nichtwählende sind zwar wahlberechtigt, gehen aber aus Frust, weil sie keine Lust oder kein Interesse haben, nicht wählen. An sich ist das kein Problem, denn in Deutschland gibt es keine Wahlpflicht und „nicht wählen" wird NICHT bestraft.

Aber es ist eben nicht völlig egal, ob Du wählen gehst oder nicht. Denn Nichtwählen hat starke Auswirkungen auf die Ergebnisse einer Wahl. Es erhöht zum Beispiel das Gewicht der abgegebenen Stimmen. Denn wie viele Sitze die einzelnen Parteien erhalten, wird auf Basis aller abgegebenen, gültigen Stimmen berechnet. Das heißt, werden wenige Stimmen abgegeben, vergrößern sich unter Umständen die Prozente einer bestimmten Partei, obwohl die tatsächliche Anzahl der Stimmen für die Partei eigentlich gleich bleibt.

Das ist in Deutschland besonders interessant, weil es hier eine Sperrklausel, die sogenannte Fünf-Prozent-Hürde, gibt. Knackt eine Partei diese, also erhält sie mehr als 5 % aller gültigen Stimmen, schafft sie den Einzug in Bundes- und Landtage. Das soll sicherstellen, dass nicht zu viele kleine Parteien im Parlament sitzen, die sich nicht mehr einigen können.

Alle Wahlberechtigten, die nicht wählen gehen, verringern die Anzahl der Stimmen, die von einer Partei benötigt werden, um die Fünf-Prozent-Hürde zu knacken. Das heißt, je weniger Menschen (andere Parteien) wählen, desto eher schaffen sie den Einzug.

#MUSSMANWISSEN

Bei Kommunal- und Europawahlen gibt es diese „Sperrklausel" nicht.

Bei der Bundestagswahl 2021 wurden die Nichtwähler:innen mit 23,4 % sozusagen „drittstärkste Kraft". Nichtwählende für sich zu gewinnen, ist darum immer ein wichtiges Ziel aller Parteien vor den Wahlen.

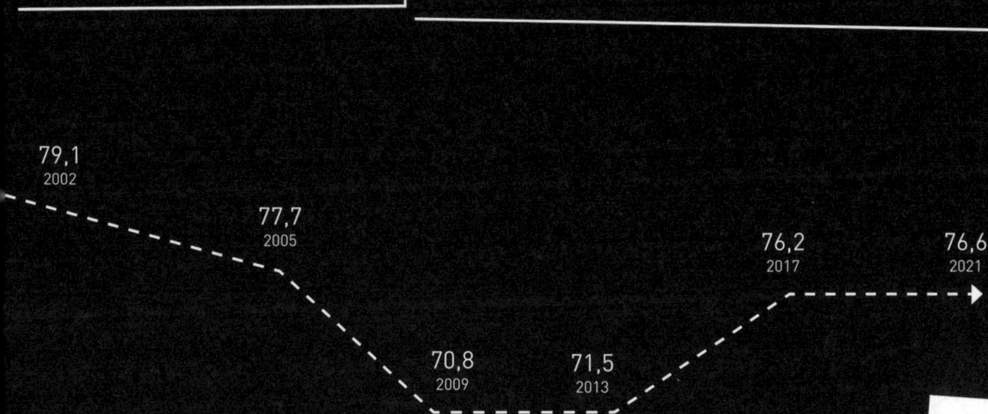

Es ist Wahlkampf! Die AfD war fleißig und hat sich sehr viel Mühe gegeben, all ihre Plakate unters „Volk" zu bekommen, schließlich sind sie auf Stimmenfang!

WERDEN SIE DEN EINZUG SCHAFFEN?

Fall 1

- 100 Menschen waren wahlberechtigt
- 75 gültige Stimmen wurden abgegeben
- 25 Wahlberechtigte bingten lieber ihre Lieblingsserie auf Netflix
- 3 wählten die AfD

JA NÖ

Fall 2

- 100 Menschen waren wahlberechtigt
- 50 gültige Stimmen wurden abgegeben
- 50 Wahlberechtigte bingten lieber ihre Lieblingsserie auf Netflix
- 3 wählten die AfD

JA NÖ

*Die abgebildeten Plakate sind eine satirische Kunstaktion, die echte Zitate der jeweiligen Person zeigt.

RECHNE AUS: WIE VIELE PROZENTE BEKOMMT DIE AFD?

05

SO GEHT'S

$$\text{Parteiergebnis} = \frac{\text{Anzahl der Stimmen für die einzelne Partei}}{\text{Anzahl aller gültigen Stimmen}} \times 100$$

IN WELCHEM FALL HAT DIE AFD DEN EINZUG IN DEN BUNDESTAG GESCHAFFT?

kreuze an

1 2

NOTIZEN

#MUSSMANWISSEN

Das prozentuale Ergebnis einer Partei ergibt sich, wenn man die Anzahl der Stimmen einer Partei durch die Anzahl aller abgegebenen gültigen Stimmen teilt und mit 100 malnimmt.

LASS KÖPFE ROLLEN

WELCHE:R POLITIKER:IN BLEIBT IM SPIEL UND WER VERSCHWINDET IM POLITISCHEN AUS?

Es gibt einige Politiker:innen, die Fake News und Desinformationen verbreiten, aufwiegeln, menschenverachtende Aussagen treffen oder sich aus anderen Gründen für Dich disqualifizieren? Dann übernimm politische Verantwortung und lass „Köpfe rollen“:

1 **Schneidet das dunkle, grausame „Politische Aus“ entlang Linie 1 zweimal aus.**

2 **Faltet die zwei Seiten entlang der gepunkteten Knicklinie. Ihr habt nun zwei Tore als „Politisches Aus“.**

3 **Schneidet die Kopfkärtchen aus, teilt sie unter euch auf und beschriftet sie wie gekennzeichnet.**

SO WIRD GESPIELT

Setzt euch an einen Tisch gegenüber und stellt das „Politische Aus“ vor euch auf. Knüllt eure Kopfkärtchen zu perfekten kleinen Kugeln zusammen . Abwechselnd versucht ihr nun, diese im gegenüberliegenden „Politische Aus“ verschwinden zu lassen. Wer nach drei Minuten die meisten Politiker:innen losgeworden ist, hat gewonnen.

Schaut gegenseitig nach, wen ihr ins „Politische Aus“ geschossen habt und was die Gründe dafür waren. Diskutiert!

Am besten spielt ihr das Spiel zu zweit, aber natürlich kannst Du auch alleine spielen und mit ausreichend Abstand Deine Politiker:innen ins „Politische Aus“ schießen.

1

Hier entlang SCHNEIDEN

2

Hier FALTEN

INNENSEITE

POLITISCHES

AUS

Für zwei Spieler: Bitte Seite vorsichtig aus dem Buch heraustrennen.

SPIELER:IN 1

LEERE

NEBENSÄCHLICHKEIT

UNWESENTLICHKEIT

NICHTIGKEIT

KEINE BEACHTUNG

BELANGLOSIGKEIT

UNERHEBLICHKEIT

LANGEWEILE

EINSAMKEIT

UNWICHTIGKEIT

IRRELEVANZ

IRRELEVANZ

EINSAMKEIT

UNERHEBLICHKEIT

NICHTIGKEIT

KEINE BEACHTUNG

NEBENSÄCHLICHKEIT

LEERE

UNWICHTIGKEIT

LANGEWEILE

BELANGLOSIGKEIT

UNWESENTLICHKEIT

SPIELER:IN 2

Für zwei Spieler: Bitte Seite vorsichtig aus dem Buch heraustrennen.

1

Hier entlang SCHNEIDEN

2

Hier FALTEN

INNENSEITE

POLITISCHES AUS

3

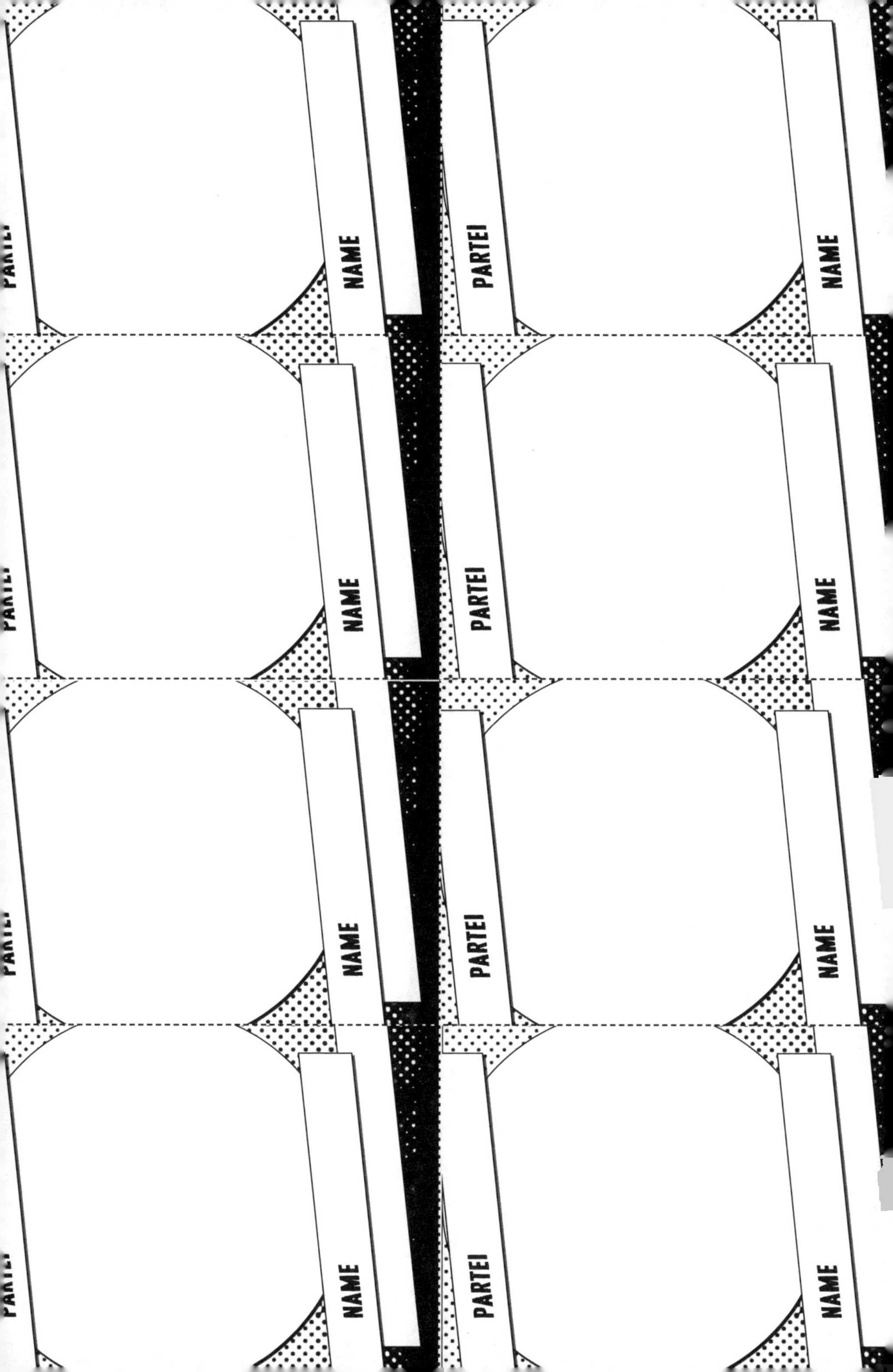
NAME
NAME
NAME
NAME
PARTEI
NAME
PARTEI
NAME
PARTEI
NAME
PARTEI
NAME

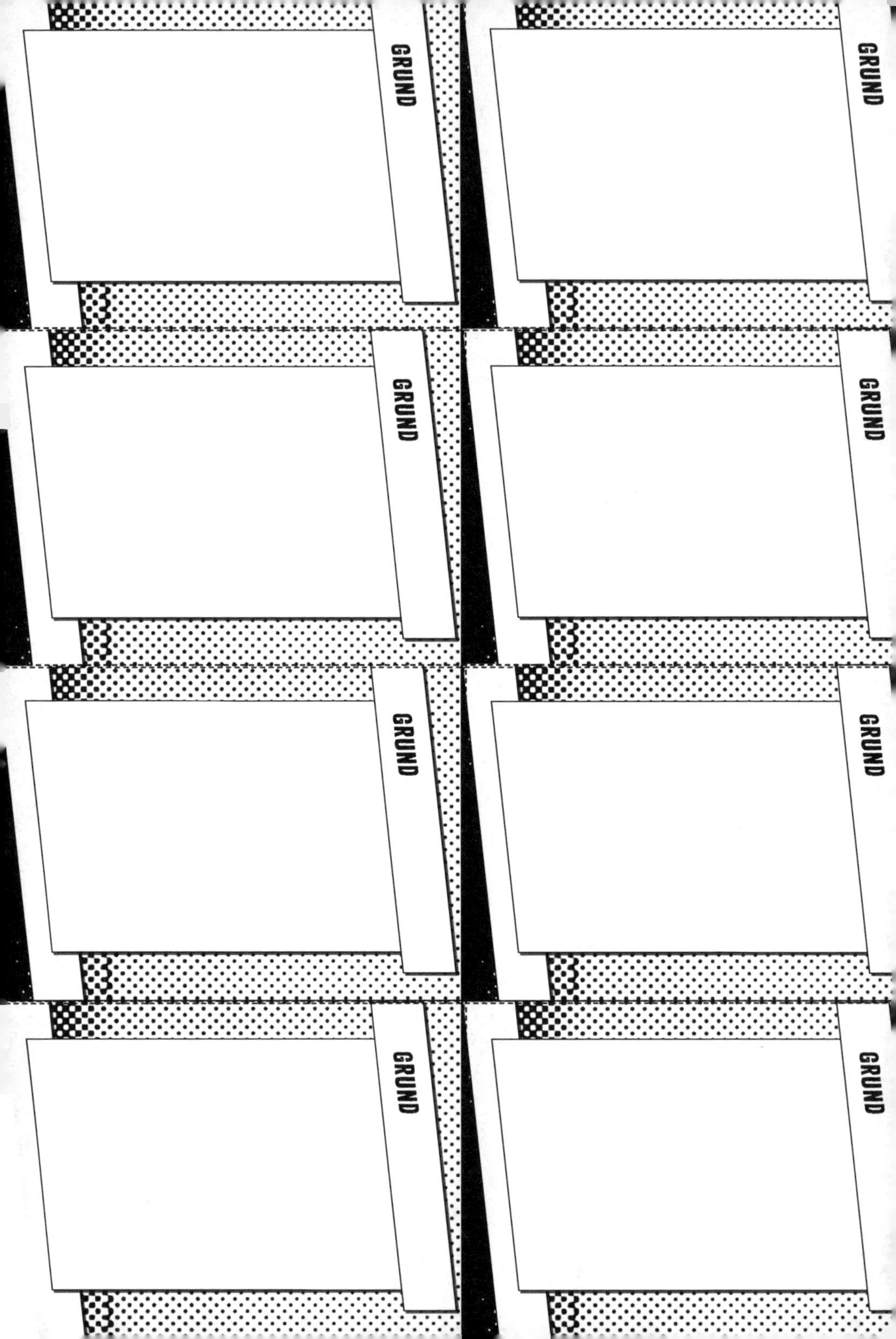
GRUND
GRUND
GRUND
GRUND
GRUND
GRUND
GRUND
GRUND

Meinungsfreiheit

DAS WIRD MAN JA WOHL NOCH SAGEN DÜRFEN!

WENN BEITRÄGE UND KOMMENTARE IN DEN SOZIALEN NETZWERKEN GELÖSCHT, ACCOUNTS GEBLOCKT ODER INHALTE DURCH SHADOWBANS UNSICHTBAR WERDEN, HÖREN ODER LESEN WIR OFT:

DAS IST DOCH ZENSUR!!!

SHADOWBAN

durch einen Shadowban können Social-Media -Plattformen Beiträge und ganze Profile „unsichtbar“ machen. Sie werden dann anderen User:innen nicht mehr angezeigt.

DAS IST DOCH ZENSUR?

Aber stimmt das? Was ist eigentlich Zensur und was hat sie mit Meinungsfreiheit zu tun? Wenn wir von Meinungsfreiheit sprechen, sprechen wir über Artikel 5 des Grundgesetzes. Eine andere, „alternative“ Meinungsfreiheit gibt es nicht. Sie umfasst das freie und unzensierte Denken und Sprechen und ist ein wichtiger Bestandteil unserer Demokratie. Und das ist auch gut so!

Mal abgesehen davon, dass das Leben ohne unterschiedliche Meinungen total langweilig wäre, ist es auch wichtig, dass wir uns miteinander auseinandersetzen, Meinungen diskutieren und Dinge von unterschiedlichen Seiten beleuchten, um unsere Demokratie am Laufen zu halten. Wenn Informationen kontrolliert und mit voller Absicht (vom Staat!) zurückgehalten werden und bei unerlaubter Veröffentlichung hohe Strafen drohen, dann ist das Zensur. Unser Grundgesetz schließt in Artikel 5 eine Zensur aus.

♪11

Artikel 5 (GG)

(1) Jeder hat das Recht, seine Meinung in Wort, Schrift und Bild frei zu äußern und zu verbreiten und sich aus allgemein zugänglichen Quellen ungehindert zu unterrichten. Die Pressefreiheit und die Freiheit der Berichterstattung durch Rundfunk und Film werden gewährleistet. Eine Zensur findet nicht statt.

(2) Diese Rechte finden ihre Schranken in den Vorschriften der allgemeinen Gesetze, den gesetzlichen Bestimmungen zum Schutze der Jugend und in dem Recht der persönlichen Ehre.

(3) Kunst und Wissenschaft, Forschung und Lehre sind frei. Die Freiheit der Lehre entbindet nicht von der Treue zur Verfassung.

DIE MEINUNGSFREIHEIT IST NICHT VOLLKOMMEN UNBEGRENZT!

MEINUNG

Eine Meinung ist niemals falsch oder richtig, man kann sie weder überprüfen noch hat sie Allgemeingültigkeit. Eine Meinung ist schlichtweg ein persönliches Urteil.

BEHAUPTUNG

Im Gegensatz zur (Tatsachen-)Behauptung. Diese kann sehr wohl richtig oder falsch sein und überprüft werden.

Quelle:
www.br.de/sogehtmedien/ard-und-zdf/meinungsvielfalt/index.html

BEGRENZTE FREIHEIT?

Einerseits liegt das daran, dass Artikel 5 auf der gleichen Ebene steht wie die Grundrechte „Menschenwürde“ und „Gleichberechtigung“, und andererseits wird bereits innerhalb des Artikels auf die Schranken der Meinungsfreiheit hingewiesen. Wenn jemand beispielsweise mit den eigenen Aussagen die Grundrechte anderer verletzt oder gegen Gesetze verstößt, ist das nicht von der Meinungsfreiheit gedeckt.

Auch kann sich in den sozialen Netzwerken nicht ständig auf die Meinungsfreiheit berufen werden. Denn die Betreiber der Netzwerke haben sozusagen ein „Hausrecht“ und ihre eigenen Community Standards. Wenn User:innen gegen diese verstoßen, ist es das Recht der Plattform, User:innen zu sperren oder Beiträge zu entfernen.

Du hast genauso das Recht, User:innen zu blockieren oder Kommentare auf Deinen Seiten zu löschen. Das hat wenig mit Einschränkung der Meinungsfreiheit oder Zensur zu tun. Denn diese Entscheidungen wurden nicht staatlich verordnet, sondern sind rein persönliche oder betriebliche Schutzmaßnahmen und Entscheidungen.

„Das Problem an #Fasching, ist dass Du nicht sagen kannst, ob sie 14 oder 18 ist. Wenn Du dann Pech hast, kommste an die 18jährige.“ (Johannes Biesel, AfD)

JA / NÖ

„Wir müssen die Printmedien und den öffentlich-rechtlichen rot-grünen Propagandaapparat angreifen und abschaffen.“ (Heiko Hessenkemper, AfD)

JA / NÖ

„Was ist schlimmer, eine zerstörte Synagogentür oder zwei getötete Deutsche?“ (Dr. Roland Ulbrich, AfD)

JA / NÖ

„Am besten das Pack zurück nach Afrika prügeln“, „Auf der Stelle erschießen, dann wird sich das ganz schnell legen“ (Dieter Görnert, AfD)

JA / NÖ

„Wir müssen die Regierung zuallererst stürzen und zwar mit Gewalt“ (Stefan Räpple)

JA / NÖ

ZENSUR!

D*. M**** K*******
@M****K*******

Ein Wort soll verboten werden???
Die haben doch nicht mehr alle Tassen im Schrank! Es wird von Tag zu Tag verrückter in D.

Es gibt in Deutschland Begriffe, die aus guten historischen Gründen verboten sind und nicht gesagt oder geschrieben werden dürfen, z. B.:

VERBOTEN:

Deutschland erwache (Losung der NSDAP)

Sieg Heil (Parteitags- und Massenparole)

Deutscher Gruß

Hitler-Gruß (Grußform, auch der wortlos ausgestreckte Arm)

Meine Ehre heißt Treue (Losung der SS)

Blut und Ehre (Losung der Hitlerjugend)

Ein Volk, ein Reich, ein Führer (Allgemeine Parteilosung)

Heil Hitler

Mit deutschem Gruß (Grußformel in Briefen)

Rotfront verrecke!
(Neonazi-Ausruf gegen den „Roten Frontkämpferbund")

Sieg und Heil für Deutschland

Deutsche! Wehrt euch! Kauft nicht bei Juden!

Alles für Deutschland
(Wahlspruch der SA, strafbar innerhalb einer Versammlungsrede)

Quelle:
www.verfassungsschutz.de/SharedDocs/publikationen/DE/2018/rechtsextremismus-symbole-zeichen-und-verbotene-organisationen.pdf?__blob=publicationFile&v=8

S*** F********
@s*_f*******

Habt ihr keine anderen Sorgen, @Knorr? Wer meint, der Großteil der Bevölkerung steht nun auch noch beim Einkaufen auf politische Korrektheit, irrt gewaltig. Man kann euren Kram ja auch einfach im Regal stehen lassen u. das Produkt der Konkurrenz mitnehmen!

Aber wie sieht es mit diesen Begriffen aus? Was ist VERBOTEN und darf nicht (mehr) gesagt oder geschrieben werden? Setze den Rotstift an und streiche durch.

MONGO

EY, DU SPASTI

M*KOPF** **Z***SOSSE** **INDIANER**

DU BIST DOCH ASOZIAL **KANAKE**

DAS IST DOCH VOLL BEHINDERT **ASYLANT**

RASSIGE SCHÖNHEIT **N***KUSS**

AUFLÖSUNG

Nichts davon ist verboten. Du kannst sie also rein theoretisch verwenden, aber willst Du das wirklich? Was sagt es über Dich aus, wenn Du es tust? Wir finden, es tut nicht weh, diskriminierungsfrei zu sprechen, und es schränkt auch nicht die Meinungsfreiheit ein. Niemand erwartet, dass Du Dich immer und überall politisch korrekt ausdrückst – jede:r macht Fehler. Aber wir können es lernen und auf unseren eigenen Sprachgebrauch achten. Letztlich ist es doch wichtig, was diejenigen denken, über die man spricht, die sich durch die Sprache diskriminiert, beleidigt oder entmenschlicht fühlen.

#MUSSMANLESEN

Zudem gibt es viel geeignetere Wörter. Schau nach, finde die Besserwörter und ordne sie den Begriffen zu:

„Begriffe über Behinderungen“, Leidmedien

„Formulierungshilfen für einen diskriminierungssensiblen Sprachgebrauch… “, Neue deutsche Medienmacher

HALT DIE FRESSE, HIER HERRSCHT MEINUNGSFREIHEIT!

Eine respektvolle Kommunikation und umgängliche, vernünftige Diskussionen sind uns wahrscheinlich allen am liebsten. Manchmal ist das aber gar nicht so einfach. Gerade Themen, die uns persönlich (be)treffen, können ganz schön an die Substanz gehen. In Sekundenschnelle liegen dann gerade im Netz die Nerven blank, fliegen uns KAPITÄLCHEN um die Ohren und es werden Dinge geschrieben, die man in der analogen Welt wahrscheinlich niemals in den Mund nehmen würde.
Studien über Hass im Netz haben ergeben, dass ...

54% der Menschen in Deutschland wegen Hass und Hetze im Netz seltener ihre politische Meinung sagen.

72% sich Sorgen machen, dass durch Hate Speech Gewalt im Alltag zunimmt.

40% der 14- bis 24-Jährigen Beleidigungen und Hasskommentare zu den größten Onlinerisiken zählen.

MEHR ALS 65% sagen, wer seine Meinung im Netz äußert, muss mit Beleidigungen und Beschimpfungen rechnen.

MEHR ALS 30% darum auf eigene Postings verzichten.

24% wegen Hate Speech ihr Profil auf einer Plattform deaktiviert oder gelöscht haben.

♪12

www.divsi.de/publikationen/studien/divsi-u25-studie-euphorie-war-gestern/index.html, https://hateaid.org/meinungsfreiheit-in-deutschland/

Das Netz ist durchsetzt mit Hass, verbalen Angriffen und Diffamierungen. Wenn wir dem immer wieder oder intensiv ausgesetzt sind, geht das nicht spurlos an uns vorbei.

DIE AUSWIRKUNGEN für die von Hass Betroffenen sind vielfältig:

UNTER 25 JAHREN		GESAMT
49%	EMOTIONALER STRESS	33%
38%	ANGST UND UNRUHE	27%
31%	DEPRESSIONEN	19%
42%	PROBLEME MIT DEM SELBSTBILD	24%
28%	PROBLEME BEI DER ARBEIT ODER DER SCHULE	15%

Aber Hassbotschaften sind noch aus einem anderen Grund gefährlich. So stimmten 74% der Befragten der Aussage zu, dass Hassbotschaften die Vielfalt im Netz einschränken, weil sie Menschen einschüchtern und verdrängen.

Die Folgen sind spürbar. Menschen ziehen sich aus gesellschaftlichen oder politischen Diskussionen zurück, wodurch die Meinungsvielfalt im Netz schrumpft. Das verzerrt das Bild, welches wir von unserer gesellschaftlichen Realität haben. Klar, wenn die einen gehen, fallen die Likes und Kommentare der anderen umso mehr ins Gewicht. So kann der Eindruck entstehen, dass ‚fast alle so denken', weil andere Meinungen gar nicht mehr geäußert oder total überlagert werden. Das wiederum bringt viele Menschen dazu, sich der gefühlten Mehrheitsmeinung anzuschließen. Denn je weniger Informationen sie haben, desto eher lassen sie sich von einer vorgespielten Mehrheit mitziehen.

Hass kann unbestimmt und wirr sein und von Einzelnen ausgehen, er kann aber auch gezielt eingesetzt werden, um Menschen schlechtzumachen, zum Schweigen zu bringen oder zu unterdrücken und in ihre Schranken zu verweisen. Besonders häufig sind davon Menschen betroffen, die sich gegen Diskriminierung, Sexismus oder Rassimus und für Respekt und eine vielfältige Gesellschaft einsetzen.

WAS DIE AFD ÜBER MEINUNGSFREIHEIT DENKT

Mindestens genauso interessant wie die Frage, was Meinungsfreiheit und Zensur eigentlich sind, ist die Frage, welche Parteien oder Gruppen diese Begriffe ganz besonders häufig verwenden und was damit erreicht werden soll.

Eine einfache Suche, ganz egal ob über Suchmaschine oder Social-Media-Beiträge, ist da sehr aufschlussreich. Probier es mal aus und kombiniere bei Deiner Suche die Begriffe Meinungsfreiheit und Zensur mit verschiedenen Parteien.

Eine sticht dabei ganz besonders hervor. Macht sie sich wirklich besonders viele Gedanken über Meinungsfreiheit und Zensur oder was, glaubst du, will sie erreichen?

AfD
20. Juni 2021

„Jeder hat das Recht, seine Meinung in Wort, Schrift und Bild frei zu äußern [...] Eine Zensur findet nicht statt." So steht es im Grundgesetz, weiß der AfD-Bundestagsabgeordnete Stephan Brandner, MdB zu berichten. Doch warum darf man in der Realität seine Meinung eigentlich doch nicht wirklich frei äußern? Bitte unterstützen auch Sie unsere Arbeit mit einer Spende: https://www.afd.de/spenden... Mehr anzeigen

T***** W***, MdA**
@W****AfD

+++ #DeutschlandKurier und #EinProzent auf #Youtube gesperrt: Meinungsdiktatur und #Zensur stoppen! +-+ #AfD deutschland-kurier.org einprozent.de

♪13

E** S******, MdB**
Meme

ZENSUR: TikTok sperrt AfD!

Dr. M* J*****, AfD**
Meme

Meinungsfreiheit: Eine Zensur findet wieder statt!

AfD
20. Februar 2021

++ AfD startet durch: Folgen Sie uns auch auf Telegram! ++
Immer größer wird der Zuspruch, den die AfD in alternativeren sozialen Netzwerken wie Telegram erhält. Mehr als 20.000 Personen abonnieren unseren Nachrichtenkanal „Im Brennpunkt“, mehr als 5.000 folgen „AfD kompakt“. Unterstützen auch Sie uns mit einem Abonnement unserer Kanäle, damit die Gegenöffentlichkeit gestärkt wird und wir der Zensur trotzen können!

ZUM NACHDENKEN

- Was denkst Du darüber, wenn gewählte und von uns finanzierte Parteien und Politiker:innen, die uns theoretisch vertreten sollten, Menschen aus ihrem Informationsnetzwerk und Diskursen ausschließen, indem sie User:innen blockieren? Sollte jeder Mensch die Möglichkeit haben, mitzulesen und auf Beiträge zu antworten?

  Oder steht ihnen das Gleiche wie uns allen zu, nämlich die Möglichkeit, Profile zu blocken, mit denen sie sich nicht beschäftigen wollen?

ES GEHT NICHT UM MEINUNGSFREIHEIT, SONDERN UM WIDERSPRUCHSFREIHEIT.

Die braun-blauen Recht(spopulist:inn)en haben offenbar ein schwieriges Verhältnis zur Meinungsfreiheit. Geht es um eine Meinung, die ihrer gleicht, so sollte alles erlaubt sein. Schließlich darf ja jeder alles sagen, ihrer Meinung nach – auch dann, wenn es die Würde anderer missachtet oder gar angreift.

Geht es allerdings um andere Meinungen, oder gar Meinungsvielfalt, um Widerspruch zu ihren Positionen, um die Einhaltung des Artikel 1 des Grundgesetzes, dann wird laut nach Sperrung gerufen oder kurzerhand selbst geblockt. Nichts gegen das Blocken. Jede:r darf jede:n blocken, wenn man nicht mehr kontaktiert werden will oder Beiträge dieser Person nicht mehr sehen will. Das ist auch gut so, denn Blocken kann durchaus befreiend sein, wenn Du Dinge nicht mehr erträgst. Zensur ist das definitiv nicht, auch wenn die AfD oder andere laut schreien. Denn es steckt keine staatliche Anweisung dahinter.

@nikitheblogger hat Dich blockiert.

@PetrBystronAfD hat Dich blockiert.

@AfDimEUParl hat Dich blockiert.

@AfD_Thueringen hat Dich blockiert.

@Alice_Weidel hat Dich blockiert.

@SteinbachErika hat Dich blockiert.

Finde heraus, auf wie vielen Seiten Du bereits blockiert wurdest.

ERINNERST DU DICH AN DEN GRUND?

Seite:

♪14

GRUND

SCHÖNE NEUE WELT

Was mir Zum Thema einfällt:

♪15

GESCHLOSSENE WELTEN

Sarah merkt, dass das Geld am Ende des Monats immer weniger wird. Alles wird überall teurer. So richtig versteht sie nicht warum, Inflation soll irgendwie eine Rolle spielen, die so hoch ist wie nie.

Auf allen Kanälen wird sie mit Informationen zugebombt, was sie ziemlich überfordert. Darum legt sie viel Wert auf die Meinungen und Begründungen von Freund:innen. Anfangs war sie skeptisch, als diese behaupteten, die Inflation sei gezielt herbeigeführt. Doch als ihr Geld irgendwann nicht mehr bis zum Ende des Monats reicht, egal, wie sehr sie versucht zu sparen, fällt ihr immer öfter im Fernsehen auf, wie Politiker:innen quer durch die Republik reisen, während sie eigentlich nur noch zu Hause sitzt, weil Ausgehen viel zu teuer ist. Die scheinen ja offenbar keine Probleme mit der Inflation zu haben!

Inzwischen muss Sarah am Ende des Monats zur Tafel gehen oder Geld leihen, weil's einfach nicht mehr reicht. Wie kann es bitte sein, dass die Regierung dermaßen mit dem Geld prassen kann, während sie sich ultra einschränken muss?! Vielleicht wurde das Ganze ja doch bewusst herbeigeführt! Wenn sie es sich recht überlegt, hören sich die Erklärungen ihrer Freund:innen doch gar nicht so verrückt an.
Als eine Kollegin auf Insta einen Beitrag über die „Inflationslüge" teilt, der die Machenschaften eines „Deep State" aufdeckt und über 2000 Mal geteilt wurde, ist ihr klar, dass irgendwas total falsch läuft. Da sie keine Ahnung hat, was hinter dem Deep State steckt, sucht sie Videos auf YouTube, die ihr Informationen liefern, welche sie verstehen kann. Diese „beweisen" ihr, dass es den Tiefen Staat, der das Finanzsystem zerstören will, wirklich gibt. Das passt zur Inflation und klingt ziemlich schlüssig.

Ihre Freund:innen geben ihr den Tipp, sich auf Telegram weiter zu informieren, da gäbe es noch echte, zensurfreie Informationen. Also installiert sich Sarah Telegram und ist beeindruckt, wie viele Menschen genau wie sie zweifeln oder bereits durchschaut haben, wer hinter all dem steckt! Der Austausch mit ihnen tut Sarah gut, weil sie sich nicht mehr so uninformiert und hilflos fühlt. In einem Telegram-Channel, dem Sarah folgt, planen Leute eine gigantische Demo in Berlin. Das ganze Volk wird auf der Straße sein! Da ist Sarah dabei. Jetzt kann sie endlich etwas machen, statt wie die „Schlafschafe" rumzusitzen.

Es ist doch so offensichtlich, wie alles zusammenhängt!

Quelle:
www.spektrum.de/news/wie-algorithmen-uns-manipulieren/1849438

Verschiedene Dinge beeinflussen ganz automatisch unser Urteilsvermögen:

- Wir bevorzugen Informationen von Menschen, denen wir vertrauen.
- Wir bevorzugen Fakten, die zu unserem Wissen und unseren Erfahrungen passen.
- Negative Folgen und Risiken, die uns selbst betreffen, sind für uns viel präsenter, darum stehen sie für uns im Vordergrund und wir sprechen viel häufiger über sie.
- Informationen aus fragwürdigen Quellen vertrauen wir eher, wenn sie von vielen Menschen geteilt werden.

♪16

Der digitale Alltag macht unsere Welten immer homogener:

- Wir veröffentlichen private Daten, laden Bilder hoch, taggen Orte, verbreiten Informationen ... und werden immer transparenter.
- Wir treffen Gleichgesinnte in thematisch angepassten Gruppen und Seiten in den sozialen Netzwerken ... die zu unserem neuen homogenen „Freundeskreis" gehören.
- Suchmaschinen schlagen vor, was wir lesen oder sehen sollen.
- Bots gaukeln uns vor, Menschen zu sein, und beeinflussen uns.
- Inhalte werden extrem schnell und einfach produziert und verbreiten sich weltweit.
- Algorithmen „entlasten" uns in der entstandenen Informationsflut, indem sie für uns auswählen, was wir zu sehen bekommen ... und werden dadurch immer mächtiger.
- Der Kampf um Aufmerksamkeit wird immer radikaler und skrupelloser.
- Echokammern und Filterblasen sorgen für eine permanente Bestätigung der eigenen Einstellungen, Sichtweisen und Weltbilder.

Algorithmen ...

DU LIEST, WAS DU BIST

Algorithmus bedeutet erst mal nicht mehr und nicht weniger als „Handlungsvorschrift zur Lösung eines Problems". Problemlösung hört sich doch gar nicht schlecht an, oder? Auch Algorithmen in den sozialen Netzwerken lösen erst mal nur ein „Problem". Nämlich das Problem der Informationsflut. Überall werden wir im Netz mit Informationen, Produkten, Bildern usw. bombardiert. Das nervt und überfordert uns.

Algorithmen analysieren unser Such-, Konsum- und Klickverhalten, um uns im Reich der Informationen in erster Linie mit für uns relevanten Inhalten zu versorgen. Kurz gesagt: Suchmaschinen suchen für uns, was wir finden wollen, und sortieren die Ergebnisse so, dass sie zu uns passen. Die Sozialen Netzwerke entscheiden für uns, was wir in unserem Feed sehen „wollen".

Algorithmen lieben Klicks, Likes und Interaktionen. Je heißer eine Diskussion oder je mehr Reaktionen ein Beitrag hervorruft, umso mehr freut sich der Algorithmus und umso eher spielt er die Beiträge in die Feeds. Und nun rate mal, welche Beiträge die meisten Reaktionen erhalten: provozierende, hoch emotionale oder sachlich formulierte Kommentare?

Die vermeintliche „Lösung des Problems" bringt also wiederum ganz neue Probleme mit sich. Sie betreffen nicht nur den Datenschutz, sondern auch das Ranking und die für Dich ausgewählten Informationen. Dem Algorithmus ist es egal, ob sie wahr sind oder falsch. Wenn sie zu Deinem Onlineverhalten passen, werden sie Dir unter die Nase gehalten, auch wenn sie gefährlich oder demokratiegefährdend sind. Vereinfacht gesagt: Verschwörungsgläubige werden mit immer mehr Verschwörungsfantasien gefüttert, und rechtsgesinnte Menschen bekommen immer mehr rechte Propaganda angezeigt.

Algorithmen verstärken Filterblasen, Echokammern, Fake News und Hate Speech, indem sie ihnen mehr Aufmerksamkeit zukommen lassen als fundierten und wichtigen Nachrichten und relevanten Problemen.

Nach einer Weile gelangst Du so leicht in einen Strudel aus monothematischen Inhalten, siehst Dich immer weiter bestätigt, klickst häufiger auf diese Inhalte und bekommst sie aus diesem Grund auch immer häufiger vorgeschlagen. Kein Wunder, dass Du Dich in Deiner Wahrnehmung immer mehr bestätigt siehst.

„Du liest, was Du bist"

Quellen:
www.heise.de/tp/features/Der-braune-Algorithmus-4485063.html
https://webcare.plus/algorithmen-social-media/
www.spektrum.de/news/wie-algorithmen-uns-manipulieren/1849438
www.bertelsmann-stiftung.de/de/publikationen/publikation/did/was-europa-ueber-algorithmen-weiss-und-denkt

So sieht's aus. Denn Dein eigenes Onlineverhalten ist das Becken, in dem der Algorithmus fischt, um Dir etwas Passendes zu servieren. Mach Dir also bewusst, dass Informationen, die Dir angezeigt werden, nicht automatisch auch die Informationen sind, die andere angezeigt bekommen. Denn zwei Leute können mit der gleichen Googlesuche unterschiedliche Inhalte vorgeschlagen bekommen.

♪17

Das kannst Du zwar nicht ändern, aber Du kannst etwas dagegen tun, dass Algorithmen, Filterblasen und Echokammern (S.66) die Herrschaft über Deine Einstellungen und Wahrnehmungen übernehmen:

- **Gerade, wenn Du Informationen zu politischen Themen suchst, versuche rational ans Thema ranzugehen und schau Dir auch mal Gegenpositionen an. Am Ende kannst Du entscheiden, was Dich wirklich überzeugt, und Du kennst die Gegenstimmen. Das kann Dir auch in Diskussionen weiterhelfen.**
- **Browser haben einen „Inkognito"-Modus. In diesem Modus werden Informationen wie Browserverläufe, Cookies, Webseiten- und Formulardaten und Berechtigungen nicht auf Dauer gespeichert, sondern, wenn Du das Fenster schließt, gelöscht.**
- **Je mehr Cookies Du ablehnst, umso weniger Informationen können über Dich gespeichert werden.**

#MUSSMANWISSEN

Fast die Hälfte der Europäer:innen hat keine Ahnung davon, was Algorithmen sind.

BLEIB, WO DU BIST

Filterblase

Was befindet sich inner- und außerhalb Deiner Filterblase?

Suchmaschinen und soziale Netzwerke meinen, durch Algorithmen zu wissen, was Du sehen willst, und blenden Dir genau das ein. Damit verkleinert sich der Informationsraum, in dem Du Dich befindest, und verschließt sich nach und nach vom Rest der Informationswelt. Du musst nicht mehr so viel aussortieren und wählen, denn Du bekommst einfach passende Inhalte geliefert. Die Algorithmen bei Google, Facebook, YouTube und Co. haben gute Arbeit geleistet.

Irgendwann aber besteht die Gefahr, dass Du einen Tunnelblick entwickelst und Deine Weltanschauung und politischen Einstellungen immer einseitiger oder gar extremer werden. Denn alles, was Deine Sicht infrage stellen würde, wurde herausgefiltert.

Wenn Du jetzt nicht aufpasst und Dir selbst aktiv Informationen suchst, läufst Du Gefahr, dass sich Deine Welt in einer Echokammer verschließt.

18

Echokammer

Was befindet sich inner- und außerhalb Deiner Echokammer?

Du umgibst Dich on- und offline meist mit Menschen, die ähnliche Interessen und Einstellungen haben wie Du selbst. Gegenseitig bestärkt ihr euch und sprecht euch zu. Du musst Dich nicht mit anderen Meinungen oder Standpunkten rumschlagen. Keine Sorge, das ist total normal. Denn Menschen neigen immer schon dazu, sich mit Gleichgesinnten zu umgeben.

Denn schließlich legen sie viel Wert auf das, was Freund:innen sagen ... und stehen gleichzeitig auf Informationen, die ihr bisheriges Wissen bestätigen (die Neigung, Informationen vor allem dann zu glauben, wenn sie uns bestätigen, nennt man auch „confirmation bias"). So entstehen leicht Echokammern: Du rufst in Deine Kammer hinein und sie antwortet Dir genau so. Ein Echo eben.

Ein verstärkender Faktor:
In diesen homogenen, sich gegenseitig bestärkenden und zustimmenden Gemeinschaften kannst Du Dich mittlerweile dank den sozialen Medien weltweit und rund um die Uhr aufhalten.

DIE WUNDERSAME WELT DER SUCHMASCHINEN

Das Wichtigste überhaupt bei der Onlinerecherche zu bestimmten Themen oder zum Factchecking sind Suchmaschinen. Diese gibt es wie Sand am Meer. Die wohl bekannteste und meistgenutzte Suchmaschine überhaupt ist Google. Aber der Markt ist groß und Du kannst noch zahlreiche andere, sicherere, anonymere, wohltätigere finden, die Du Dir durchaus mal ansehen solltest.

Alternativen

DUCKDUCKGO

STARTPAGE

Hier hast Du einen besseren Datenschutz.

ECOSIA

Einnahmen werden für den Naturschutz gespendet.

Jedoch sind alle Suchmaschinen nur so gut wie die Wahl Deiner Suchbegriffe. Um die besten Treffer zu erlangen, gibt es ein paar hilfreiche Tipps:

RELEVANZ

Überlege Dir genau, was Du suchen willst, nutze nur relevante Wörter (so wenig wie möglich) und verzichte auf Füllwörter (und, oder, an, aber usw.).

FILTER

Nutze die Suchfilter der Suchmaschine, um Deine Suche einzuschränken (Sprachauswahl, Zeitraum etc.).

PERSONALISIERUNG

Viele Suchmaschinen liefern Ergebnisse auf Basis Deines gespeicherten Surfverhaltens. Willst Du möglichst neutrale Ergebnisse erhalten, nutze den „privaten", „anonymen" oder „inkognito" Browsermodus, den eigentlich jeder Browser hat.

OPERATOREN

Nutze Suchoperatoren, das sind einzelne Zeichen, die Du um Deine Suchwörter herum setzt. Diese zum Beispiel:

+

Mit dem Pluszeichen (+) verbindest Du mehrere Begriffe miteinander (Google macht das automatisch).

-

Mit dem Minuszeichen (-) schließt Du Suchbegriffe oder Seiten aus.

„“

Mit Anführungsstrichen („ “) umrahmst Du Deine Suchworte, wenn Du eine Wortkombi in exakter Reihenfolge, z. B. ein Zitat suchst.

Die Ergebnisse Deiner Suchanfrage können Aufschluss darüber geben, was an einem Thema dran ist. Bist Du zum Beispiel auf der Suche nach mehr Informationen zu einem Thema, das gerade heiß in den sozialen Netzwerken diskutiert wird, und das erste Ergebnis, welches Dir angezeigt wird, ist ein Faktenckeckportal, dann liegt die Vermutung nahe, dass etwas daran ganz schön stinkt. Auch wenn Du mehr Informationen zu einem Thema suchst, welches gerade viral geht, aber Du über Deine Suchanfrage kaum Informationen findest, kannst Du davon ausgehen, dass nicht sonderlich viel dahintersteckt.

Oder glaubst Du wirklich, dass zehn YouTube-Expert:innen oder Contentbooster:innen tiefere Insiderinformationen haben als investigative Topjournalist:innen? Also Journalist:innen, die unter professionellen Standards arbeiten, sich jahrelang intensiv mit Themen beschäftigen und auf weitreichende Recherchetools zurückgreifen können?

Wenn Deine Suche aber aufzeigt, dass bereits mehrere große Nachrichtenportale über das gesuchte Thema berichtet haben, kannst Du davon ausgehen, dass irgendwas dran sein muss. Denn im Vergleich zu vielen anderen Ländern haben wir wirklich Glück, weil unsere Presse relativ unabhängig und frei berichten kann (siehe hierzu auch Seite 84).

♪19

Quelle:
https://dergoldenealuhut.de/tools-suchmaschinentricks/

DAS IST ABER TROLL HIER

Profile, die wahnsinnig polarisieren, zündeln, beleidigen und Diskussionen sprengen, sind Dir in Kommentarspalten bestimmt schon aufgefallen. Nicht immer handelt es sich bei diesen Profilen um Trolle, aber oft. Nur, was macht so ein Troll, warum macht er das und wie erkennt man ihn?

ZIELE

Will stören und Konflikte in Communitys entfachen, User:innen triggern, emotionale Reaktionen und unsachliche Antworten provozieren und Diskussionen sprengen

....

....

....

....

CHARAKTER

Ist emotional, gefrustet, (passiv) aggressiv oder manipulativ, fühlt sich durch seine Anonymität stark und sicher

....

....

....

....

ERKENNUNGSZEICHEN

Diskutiert nicht inhaltlich, geht nicht auf Gesagtes ein, hat meist ein leeres, recht neues Profil mit belanglosem Profil- und Titelbild und wenig Follower:innen

....

....

....

....

....

STRATEGIEN

Damit er so lange wie möglich Unheil anrichten kann und nicht geblockt wird, tarnt er sich, triggert meist unterschwellig und vermeidet eindeutige Beleidigungen. Oft hat er zahlreiche Sockenpuppen (siehe Seite 74)

....

....

....

....

....

....

Quellen:
https://de.wikipedia.org/wiki/Troll_(Netzkultur)
https://twitter.com/ReverseAuthor/status/1527057251097317378

SYSTEM

Trollarmeen:
Handeln im Auftrag, um gezielt politische Gegner:innen zu spalten und Propaganda zu verbreiten

Trollfabriken:
Zumeist von Rechtsextremen geführt. Hier werden Trolle geschult, um so effektiv wie möglich politische Diskurse zu zerstören

LEBENSRAUM

Kommentarspalten, Chaträume, Foren ...

HANDELN

Hat Spaß am Provozieren, Mobben und Sticheln, wobei seine Kommentare oft abschweifend/irrelevant sind

DER MENSCH DAHINTER

bleibt verborgen, sucht Aufmerksamkeit und Unterhaltung, will spalten, hat eine politische Agenda und/oder übt Rache

Gegenmaßnahmen:

1. Diskutier nicht mit Trollen
2. Rede besser ÜBER den Troll
3. Bleibt IMMER rational und deutlich
4. Blocken/sperren

TANZ DER SOCKENPUPPEN

Hubert Aiwanger
@HubertEiwanger

Herr Aiwanger, wir bräuchten mehr Politiker wie sie, mit Verstand und Pragmatik. Mit dem Ohr am Bürger. Und nicht wie viele andere weltfremd im Wolkenkuckucksheim! Sie sind ein Kämpfer und haben sich ihren Posten als bayr. Wirtschaftsminister hart erarbeitet gegen Widerstände!

8:54 nachm. • 29. Sep. 2022 • Twitter for iPhone

Sockenpuppen werden Fakeaccounts, also zusätzliche Benutzer:innenprofile neben dem eigenen Konto, genannt. Vielleicht hast Du selber bereits Sockenpuppen. Das ist erst mal weder dramatisch noch sonderlich schlimm und kann sogar ganz nützlich sein, zum Beispiel um Deine Privatsphäre zu schützen, ungestört zu posten, ohne dass die Beiträge auf Dich zurückfallen, um Dich irgendwo einzuschleusen oder Deine Seiten mit einer oder mehreren Sockenpuppen als Admins abzusichern, falls Du selbst gesperrt wirst.

Sockenpuppen werden aber auch gezielt eingesetzt, um eine Mehrheit vorzuspielen, um zu bashen und zu haten. Wer ein ganzes Heer an Sockenpuppen hat, hat Macht. So werden zum Beispiel ganz gezielt Personen, Parteien oder Organisationen fertiggemacht, unterstützt oder hoch gelobt und somit die öffentliche Meinung manipuliert. Dabei bekommt es niemand so richtig mit, dass gar nicht das „Volk", sondern ein Sockenpuppenheer kommentiert, likt und verbreitet.

#MUSSMANWISSEN

Eine Analyse des „Spiegel" konnte aufzeigen, dass offenbar ein Drittel der aktivsten User:innen (= Topkommentator:innen) der AfD-Facebookseiten gar nicht wirklich existiert, sondern „fake" bzw. „unauthentische" User:innen sind.

HASS AUF KNOPFDRUCK

Die Studie „Hass auf Knopfdruck“ (Londoner Institute for Strategic Dialogue und #ichbinhier) konnte nachweisen, dass rechtsextreme, gezielte Hasskampagnen in den sozialen Netzwerken durch eine kleine, hochaktive Gruppe befeuert werden.

Für die Studie wurden innerhalb eines Jahres über **1.600.000** rechtsextreme Beiträge auf Facebook untersucht.

Gerade einmal **5%** aller interagierenden **Accounts** waren für die **Hälfte der Likes** auf hasserfüllte Kommentare verantwortlich.

Stutzig sollte Dich machen, wenn unter einschlägigen Beiträgen identische Inhalte als Copy-Paste-Kommentare von verschiedenen Profilen auftauchen. Dann lohnt sich mitunter ein Blick auf die Profile.

Sockenpuppen haben eine relativ kurze Lebenserwartung, denn sie werden verheizt und sterben schnell. Das heißt, ihre Profile existieren meist nie wirklich lange. Wer weiß, wie aufwendig es ist, ein Profil kontinuierlich zu bespielen, kann sich vorstellen, wie aufwendig es ist, zehn oder zwanzig Profile individuell mit Content zu versorgen. Das kann man auch bei Sockenpuppenprofilen sehen:
Entweder es gibt kaum Inhalte auf den Seiten oder es fällt auf, dass auf verschiedenen, offenbar zusammenhängenden Profilen immer die gleichen Beiträge geteilt oder identische Texte verwendet werden.

Sockenpuppen haben (meistens) keine Gesichter und nutzen generische Bildchen oder (politische) Botschaften als Profilbild. Manchmal werden Sockenpuppenprofile aber auch mit aus dem Netz geklauten Fotos bestückt. Das kannst Du durch eine Bilderrückwärtssuche (siehe S. 92) schnell überprüfen.

Quellen:
www.isdglobal.org/wp-content/uploads/2018/07/ISD_Ich_Bin_Hier_2.pdf
www.netzwelt.de/abkuerzung/198260-bedeutet-sockenpuppe-bedeutung-verwendung.html
www.t-online.de/nachrichten/deutschland/parteien/id_91524064/fast-jeder-dritte-top-kommentator-der-afd-auf-facebook-vermutlich-erfunden-.html

SOCIALBOTS - PROPAGANDAMASCHINEN

Die Bezeichnung „Bots" stammt vom englischen „robots", also „Roboter". Dabei handelt es sich um voll automatisierte Computerprogramme, die sich als echte Personen ausgeben und dabei programmierte Befehle eines „Botmasters" ausführen. Dabei sind nicht alle Bots zwingend böse oder manipulativ. So werden diese auch von Organisationen und Firmen zum Beispiel für die Kommunikation im Beschwerdefall eingesetzt.

In Form von Socialbots können sie jedoch nicht nur als Werbemaschinen betrieben werden, sondern auch gezielt Klicks auf bestimmte Seiten und Beiträge erhöhen, Bewertungen vortäuschen und Content durch Kommentare und Reaktionen in einem bestimmten Licht erscheinen lassen. Besonders dann, wenn ein Bot Teil eines orchestrierten und verwobenen Botnetzwerks ist.

Vor allem auf Plattformen wie Twitter haben Socialbots eine enorme Strahlkraft. Sie sind in der Lage, (politische/gesellschaftliche) Debatten zu beeinflussen, Hashtag-Trends auszulösen, Narrative gezielt zu streuen und können so unsere Wahrnehmung manipulieren.

Nicht immer handelt es sich um Socialbots,

... wenn salvenartig Content veröffentlicht, gleichlautende Kommentare verbreitet oder auffälliges User:innenverhalten wahrgenommen werden, aber doch gibt es ein paar Anhaltspunkte, die Du Dir merken und gegebenenfalls überprüfen solltest, wenn Dir etwas in der Kommunikation eines Profils eigenartig vorkommt.

Bist Du der Meinung, dass Du ein Botprofil entdeckt hast? Melde es beim Netzbetreiber!

https://correctiv.org/faktencheck/hintergrund/2017/09/13/zwoelf-arten-bots-zu-erkennen/

AUFGEPASST

Vor allem, wenn das Profil mehrere der folgenden Punkte erfüllt.

HOHE POSTINGFREQUENZ

Werden von einem Profil mehr als 50 Beiträge pro Tag veröffentlicht, sollte Dich das stutzig machen. Vor allem dann, wenn das Konto noch relativ jung ist. Gehen die Beitragsveröffentlichungen in die Hunderte oder Tausende täglich, ist es ein ziemlich sicheres Zeichen für eine Bot-Aktivität.

ANONYMITÄT

Je anonymer und ohne „Persönlichkeit" ein Profil (ohne Fotos oder andere persönliche Angaben) ist, umso auffälliger. Vielleicht steckt ein Troll (siehe S. 70), eine Sockenpuppe (siehe S.72) oder eben ein Bot dahinter. Schau Dir die dazugehörigen Aktivitäten zur besseren Einordnung genau an.

MANGELNDE KREATIVITÄT

Checke die Chronik des verdächtigen Profils genau. Auffällig ist z. B., wenn sie vorrangig aus unkommentierten, reproduzierten Inhalten besteht. Bots teilen, liken oder zitieren bevorzugt Beiträge anderer.

KAUM AKTIVITÄT...

(Follower:innen, Beiträge etc.) aber tausendfach geteilt oder mehrere Profile mit wortgleichen Beiträgen? Das könnten Indizien für ein Bot-Netzwerk sein.

FOLLOWER:INNEN OHNE PROFILBILD

Folgen dem auffälligen Profil in erster Linie weitere Profile ohne Profilbild, kann das ein starkes Indiz für ein (relativ dummes) Bot-Netzwerk sein.

AUFFÄLLIGES PROFILBILD

Kommt Dir das Profilfoto irgendwie eigenartig oder bekannt vor? Gib das Bild mal in die Bilderrückwärtssuche (siehe S.92) ein, vielleicht ist es geklaut. Auch das könnte ein Hinweis auf ein Bot-/ Troll- oder Sockenpuppenprofil sein.

NUTZER:INNEN-NAME

Besteht das Handle (Nutzername auf Twitter, also das, was nach dem @ folgt) aus einem Zahlen- und Buchstabenwirrwarr (@hdj568kssajf12), stimmt der Profilname nicht mit dem Handle überein (Simone Kaupert und @barbarameier) oder ist auf dem Profilbild eine Frau zu sehen, aber der Nutzername ist männlich? Auch das ist ziemlich auffällig.

FAKTEN? ALTERNATIVLOS!

Eigentlich glauben wir alle zu wissen, wie sachliche Berichterstattung funktioniert, und sind überzeugt davon, dass wir uns nicht manipulieren oder täuschen lassen. Aber trotzdem fallen immer noch super viele Menschen auf Fake News, Bots, Scheinargumente, Sockenpuppen und Manipulationen aller Art rein, teilen desinformierende Inhalte oder problematische Quellen und lassen sich von Algorithmen verleiten oder von Filterblasen einlullen.

Das liegt nicht immer daran, dass jemand „dumm" ist, ignorant oder verblendet, und oft steckt noch nicht mal eine böse Intention dahinter. Viel häufiger sind die Gründe Ratlosigkeit, Verunsicherung, Angst, Sorgen oder es fehlen schlichtweg die richtigen Fähigkeiten, wie Informationen überprüft und Täuschungen erkannt werden können. Auch das Fehlen von Wissen über Funktionsweisen der sozialen Netzwerke oder darüber, wie man (professionellen bzw. manipulierenden) „Journalismus" und die unterschiedliche Qualität von Medien erkennen und bewerten kann, können Gründe sein.

Wie sollen wir uns auch in einer Informationsflut zurechtfinden, in der wir nicht mehr erkennen können, ob unser Gegenüber ein persönliches Profil, ein Troll oder ein Computerprogramm ist, und es offenbar darum geht, wer am perfidesten und trickreichsten Menschen verarschen und manipulieren kann, „alternative" Fakten gleichberechtigt neben „echten" Fakten stehen und ernsthaft gefühlte Wirklichkeiten mit Realität gleichgesetzt werden?

Was hast du schon für einen Fakt gehalten, der sich irgendwann als Fake herausstellte?

....

....

....

....

....

Warum bist du darauf reingefallen? Was hat dich überzeugt?

Wie hast du die Wahrheit herausgefunden?

20

UNDERCOVERNEWS

FAKT ODER KANN DAS WEG?

Mehr als **1/3** der Deutschen sind skeptisch gegenüber klassischen Massenmedien.

Etwa **1/4** findet das Angebot an Nachrichten unglaubwürdig.

35% glauben, dass Politiker:innen die Medien beeinflussen.

Skeptisch zu sein ist super. Denn wenn Du skeptisch bist, lässt Du Dich nicht so schnell manipulieren. Allerdings sollte Deine Skepsis Dich immer dahin führen, dass Du einer Sache so richtig auf den Grund gehen willst, nicht dahin, anderen nach dem Mund zu reden. Denn willst Du etwas wirklich verstehen, egal ob Klima, Gleichberechtigung oder andere Themen, vor allem aus Politik und Gesellschaft, musst Du verstehen, wie Medien ticken, wie (vor allem) digitale Informationen funktionieren und wie Du diese überprüfen kannst. Nur so kannst Du herausfinden, wer Dich verarschen will und wer echte, belegbare Informationen, also Fakten, liefert.
Der ständige Austausch rund um die Uhr in den sozialen Netzwerken und über Messenger zum Beispiel ist zwar super, aber beeinflusst Dich viel stärker, als Du direkt mitbekommst ... zumindest solange Du nicht weißt, was Du mit diesen Infos anfangen willst und wie Du sie überprüfst.

#MUSSMANWISSEN

Fakten sind Tatsachen, die objektiv nachgewiesen, also bewiesen werden können. Fakt ist, dass, wenn jemand „Fakt ist ...“ sagt, meistens keine Fakten folgen.

♪21

#MUSSMANAUSPROBIEREN

Du glaubst, Du bist gut informiert? Hier kannst Du es überprüfen: „Wie ich mich zuverlässig informiere“, fitfornews.de

Quellen:
www.tagesspiegel.de/gesellschaft/medien/alles-nur-lugenpresse-4320298.html
https://bitte-was.de/fileadmin/Redaktion/downloads/Informationskompetenz/Informationskompetenz-4-Unterrichtsmodul2.pdf

„Jeder hat das Recht, seine Meinung in Wort, Schrift und Bild frei zu äußern und zu verbreiten und sich aus allgemein zugänglichen Quellen ungehindert zu unterrichten. Die Pressefreiheit und die Freiheit der Berichterstattung durch Rundfunk und Film werden gewährleistet. Eine Zensur findet nicht statt."

Grundgesetz, Artikel 5

Es gibt ziemlich große Unterschiede zwischen den Informationen, die die klassischen Massenmedien (Presse, Hörfunk und Fernsehen) uns liefern, und jenen, die aus den sozialen Netzwerken stammen.

Informationen der klassischen Massenmedien

... werden von Jounalist:innen aufgearbeitet und für viele Konsument:innen verfügbar gemacht. Meistens nehmen sie dabei ihre redaktionelle Sorgfaltspflicht ernst: Sie nennen Quellen und informieren darüber, was überprüft werden konnte oder auch nicht.

Informationen in den sozialen Medien

... können dagegen prinzipiell von jedem und jeder veröffentlicht werden. Wer vorher nur reine:r Konsument:in war, kann ganz einfach zum/zur Produzent:in werden, ganz ohne große finanzielle oder technische Hürden. Vorteil und gleichzeitig Problem an der Sache: Informationen verbreiten sich viel schneller, ungeprüft und ohne aufwendige Redaktionsabsprachen oder -vorgaben.

Echte gesellschaftliche Auseinandersetzungen in Echtzeit grenzenlos und weltweit: Die sozialen Netzwerke könnten ein super Tool für die Demokratie sein. Wäre da nicht das Problem mit der Wahrnehmung – denn viele Produzent:innen produzieren viel Content. Wer in diesem Informationsüberfluss wahrgenommen werden möchte, muss auffallen – und das geht am besten mit Provokation und Polarisierung. Ein optimaler Nährboden für Populismus, Verschwörungserzählungen, Falschinformationen, Manipulationen und Propaganda.

Das heißt, dass Du allein vom Background einer Nachricht eher etablierten Medienhäusern Glauben schenken kannst als Seiten in den sozialen Netzwerken, vor allem dann, wenn seriöse Quellen benannt werden.

ABER:

Auch das solltest Du nicht bedingungslos. Denn Du hast viele Möglichkeiten, Informationen auf ihren Wahrheitsgehalt zu checken, wie Du auf den nächsten Seiten sehen wirst.

ALTERNATIVE FAKTEN

UND GEFÜHLTE WAHRHEITEN

Falschnachrichten/Fehlinformationen gibt es schon immer, denn Irren ist menschlich. Meistens geraten sie versehentlich, ohne böse Absicht in Umlauf. Sie haben nicht das Ziel zu täuschen oder zu manipulieren. So veröffentlichen seriöse Medien immer Gegendarstellungen ab, sollten ihnen mal Fehler unterlaufen.

Etwas anderes ist es, wenn Falschnachrichten mit der Absicht veröffentlicht werden, gezielt zu desinformieren. Dann spricht man von Fake News. Diese Unwahrheiten entstehen weder aus Versehen noch zufällig in einem „Stille-Post-Move" (bei dem sich Erzähltes immer weiter verändert, je häufiger es weitererzählt wird). Im Gegenteil – sie werden ganz gezielt gestreut und weiterverbreitet, um im eigenen (politischen) Interesse Sachverhalte so zu verzerren, dass sie zum eigenen Weltbild passen und die öffentliche Meinung beeinflussen. Die Trickkiste dafür ist riesig. Mal werden Inhalte komplett ausgedacht oder aus dem Kontext gerissen, zentrale Informationen werden weggelassen, Zahlen oder Zitate verändert, es wird dramatisiert und zugespitzt, Bilder oder Videos werden manipuliert, Reichweiten künstlich geschaffen, und automatisierte Klicks und Kommentare täuschen Mehrheitsmeinungen vor, sodass ein beabsichtigter falscher Eindruck von der Wirklichkeit entsteht.

Kommen wir diesen Täuschungsmanövern auf die Schliche, werden sie uns oft als gefühlte Wahrheiten oder alternative Fakten verkauft.

GEFÜHLTE WAHRHEIT?!

Eigentlich wird mit diesem Begriff nichts anderes gesagt, als dass belegbare Fakten keine Rolle spielen, weil etwas anderes „gefühlt" wird. So ist es entlarvend, wenn in einem Beitrag statt dem belegbaren Fakt, dass derzeit 26,7 % der deutschen Gesamtbevölkerung einen Migrationshintergrund haben, Formulierungen gewählt werden, wie „In Deutschland leben gefühlt bereits mehr 'Ausländer' als Deutsche".

#MUSSMANWISSEN

Als Alternative zum Begriff Fake News wird ab und an auch der Begriff Hoax verwendet. Dieser aus dem Englischen stammende Begriff bedeutet Scherz/Joke/Streich und bezeichnet vor allem digitale Kettenbriefe oder Gerüchte.

Quellen:
www.bundesregierung.de/breg-de/themen/umgang-mit-desinformation/was-ist-desinformation-1875148
www.bpb.de/kurz-knapp/zahlen-und-fakten/soziale-situation-in-deutschland/61646/bevoelkerung-mit-migrationshintergrund/

„Man kann sagen, dass der Faschismus der alten Kunst zu lügen gewissermaßen eine neue Variante hinzugefügt hat – die teuflischste Variante, die man sich denken kann – nämlich: das Wahrlügen."

Hannah Arendt

Ähnlich verhält es sich mit dem Begriff „alternative Fakten". Denn mal ehrlich: Ein Fakt ist eine Tatsache, die anhand von überprüfbaren, verifizierten Studien nachgewiesen wurde. Eine Alternative zu einer nachgewiesenen Tatsache kann also nur eine Behauptung sein, die dieser gegenübersteht. Um aus dieser Behauptung einen „Fakt" zu machen, müsste diese also ebenfalls erst mal durch Studien nachgewiesen werden. Es gibt somit gar keine verschiedenen Arten von Fakten.

Fake News, gefühlte Wahrheiten und alternative Fakten haben in sachlichen Diskussionen nichts zu suchen. Wer mit diesen argumentiert, zeigt, dass er/sie wenig Wert auf belegbare Fakten und objektive Auseinandersetzungen legt.

Aber Du wirst sehen, mit ein paar Handgriffen bekommst Du ziemlich schnell heraus, was Fakt und was Fake ist.

♪22

Umgang mit fragwürdigen Nachrichten, Bildern und Videos in News und sozialen Medien, On-/Offline-Module für Lehrkräfte: https://fitfornews.de/onlinekurse-schule/

#MUSSMANAUSPROBIEREN

#MUSSMANWISSEN

Es gibt einen deutlichen Unterschied zwischen Fake News und Satire (siehe S. 200). Denn auch wenn in der Satire ebenfalls etwas Unwahres als Wahrheit verkauft wird, so geschieht dieses meist so übertrieben, pointiert und zugespitzt, dass ersichtlich ist, dass es sich nicht um eine objektive Nachricht handeln soll. Auch hat Satire das Ziel, aufzuklären, Fake News hingegen haben das gegenteilige Ziel, nämlich zu desinformieren.

WAS IST EIGENTLICH DIESER JOURNALISMUS ...

... und reicht ein Twitter-, Insta- oder Facebook-Account aus, um sich Journalist:in zu nennen?

JA

NÖ

Ja und nein. Viele Journalist:innen haben zwar Journalismus, Publizistik, Medien- oder Kommunikationswissenschaft gelernt oder studiert und sich dabei auch mit Themen wie Medienrecht oder Medienethik beschäftigt, aber längst nicht alle. Denn 'Journalist:in' ist keine geschützte Berufsbezeichnung, jede:r darf sich theoretisch so nennen und diesen Beruf ausüben, was sowohl Vor- als auch Nachteile hat. So kann der Staat nicht vorschreiben, wer als Journalist:in was veröffentlichen darf, wie es im Dritten Reich und in der DDR der Fall war. Eine wichtige Voraussetzung für kritischen Journalismus.

Das Problem jedoch ist, dass selbst ernannte Journalist:innen nicht unbedingt professionelle Journalist:innen sind, die kritisch, unabhängig und objektiv berichten und sich an den Pressekodex (ethische Selbstverpflichtung im Journalismus) halten. Denn ganz egal, ob journalistische Beiträge für Print oder Fernsehen, Radio oder Online, echte Journalist:innen gehen professionell vor.

Sortiere die Begriffe zu einem sinnvollen Vorgehen.

DOKUMENTIEREN | RECHERCHIEREN | ORGANISIEREN | REDIGIEREN | PLANEN | PRÄSENTIEREN | FORMULIEREN

....

....

....

....

....

Ohne dieses Vorgehen ist das, was am Ende rauskommt, kein echter Journalismus, so Walther von La Roche, einer der bekanntesten Ausbilder:innen von Journalist:innen in Deutschland. Dabei ist Aktualität genauso wichtig wie Relevanz und Wahrheit.

Quellen:
www.mdr.de/medien360g/medienwissen/was-ist-journalismus-100.html
www.sueddeutsche.de/medien/wozu-noch-journalismus-tiefgreifender-transformationsprozess-1.763191
www.bpb.de/kurz-knapp/hintergrund-aktuell/311191/oeffentlich-rechtlicher-rundfunk-von-der-gruendung-der-ard-bis-heute/

Wie kannst Du eine:n seriöse:n Journalist:in erkennen?

Eine kleine Hilfe bei der Erkennung „echter" Journalist:innen können Presseausweise sein, die durch den Deutschen Journalistenverband (DJV), die Deutsche Journalistinnen- und Journalisten-Union (dju) oder den Bundesverband Deutscher Zeitungsverleger (BDZV) vergeben werden.

Die deutsche Medienlandschaft umfasst nicht nur Printmedien (Zeitungen und Zeitschriften), die in erster Linie von privaten Wirtschaftsunternehmen herausgegeben werden, sondern auch den öffentlich-rechtlichen (ÖRR) und privaten Rundfunk (Radio und Fernsehen) und (unabhängige) Onlineangebote.

Einen besonders wichtigen Stellenwert nimmt in unserer Medienlandschaft der öffentlich-rechtliche Rundfunk ein. So langweilig er vielleicht manchmal für Dich sein mag, er stellt sicher, dass alle Menschen in Deutschland Zugriff auf unabhängige Informationen haben. Entstanden ist er nach dem Zweiten Weltkrieg, als staatsferne, selbst verwaltete, gebührenfinanzierte Rundfunkanstalten des öffentlichen Rechts gegründet wurden, damit die Regierung nie wieder die volle Informationshoheit über das Land haben wird, wie es im Dritten Reich der Fall war.

Die Grundsätze der öffentlich-rechtlichen Sender sind Objektivität, Unparteilichkeit, Meinungsvielfalt und Ausgewogenheit. Laut Rundfunkstaatsvertrag sind sie dazu verpflichtet, dass sie ihren Beitrag zum Erhalt der freiheitlichen demokratischen Grundordnung (siehe S. 36) leisten, indem sie zur freien, individuellen und öffentlichen Meinungsbildung beitragen und einen umfassenden Überblick über das gesellschaftliche Geschehen geben. Man kann also sagen, dass der öffentlich-rechtliche Rundfunk ein ziemlich wichtiges demokratisches Instrument ist.

Dabei ist es ganz egal, ob Dir persönlich die Inhalte gefallen oder ob Deiner Meinung nach eine Spielshow öffentlich finanziert werden sollte. Denn bei der Programmgestaltung geht es darum, die Interessen der Allgemeinheit in verschiedenen Bereichen wie Kultur, Bildung, Unterhaltung, Beratung und Information abzudecken und Meinungsvielfalt zu fördern. Kontrolliert werden die Senderprogramme dabei durch einen Rundfunkrat, der, zumindest laut Selbstdefinition, bunt gemischt ist und einen Querschnitt der Gesellschaft darstellt. Seit Anfang der 1980er wird der öffentlich-rechtliche Rundfunk durch private, werbefinanzierte Sender von Großkonzernen (wie RTL, Pro7 etc) ergänzt.

#MUSSMANWISSEN

www.mdr.de/medien360g/medienwissen/was-ist-journalismus-100.html
www.sueddeutsche.de/medien/wozu-noch-journalismus-tiefgreifender-transformationsprozess-1.763191
www.bpb.de/kurz-knapp/hintergrund-aktuell/311191/oeffentlich-rechtlicher-rundfunk-von-der-gruendung-der-ard-bis-heute/

Pressekodex

Argumente für die Öffentlich-Rechtlichen

Rundfunkstaatsvertrag

SYSTEMPRESSE VS PRESSEFREIHEIT

Freie journalistische Berichterstattung ist unglaublich wichtig, damit wir uns umfassend und objektiv über politische und gesellschaftliche Dinge informieren können. Dazu braucht es gute Voraussetzungen, wie zum Beispiel Unabhängigkeit der Medien von der Politik, Informationsfreiheitsgesetze, Medienvielfalt, Sicherheit und ein medienfreundliches Klima.

Die Organisation „Reporter ohne Grenzen" erhebt jedes Jahr die weltweite Lage der Presse- und Informationsfreiheit in 180 Ländern. Ziel ist es, das Level der Pressefreiheit für Jounalist:innen in den verschiedenen Ländern zu verdeutlichen. An vielen Orten dieser Erde sinkt die Pressefreiheit aufgrund von Krisen, Diktaturen, aber auch durch eine medienfeindliche Rhetorik von Politiker:innen. Zahlreiche Medienschaffende sehen sich dauerhaft einer Gefahr ausgesetzt, wenn sie ihrer Arbeit nachgehen:

„Morde und Entführungen, Verhaftungen und körperliche Angriffe sind bloß unterschiedliche Ausprägungen desselben Problems: Regierungen, Interessengruppen und Einzelpersonen wollen Medienschaffende mit Gewalt daran hindern, unabhängig zu berichten. Dieses Phänomen beobachten wir in allen Teilen der Welt, ob in Russland, Myanmar oder Afghanistan – oder selbst in Deutschland, wo die Aggressivität gegenüber Journalistinnen und Journalisten auf ein Rekordhoch gestiegen ist."

Michael Rediske, Vorstandssprecher von Reporter ohne Grenzen

Noch steht Deutschland in Sachen Pressefreiheit auf Platz 16 (Stand 2022) von insgesamt 180 Plätzen. Es geht zwar besser, aber im Vergleich ist es gar nicht so schlecht, und von einer „Systempresse" sind wir weit entfernt. Allerdings steigt die Zahl der gewalttätigen Übergriffe auf Medienschaffende vor allem bei Demonstrationen stark an. Der Großteil der Angriffe (52/80), die darauf abzielen, Journalist:innen an der Ausübung ihrer Tätigkeit zu hindern, wurde im Rahmen der Proteste aus dem „Querdenken"-Spektrum verzeichnet. Wobei die Betroffenen zudem häufig nicht nur eine mangelnde Unterstützung durch die Polizei bemängelten, sondern auch 12 Übergriffe durch ebendiese meldeten.

WAS DENKST DU?

Wer hat 2022 das Rennen gemacht und steht auf Platz 1 der Pressefreiheit? Ordne die Plätze den Ländern zu:

LAND	RANG
POLEN	155
MONTENEGRO	1
NORWEGEN	85
BULGARIEN	4
USA	173
GRIECHENLAND	63
KUBA	6
RUSSLAND	18
NAMIBIA	108
UNGARN	42
ESTLAND	42
DEUTSCHLAND	16

AUFLÖSUNG

In der Rangliste der Pressefreiheit 2022 findest Du die Lösung.

♪23

Quellen:
www.reporter-ohne-grenzen.de/rangliste/rangliste-2022

FAKTENCHECK

VERARSCHEN KANN ICH MICH ALLEINE!

Ok. So viel ist klar, es gibt jede Menge Leute, die versuchen, Dich und andere zu manipulieren. Sie gehen dabei ziemlich geschickt vor. Aber dennoch bist Du dem Ganzen nicht schutzlos ausgeliefert. Denn es gibt einige ganz wirkungsvolle Strategien, wie Du Dich schützen kannst.

Ganz allgemein gesagt, ist das Wichtigste erst mal, kritisch zu sein. Je kritischer Du mit Informationen vor allem aus dem Netz umgehst, umso besser. Denn schließlich kann sich ja jede:r als Journalist:in oder Expert:in ausgeben, ein top Video veröffentlichen, einen bombastischen Artikel ins Netz stellen und alles behaupten, was er/sie will und ihn/sie voranbringt.

Dich nicht von den sozialen Netzwerken blenden zu lassen, ist ebenfalls wichtig. Tausend Likes oder unzählige herablassende Kommentare bedeuten nicht unbedingt, dass ein gesellschaftlicher Konsens oder die politische Stimmung im Land widergespiegelt wird. Die wohlige Wärme und homogene Informationsflut in Deiner Filterblase sagen auch nicht aus, dass es keine anderen Sichtweisen gibt. Mach Dir Dein eigenes Nachrichten-Konsumverhalten klar, welches dafür sorgt, dass in Deinen Feeds vorrangig Beiträge und Themen auftauchen, die Deine eigene Weltsicht bestätigen. Darum solltest Du ab und an unbedingt Deine Filterblase verlassen und Dich umschauen, was andere (seriöse Quellen) zu Themen sagen, die Dich interessieren, und Dir verschiedene Meinungen zu heiß diskutierten Themen anhören.

Wenn Dir wichtig ist, nicht von anderen verarscht und manipuliert zu werden, dann checke immer:

1. **WER** behauptet?
2. **WIE** wird behauptet?
3. **WAS** wird behauptet?
4. **WARUM** wird behauptet?

#MUSSMANWISSEN

Die Tendenz, dass wir Informationen so lesen und filtern, dass unsere eigene Weltsicht bestätigt wird, nennt man Confirmation Bias.

♪24

CHECK 1 WER behauptet?

Bevor Du Dir die Mühe gibst, Dich näher mit Inhalten zu beschäftigen, überprüf zuerst, wer hinter der Information steckt. Vor allem dann, wenn es sich um eine Quelle handelt, die Dir zum ersten Mal begegnet.

Such am besten zuerst nach dem Impressum, denn in Deutschland gibt es eine Impressumspflicht. Im Impressum müssen Adresse, Klarname und Kontaktmöglichkeit einer juristischen Person stehen, die im Sinne des Presserechts zur Verantwortung gezogen werden kann. Gibt es kein Impressum, ist das ziemlich auffällig. Offenbar will sich jemand vor seiner Verantwortung drücken und er/sie wird sicherlich wissen, warum.

Auch kannst Du die Hintergründe der Autor:innen googeln. Gehören sie einer politischen Partei oder Gruppe an? Was ist noch über sie bekannt?
Die genannten Quellen, die als Nachweise für die getroffenen Behauptungen genannt werden, solltest Du Dir ebenfalls genauer anschauen, genauso wie verlinkte Webseiten, Kanäle oder sogenannte „Expert:innen". Was kannst Du zu ihnen finden und in welchem Spektrum bewegen sie sich?

Ist der/die Autor:in bereits einschlägig bekannt, werden keine Belege mitgeliefert, die die Aussagen nachweisen, oder stammen die Nachweise ebenfalls von dubiosen Quellen, dann ist das ebenfalls auffällig.

„Lügen erkennen", sogehtmedien.de

#MUSSMANSEHEN

CHECK 2 WIE wird behauptet?

Mit der Art und Weise, WIE etwas mitgeteilt wird, wird häufig auch die dahinterstehende Intention vermittelt. Ist der Ton eher sachlich, neutral, informierend, seriös oder ist er emotional aufgeladen, polarisierend, wertend, subjektiv? Es lohnt sich auf jeden Fall immer, auch einen Blick auf die Form von Beiträgen und Artikeln zu werfen. Denn vertrauenswürdige Expert:innen vermitteln ihr Wissen möglichst objektiv und ohne ideologische Begriffe wie „Systemmedien" oder „Regime". Auch benennen sie Ungeklärtes oder noch Fragliches und behaupten nie, die „absolute Wahrheit" gefunden zu haben.

Wer der breiten Gesellschaft etwas unterjubeln und sie auf die eigene Seite ziehen will, drückt sich häufig möglichst einfach aus, damit alle die Botschaft verstehen. Was ja per se gar nicht schlecht ist. Das Problem ist vielmehr, wenn komplexe Sachverhalte vereinfacht dargestellt werden. Vor allem dann, wenn gleichzeitig Emotionen angesprochen werden. Emotionen, egal ob Wut, Angst, Verachtung, Ekel, Freude, Trauer oder Überraschung, sollen Konsument:innen mit dem Gesagten verbinden, damit Botschaften besser in Erinnerung bleiben.

Diese Punkte wecken Zweifel an der Seriosität eines Beitrags, Artikels oder Videos:

- Viele Satzzeichen?!!?11
- ALLES IN GROSSBUCHSTABEN
- 1 haufn Feler
- Ultrakrasse, mega reißerische Headlines (mit denen Clickbaiting betrieben wird)!
- Erschütternd emotionale Begriffe oder Bilder
- Bewusst Angst machende Aussagen – Das wird uns alle erwarten!!
- Suggestivfragen ... oder was haben die Hools mit Angela Merkel zu tun?
- Verallgemeinerungen, denn schließlich haben IMMER ALLE NICHTS damit zu tun
- Fakes werden gerne über trendende #Hashtags verbreitet
- Emojis :-) in Hülle <3 und Fülle :-O
- Zusammengeschnittene Bilder, Ausschnitte und Manipulationen
- Subjektive, wertende, rassistische, vorverurteilende „Berichte"
- Fehlende oder unseriöse Quellen

Schreibe Deinen eigenen unseriösen Beitrag über ein Thema Deiner Wahl.

....

....

....

Warum manipulieren uns Menschen?

....

....

....

Quellen:
www.br.de/nachrichten/wissen/fake-news-und-verschwoerungstheorien-wie-erkenne-ich-eine-serioese-quelle
www.bundesregierung.de/breg-de/themen/umgang-mit-desinformation

CHECK 3 WAS wird behauptet?

Du weißt jetzt, wer etwas in welcher Form behauptet, und kannst Dich darum nun den Inhalten widmen.

Halte zum Beispiel Ausschau nach Logikfehlern, die gar nicht so selten in desinformierenden Texten sind, und überprüfe, ob sich zwischen Überschrift und dem Nachrichtentext Widersprüche ergeben.

Auch kannst Du schauen, ob Faktenchecker wie mimikama.at, correctiv.org oder der tagesschau.de/faktenfinder das Thema bereits durchleuchtet haben. Gerade Themen, die sich weit über die sozialen Netzwerke streuen, werden oft ziemlich schnell auf ihren Wahrheitsgehalt überprüft. Du sparst Dir damit viel Recherchearbeit. Ansonsten kannst Du viele Inhalte auch selbst überprüfen. Nutze dafür zum Beispiel die Bilderrückwärtssuche oder verfolge den Ursprung von Videos zurück (siehe S. 92), nutze Suchmaschinen (siehe S. 68) und überprüfe, ob es sich um echte oder Scheinargumente handelt (siehe S. 122).

CHECK 4 WARUM wird behauptet?

Wenn Du der Sache auf den Grund gegangen bist, wirst Du jetzt einen ganz guten Überblick darüber haben, wer Urheber:in ist und welchen Background er/sie hat. Auch weißt du, wie hoch der Wahrheitsgehalt ist und mit welcher Emotion die Inhalte verknüpft werden sollen. Jetzt dürfte es Dir leichtfallen, die Intention hinter dem Ganzen zu durchschauen.

♪25

#MUSSMANLESEN

„Widerlegen, aber richtig“, Stephan Lewandowsky/ John Cook

DAS IST ALLES NUR GEKLAUT!

Menschen tendieren dazu, das zu glauben, was sie mit ihren eigenen Augen sehen. Darum ist die Manipulation von Medien wahrscheinlich genauso alt wie die Medien selbst und wird besonders gerne im Zusammenhang mit politischer Propaganda eingesetzt.

Denn auch „gefühlte" Wahrheiten und „alternative" Fakten (siehe S. 80) brauchen ihre „Beweise". Kaum ein vermeintlicher Nachweis wird weniger hinterfragt als ein Bild, ein Video oder eine Audioaufnahme.

M* P*********
@M***P*******

Das war gestern in Berlin! …
Glaube es waren mehr als 20.000
:-) :-) :-)

Hybride Fälschungen

Echte Bilder, Video- oder Audioaufnahmen werden in einen völlig anderen Kontext gesetzt.

Querdenkende verbreiteten in ihren Beiträgen beispielsweise Luftbilder der Loveparade und gaben sie als aktuelle Aufnahmen ihrer Demonstrationen aus.

Hier findest Du zahlreiche Bildmanipulationen und ihre Ziele.

Lösung S.91:
Das Foto des Fotografen Milos Bicanski, wurde 2009 bei Protesten in Griechenland aufgenommen.
Ziel der Manipulation durch die AfD war es, linke Gewalt in Deutschland zu „beweisen".

Bild-, Video- und Audiomanipulation

Bilddetails oder Details aus Video- oder Audiosequenzen werden retuschiert oder herausgeschnitten oder Ablaufgeschwindigkeiten verändert.

So können zum Beispiel Plakate neu beschrieben, Waffen zugefügt oder entfernt, Kontexte verborgen und absichtlich Video-, Audio- oder Bildteile weggelassen werden. Auch kann die Sprechgeschwindigkeit von Menschen verändert werden, sodass diese sich völlig betrunken anhören, oder es wird Musik unterlegt, die unsere Emotionen in die erwünschte Richtung lenkt.

Beweise bitte.

Die AfD im Landkreis Stade klaute 2016 für ihren Parteiflyer ein Foto und photoshopte das Antifa-Logo auf die Jacke eines Gewalttäters.

Wo und wann wurde das Foto eigentlich aufgenommen?

....

....

....

Wer hat es geschossen?

....

....

....

Was will die AfD mit ihrer Manipulation erreichen?

....

....

....

....

....

....

Quellen:
https://dergoldenealuhut.de/tools-bilderrueckwaertssuche/
AfD Bild: www.afd-landkreis-stade.de, aus der Broschüre für den Wahlkampf 2017

BILDER- & VIDEO-RÜCKWÄRTSSUCHE

Die Aussagen von Beiträgen und Artikeln zu checken, ist gerade bei fraglichen Quellen wichtig. Dabei solltest Du auf keinen Fall vergessen, die Bilder, die oft zur Untermalung und Bekräftigung von Texten verwendet werden, ebenfalls zu überprüfen. Denn je mehr Anhaltspunkte Du bekommst, dass manipuliert wurde, desto klarer wird am Ende das Gesamtbild.

Die Bilderrückwärtssuche ist ein super Tool dabei, um herauszufinden, woher ein Bild tatsächlich stammt und wie es ursprünglich aussah.

Einige Suchmaschinen wie Google und Bing haben eine Bildersuchmaschine in ihre Suchmaske integriert, die Du dafür nutzen kannst. Diese funktioniert jedoch auf dem Handy oft nicht. Spezielle Bildersuchmaschinen sind aber genauso einfach und funktionieren auf allen Geräten:

TINEYE.COM

REVERSEIMAGE.NET

#MUSSMANWISSEN

Je älter die Webseite, auf der das Bild gefunden wurde, je höher die Auflösung, je größer der gefundene Bildausschnitt, je weniger Artefakte (= unbeabsichtigte Bilddetails wie Bildrauschen oder Körnigkeit), desto ursprünglicher ist das Bild.

Auch die Rückverfolgung von Videos kann hilfreich sein auf der Suche nach Wahrheit. Zum einen kannst Du versuchen, das Video durch eine Standardsuche über eine Suchmaschine zu finden. Hierfür suchst Du gezielt nach Schlüsselwörtern des Videos, dies können der Titel, spezielle Inhalte oder das Thema des Videos sein. Auch das Senderlogo (falls vorhanden) kann Dir auf dem Weg zur Ursprungsquelle weiterhelfen. Bist Du auch damit nicht weitergekommen, versuch mal, einen Screenshot des Videos durch die Bilderrückwärtssuche zu jagen. Screenshots kannst Du ganz einfach durch eine Tastenkombi auf dem Computer oder dem Handy erstellen.

DEEPFAKES ERKENNEN

Deepfakes sind manipulierte Fotos, Videos oder Audios, die mithilfe künstlicher Intelligenz komplett erstellt oder absichtlich massiv verändert werden. Du kennst die Technik, mit denen Deepfakes erstellt werden, vielleicht von der ein oder anderen App, die uns altern oder singen lassen oder die Gesichter mit unseren Freund:innen tauschen. Diese Spaß-Apps dienen der Unterhaltung und können recht lustig sein, aber sie zeigen ganz gut, wozu die Technik mittlerweile imstande ist.

So kann sie Menschen Wörter in den Mund legen, die sie nie gesagt haben, um öffentliche Meinungen zu manipulieren oder politische Prozesse zu beeinflussen. Im Russland-Ukraine-Krieg wurde beispielsweise ein Deepfake-Video veröffentlicht, in welchem der ukrainische Präsident Selenskyj angeblich zur Kapitulation aufrief. Amateurhafte Deepfakes sind noch recht einfach zu erkennen, aber bei gut gemachten Deepfakes wird es echt schwer. Sie sehen täuschend echt aus und sind mit bloßem Auge und ohne Hintergrundwissen kaum zu entlarven. Das Problem ist, je mehr Menschen sich täuschen lassen, desto eher können sie zu einer Gefahr für Politik und Gesellschaft werden. Denn wenn erst einmal eine „Wahrheit" im Umlauf ist und sich wie ein Lauffeuer verbreitet, ist es sehr schwer, diese wieder aus den Köpfen zu bekommen. Im Falle der Ukraine konnte das manipulierte Video keinen größeren Schaden anrichten, weil die Menschen darauf vorbereitet waren, dass russische Hacker solche Strategien anwenden könnten, und Selenskyj unmittelbar eine Stellungnahme verbreitete.

- **Unscharfe Übergänge zwischen Gesicht und Haaren/Hals oder zwischen Kopf und Hintergrund**
- **Unnatürliche Mimiken, Gesten oder Bewegungen der Haare**
- **leere Blicke oder unlogische Schatten**
- **Fehlendes Blinzeln**
- **Licht und Farben stimmen nicht überein**
- **Unterschiedliche Bildqualität von Gesicht und dem restlichen Video**
- **Ungewöhnliche/untypische Aussagen oder eigenartiges Verhalten**
- **Deepfake-Scanner schätzen für Dich ein, wie wahrscheinlich es ist, dass es sich bei Deinem Video um einen Deepfake handelt.**

#MUSSMANLESEN & HÖREN

Mehr Informationen und Videos zu Deepfakes.

Podcast „Die Zeitraffer"

Quellen:
www.dergoldenealuhut.de
www.bundesregierung.de/breg-de/themen/umgang-mit-desinformation/deep-fakes-1876736

EINDEUTIGE BEWEISE

Was?!?! Es gibt eindeutige Beweise, dass Angela Merkel und Attila Hildmann sich getroffen haben und Martin Sellner bei einem Soliaufruf für die Hooligans gegen Satzbau mitmacht?

Geht es Dir auch so, dass weiße Zettel und Banner immer wie eine Einladung daherkommen? Überklebe den Zettel auf dem Bild und benutze ihn als Dein Sprachrohr.

Finde heraus, woher die Bilder stammen und in welchem Kontext sie entstanden sind.

BILDERCHECK

♪26

WAS SHAREPICS VERRATEN

Wenn wir wollen, können wir im Netz jedem Menschen beliebige Worte in den Mund legen. Hierfür reicht ein Foto, ein empörendes, vermeintliches „Zitat" oder ein selbst kreierter Zusammenhang und ein einfaches Bildbearbeitungsprogramm – *zack* fertig ist das „emotional angereicherte" Bild. Über die sozialen Netzwerke rausgejagt und in den entsprechenden Gruppen geteilt, erzielt es mitunter hohe Reichweiten und eine kaum zu stoppende Empörungswelle.

Aber wie kannst Du herausfinden, was echt und was gefälscht ist?

Schau Dir das Sharepic genau an und sammle alle Angaben und Anhaltspunkte, die Dir auffallen.

1 DAS FOTO Was oder wer ist darauf zu sehen?

Überprüfe mit der Bilderrückwärtssuche (siehe S.92), woher das Foto stammt, wer tatsächlich darauf abgebildet ist, wann und ggf. in welchem Kontext es aufgenommen wurde. Stimmen die von Dir gefundenen Angaben mit den Angaben auf der Kachel überein?

2 DER TEXT Was steht in der Kachel?

Gib den Text der Kachel in eine Suchmaschine ein. Wenn Du ihn in Anführungszeichen setzt, wird die Suchmaschine nach genau dieser Wortkombination suchen, ohne Anführungszeichen wird nach allen Worten in beliebiger Reihenfolge gesucht.

3 DER NAME Welcher Name ist angegeben?

Überprüfe, ob die Angabe mit Deinen Entdeckungen aus Punkt 1 übereinstimmt.

4 DER KONTEXT

Woher stammt das Sharepic ursprünglich und wo hab ich es gefunden?

Finde heraus, welches (politische) Ziel mit dem Sharepic verfolgt wird und welche Agenda dahintersteckt.

BEGIB DICH AUF SPURENSUCHE.

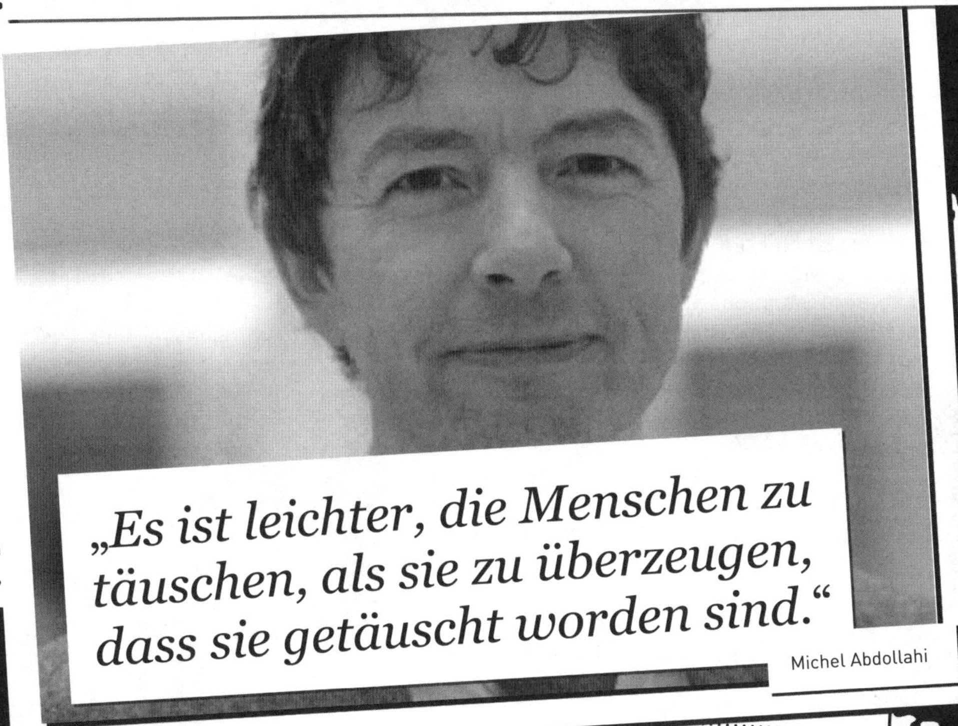

Wer ist auf dem Foto tatsächlich abgebildet?

Von welcher Seite stammt das Foto?

Von wem stammt das Zitat?

Wer ist der Mann, von dem das Zitat angeblich stammt?

KONTEXT IS KING

Der Aufreger ist da: Vermeintlich eindeutige Fotos, Videos, Zitate, Screenshots von Beiträgen oder Kommentaren machen ihre Runde und sorgen für eine gigantische Empörungswelle. Das, was Du siehst oder hörst, ist aber auch absolut eindeutig, oder nicht?

„Das, was Du siehst …“ genau das ist der Knackpunkt. Denn viele Dinge siehst Du eben nicht, wenn sie einmal zusammenhanglos in Umlauf gebracht werden, und genau das ist auch oft so gewollt! Du sollst sie gar nicht sehen, weil sich Dir dann ein ganz anderes Bild offenbaren würde.

Lass Dich nicht täuschen oder Dich in irgendwelche Empörungshypes reinziehen. Denn ein kurzer Einblick ersetzt nie den Rundumblick und führt leicht zu (gewollten) Missverständnissen. Der Kontext einer Aussage oder eines Bildes ist wichtig, wenn Du Dinge wirklich verstehen willst. Kontext meint sowohl den Sinn- als auch den Sach- und Situationszusammenhang, also die Umstände bzw. Auslöser einer Aussage. Erst diese können den Ausschnitt, den Du präsentiert bekommst, einordnen und ggf. nachvollziehbar oder zumindest besser verständlich machen.

Oft werden bewusst Zitate aus vertrauenswürdigen Quellen aus dem Zusammenhang gerissen und gezielt verbreitet, um Desinformationen und Verschwörungserzählungen zu stützen.

So, wie es Alice Weidel z. B. auch macht:

Alice Weidel
@Alice_Weidel

Der deutschen Außenministerin @ABaerbock ist es egal, was die Bürger in #Deutschland denken, die #Ukraine steht bei ihr an erster Stelle. Sage nicht ich, sondern sie selbst. Und gibt damit zu, dass die #Ampel ganz bewusst gegen Menschen in unserem Land arbeitet.

1:10 nachm. · 1. Sep. 2022 · Twitter Web App

Was genau der Hintergrund ist? Finde es durch einen kurzen Check heraus!

WAS SIEHST DU?

Betrachte die einzelnen Bilder und notiere

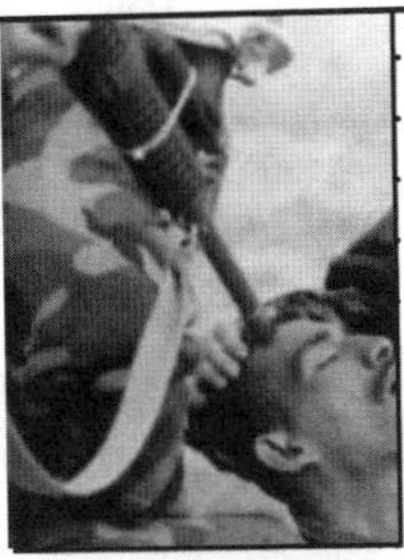

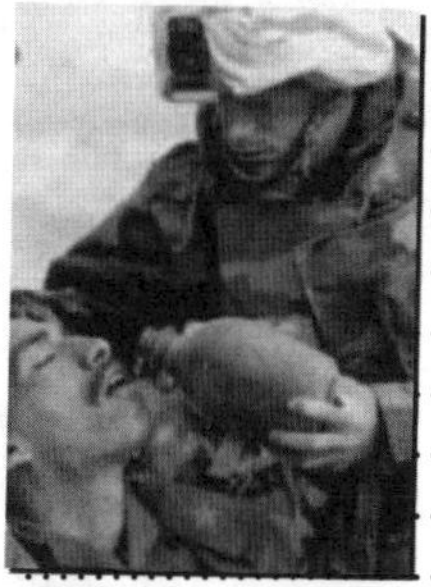

Bild, Irakkrieg 2003:
https://docplayer.org/57092550-Uebung-5-bildmanipulation.html

FRAGE DICH:

Warum wurde genau dieser Bildausschnitt, dieses Zitat oder einzelne Kommentar aus einem Strang gewählt und welches Ziel wird verfolgt?

JE STÄRKER DIE EMPÖRUNG VORANGETRIEBEN WIRD, UMSO EHER SOLLTEST DU DICH FRAGEN, WAS DER HINTERGRUND DER GESCHICHTE IST, UND DICH AUF SPURENSUCHE (SIEHE TIPPS UND STRATEGIEN IN DIESEM KAPITEL) BEGEBEN.

DIE MACHT DER SPRACHE

Cancel Culture und Political Correctness

„Heutzutage darf man nichts mehr sagen! Alles wird zensiert, sobald man etwas sagt, was nicht ‚politisch korrekt' ist, gibts den großen Aufschrei, und wenn man etwas jenseits der ‚Linie' sagt, wird man angegriffen, ausgeladen und ‚gecancelt'! Ich lass mir doch meine Sprache nicht wegnehmen! Das hab ich immer schon so gesagt!"

#MUSSMANWISSEN

Sprachkritik ist so alt wie die Sprache selbst.

Wer was zu sagen hat, benutzt Sprache

Sprache ist dynamisch und unterliegt einem ständigen Wandel. Sie besteht aus zahlreichen Wörtern, die sich im Laufe der Zeit verändern, ergänzen und ersetzen. Doch Sprache besteht nicht nur aus aneinandergereihten Wörtern, sie spiegelt auch die Weltsicht von Menschen wider. Sie konstruiert und vervielfältigt Weltsichten, welche das eigene Handeln und das von anderen beeinflussen. So kann Sprache selbst eine Handlung sein und sehr effektiv als Waffe eingesetzt werden, um Menschen zu verletzen, zu manipulieren oder gesellschaftliches Denken zu beeinflussen.

Was ist „Political Correctness"?

Politische Korrektheit bezeichnet eigentlich eine Einstellung, die alle Ausdrucksweisen und Handlungen ablehnt, durch die jemand aufgrund seiner ethnischen Herkunft, seines Geschlechts, seiner Zugehörigkeit zu einer bestimmten sozialen Schicht, seiner körperlichen oder geistigen Behinderung oder sexuellen Neigung diskriminiert wird.

Von Rechtskonservativ bis Rechtsextrem wird der Begriff zumeist abwertend verwendet. Die Bitte um Achtsamkeit wird zum Beleg der Einschränkung der Redefreiheit, und die Einführung eines diskriminierungssensiblen Sprachgebrauchs wird zur Zensur. Manchmal geht es „nur" darum, an einem althergebrachten Sprachgebrauch festzuhalten, oft aber sollen auch ganz bewusst Menschen ausgeschlossen, diskriminiert, verletzt oder schlechtgeredet werden. Das Gespenst der „Political Correctness" ist Dir sicherlich schon mal begegnet, zum Beispiel wenn es um die Z***soße geht oder den N***kuss.

Inzwischen flaut der Trend, anderen „Political Correctness" vorzuwerfen, ab, schließlich wurde ein neuer Kampfbegriff gefunden: CANCEL CULTURE .

„Cancel Culture' hat ‚Political Correctness' als Kampfbegriff im Feld um Meinungs-, Kunst- und Wissenschaftsfreiheit abgelöst. Dabei funktioniert ‚Cancel Culture' als Kampfbegriff so gut, weil damit ein Bedrohungsszenario etabliert wird."

Prof. Dr. Andrea Geier
(Professorin für Neuere deutsche Literaturwissenschaft und Geschlechterforschung, Universität Trier)

Der Begriff ‚Cancel Culture' (= „Löschkultur") beinhaltet die Überzeugung, dass es eine mächtige Bewegung gibt, die bestimmte Vorstellungen einer „politisch korrekten" Kunst und Kultur in der Gesellschaft durch gezielten öffentlichen Druck durchsetzen will. Diese (vor allem digitale) Bewegung sorge dafür, dass Künstler:innen von Bühnen ausgeschlossen, Veranstaltungen abgesagt, Songs von Musikplattformen genommen werden u.s.w.

Theoretisch läuft das so ab:

Jemand macht im Netz auf Äußerungen/ Hintergründe o. Ä. einer Person aufmerksam:

- eine mächtige Empörungswelle entsteht/ wird gezielt befeuert und breitet sich aus
- Veranstalter, Arbeitgeber o. Ä. reagieren, distanzieren sich, löschen, laden aus etc.

Genauer betrachtet handelt es sich also erst mal um eine Kette logischer und nachvollziehbarer Reaktionen auf allen Seiten. Dennoch wird von Canceln gesprochen und damit ein systematisches Vorgehen unterstellt. Was denkst du, gibt es diese mächtige Bewegung?

Auf jeden Fall ist es immer wichtig, einen Blick hinter die Empörung zu werfen und für Dich selbst zu entscheiden, ob jemand Deiner Meinung nach unberechtigterweise kritisiert wird oder nur die Konsequenzen des eigenen Handelns erfährt.

#MUSSMANWISSEN

Die mediale Macht, die hinter gezielten Shitstorms steckt, kann immens sein und Menschen enorm unter Druck setzen. So kann es tatsächlich vorkommen, dass Menschen unberechtigterweise aus Angst vor Negativfolgen gecancelt werden, weil gesteuerte Kampagnen Druck auf Entscheider:innen aufbauen.

Quellen:
www.die-debatte.org/debattenkultur-cancel-culture/
www.bpb.de/themen/parteien/sprache-und-politik/42730/political-correctness-politische-korrektheit/

#MUSSMANHÖREN

Podcast „Call out und cancel culture – Du bist gestorben! Und dann?" Feuer und Brot

POLITISCHE KORREKTHEIT

PRAXISTEST

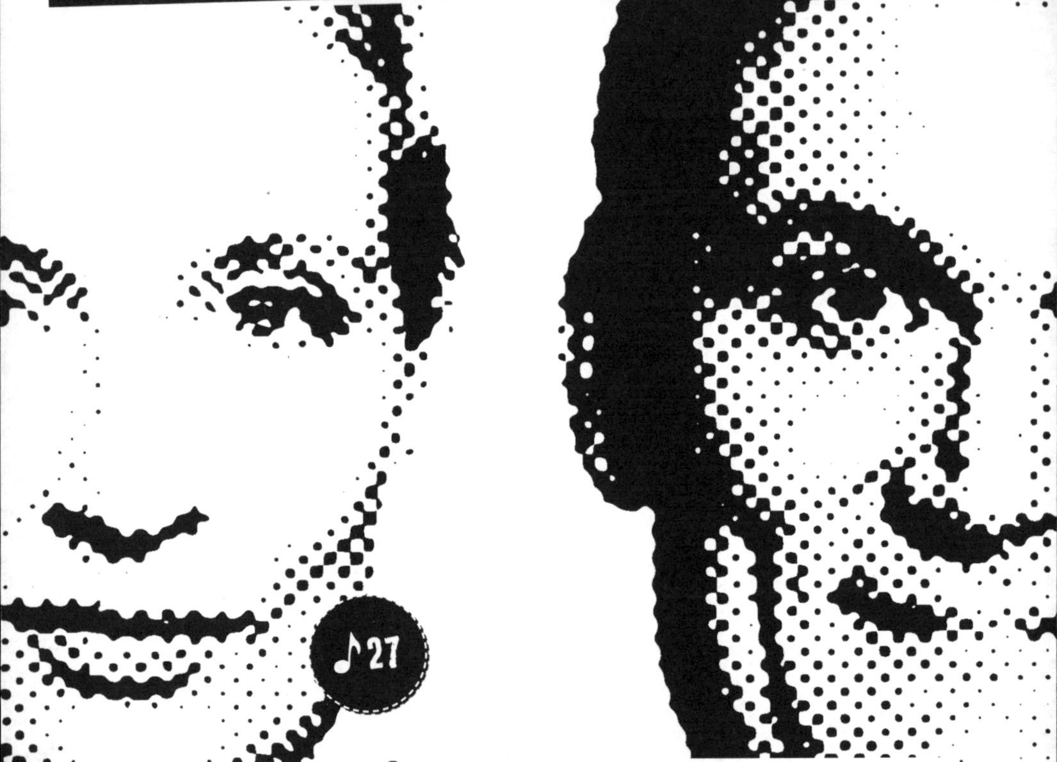

♪27

In ihrem Redebeitrag auf dem Bundesparteitag der AfD 2017 in Köln äußerte sich Alice Weidel (AfD) folgendermaßen:

„Und wir werden uns als Demokraten und Patrioten trotz dessen nicht den Mund verbieten lassen. Denn die Politische Korrektheit gehört auf den Müllhaufen der Geschichte."

Der Moderator der NDR-Satiresendung „extra 3", Christian Ehring, reagierte daraufhin in seiner Sendung mit folgenden Worten:

„Jawoll, Schluss mit der politischen Korrektheit! Lasst uns alle unkorrekt sein, da hat die Nazi-Schlampe doch recht. War das unkorrekt genug? Ich hoffe!"

Was, denkst du, passierte daraufhin?

A Nichts

B Alice Weidel nannte Christian Ehring einen „Drecks-Systemling"

C Alice Weidel empfand die Aussage als politisch zu unkorrekt und versuchte, die weitere Ausstrahlung des Beitrags zu verhindern

Was entschied daraufhin das Landgericht Hamburg?

A Es schloss einen Vergleich zwischen beiden Parteien

B Der NDR bekam recht und durfte den Beitrag weiterhin ausstrahlen

C Alice Weidel bekam recht und der Beitrag musste unverzüglich gelöscht werden

AUFLÖSUNG

1. Frage: Richtige Antwort C:
Alice Weidel wandte sich ans Landgericht Hamburg mit der Begründung, dass diese „Formalbeleidigung" nicht mehr von der Meinungsfreiheit (Art. 5 Abs. 1 des Grundgesetzes) gedeckt sei, und beantragte eine einstweilige Verfügung gegen die weitere Ausstrahlung des Beitrags.

2. Frage: Richtige Antwort B:
Das Landgericht Hamburg entschied, dass die Bezeichnung als „Nazi-Schlampe" vom Recht auf freie Meinungsäußerung gedeckt wird. Es handele sich um keine „unzulässige Formalbeleidigung", da nicht die persönliche Diffamierung Weidels im Vordergrund gestanden habe, sondern es eine Auseinandersetzung in der Sache gegeben habe. Die Begriffe „Nazi" und „Schlampe" beziehen sich „in klar erkennbarer satirischer Weise" auf Weidels Forderung, die politische Korrektheit abzuschaffen.

WAS DENKST DU?

Was wollte Alice Weidel mit ihrer Aussage „die Politische Korrektheit gehört auf den Müllhaufen der Geschichte" eigentlich bezwecken? Geht es ihr um den Schutz der Meinungsfreiheit für alle oder eher um einen Freifahrtschein für sie und politisch Gleichgesinnte, um Unsagbares sagbar zu machen?

DAS IST DOCH VOLL DIVERS!

„Mann oder Frau – es gibt nur zwei Geschlechter!"

Hat da mal wieder jemand keine Ahnung? Wenn Dir Sprüche dieser Art in einer Diskussion begegnen, frag nach, was Dein Gegenüber eigentlich mit „Geschlecht" meint, das soziale oder biologische Geschlecht, das genetische oder morphologische Geschlecht oder gar die eigene Geschlechtsidentität? Während das biologische Geschlecht (= Sex) vor allem Deine angeborenen Geschlechtsmerkmale meint, ist das soziale Geschlecht (= Gender) eine kulturell und individuell definierte Geschlechterrolle. Wir können „Geschlecht" also auf viele Arten betrachten.

Dich interessiert nur das biologische, angeborene Geschlecht? Dann wird es auch nicht einfacher. Denn auch das biologische Geschlecht ist nicht binär, wie lange Zeit angenommen. Klar gibt es die beiden „Pole" „Mann mit Penis" und „Frau mit Vagina", aber es gibt, und das gilt inzwischen als wissenschaftlich gesichert, auch ziemlich viele Zwischenformen. Zum Beispiel Menschen, die mit beiden primären Geschlechtsorganen geboren wurden.

Aber das Geschlechter-Thema ist noch viel komplizierter. Neben dem biologischen Geschlecht existiert auch noch das genetische Geschlecht. Du hast bestimmt schon mal gehört, dass Frauen XX-Chromosomen haben und Männer XY-Chromosomen, oder? Aber wusstest du, dass es auch Menschen mit XYY- oder XXY-Chromosomen gibt?

Gut möglich, dass das nicht allen Menschen bewusst ist, und sicherlich wollen auch viele gar nichts davon wissen. Für einige ist es vielleicht auch ziemlich verwirrend. Das Ganze muss aber gar nicht so verwirrend sein, denn das Einzige, was uns in den Begegnungen mit Menschen tatsächlich interessieren sollte, ist ihre Geschlechtsidentität. Deine Geschlechtsidentität gehört nämlich nur dir! Sie ist das, was Du über Dein eigenes Geschlecht weißt, womit Du Dich identifizierst, egal, was andere Dir sagen, was wo an Dir drangewachsen ist oder eben nicht, was Deine Gene sagen oder in Deiner Geburtsurkunde steht.

Warum sollten wir das bewerten oder darüber urteilen, wie ein Mensch sich definiert und fühlt? Mensch ist schließlich Mensch.

Leider werden noch immer nicht alle Geschlechter gleich behandelt oder gar anerkannt. Viele Menschen erleben jeden Tag, wie andere sich über sie lustig machen, diskriminieren und übergriffig werden. Aber warum empören sich Menschen überhaupt darüber, was jemand „eigentlich" zwischen den Beinen hat, wer was anzieht, wen man liebt oder heiratet, wer mit wem kuschelt oder schläft?

♪28

SIE/IHR, ER/IHM, DEY/DENEN, SHE/HER, HE/HIM, THEY/THEM

Was hat das mit den Pronomen auf sich?

Wahrscheinlich ist Dir in den sozialen Netzwerken schon mal aufgefallen, dass immer mehr User:innen ihre bevorzugten Pronomen in ihrer Bio veröffentlichen. Mit den Pronomen wird angezeigt, wie die betreffende Person (ganz egal ob binär oder non-binär) angesprochen werden möchte, was also ihre Geschlechtsidentität ist. Das ist super hilfreich, wenn es Dir wichtig ist, respektvoll mit Menschen zu kommunizieren. Auch wird so ganz nebenher auf die Verwendung einer diskriminierungssensiblen, geschlechtsneutralen Sprache hingewiesen, was für mehr Aufmerksamkeit, Achtsamkeit und Akzeptanz von Geschlechtervielfalt sorgt.

Während Du in den Netzwerken oft also direkt sehen kannst, wie jemand angesprochen werden will, ist es in der analogen Welt nicht ganz so einfach. Wenn Du unsicher bist, wie Du jemanden ansprichst, frag einfach freundlich, welches Pronomen Dein Gegenüber für sich benutzt! Das bricht das Eis und zeigt, dass Du Dich ernsthaft für diese Person interessierst.

Noch besser wäre es, wenn Du Deine eigenen Pronomen bei der Vorstellung angibst, z. B.: „Ich bin Peter, meine Pronomen sind er/ihn. Wie heißt du?"

Wenn Du über jemanden sprichst und unsicher bist, welches Pronomen die Person benutzt, sprich einfach jedes Mal den Namen aus. Also: „Ich war gestern mit Salome im Kino. Danach bin ich mit Salome noch was essen gegangen. Ich würde Salome ja echt gerne wiedersehen."

Das klingt ungewohnt und kann ziemlich mühsam und umständlich sein, ohne Frage. Aber wenn wir uns vorstellen, wie mühsam das Leben sein kann, wenn niemand Deine Identität wahrnimmt, respektiert und achtet, ist das durchaus das kleinere Übel. Und man gewöhnt sich schnell daran!

MEHR INFOS

www.mimikama.at/biologische-geschlecht-ist-nicht-binaer/

„Gender beinhaltet, dass wir mit Geschlechtlichkeit selber umgehen, dass es Teil unserer sozialen Wirklichkeit ist, und nicht einfach nur in einem ganz naiven Sinne natürlich gegeben, und damit hat es sich. Und diese Einsicht führt auch dazu, dass wir aufmerksamer geworden sind dafür, wie sich Weiblichkeiten und Männlichkeiten vervielfacht haben. [...]"

Paula-Irene Villa Braslavsky, Professorin für Soziologie und Gender Studies an der Ludwig-Maximilians-Universität in München

WAS'N DAS?!

♪29

SCHLAG NACH UND FINDE ES HERAUS!

ANDROGYN | BUTCH | INTERGESCHLECHTLICH | BIGENDER | CIS
WEIBLICH | FRAU | MANN | GENDERVARIABEL | FLINTA
GENDERQUEER | INTERSEXUELL | FEMME | DRAG | MÄNNLICH
GESCHLECHTSLOS | DIVERS | NICHT-BINÄR | PANGENDER
PANGESCHLECHT | TRANS* | TRANSMANN | TRANSMENSCH
TRANSFRAU | TRANSFEMININ | LSBTQI* | TRANSGENDER
TRANSMASKULIN | TRANSSEXUELL | INTER* | INTER*MANN
INTER*FRAU | NEUTROIS | INTER*MENSCH | INTERGENDER
ZWEIGESCHLECHTLICH | DEMIBOY | TWOSPIRIT | ENBY
VIERTES GESCHLECHT | CROSS-GENDER | GENDERFLUID
XY-FRAU | DEMIGIRL | TRANSVESTIT | DRITTES GESCHLECHT

#MUSSMANAUSPROBIEREN

Interaktive Karte für junge Menschen, um queere Jugendgruppen in der Nähe zu finden
karte.queer-lexikon.net

#MUSSMANWISSEN

Online-Anlaufstelle für sexuelle, romantische und geschlechtliche Vielfalt
https://queer-lexikon.net

U J****, MdL**
@U**_J****_MdL

Kann dieses ganze Gendergeschwätz nicht mehr hören. Ich bin deutsch, weiss, männlich und stolz darauf!

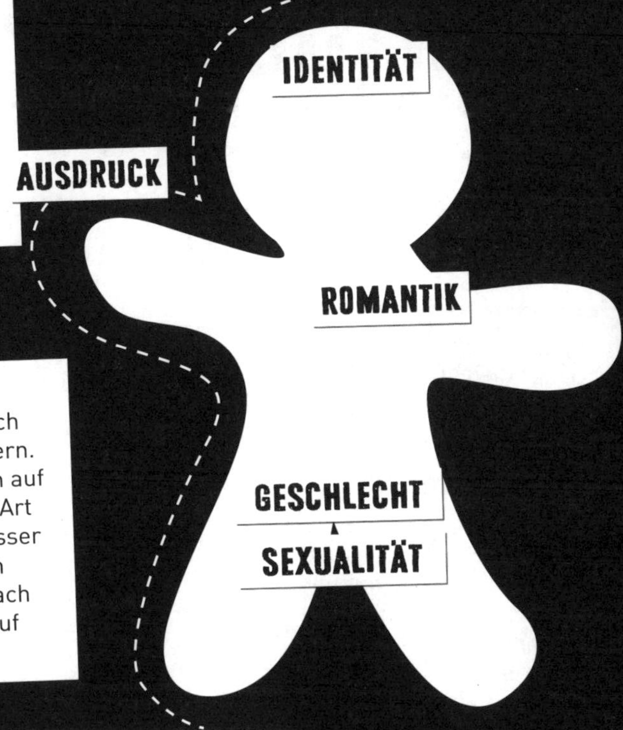

Deine Geschlechtsidentität und sexuelle Orientierung können sich im Laufe Deines Lebens verändern. Wer Du bist und zu wem Du Dich auf eine sexuelle oder romantische Art hingezogen fühlst, lässt sich besser auf einer Skala einordnen als an einem Pol. Geh auf die Suche nach Dir selbst: Wo findest Du Dich auf den Skalen wieder?

GESCHLECHTS-IDENTITÄT

FRAU — **GENDERQUEER / NON BINARY** — **MANN**

GESCHLECHTS-AUSDRUCK

WEIBLICH — **ANDROGYN** — **MÄNNLICH**

ZUGEWIESENES GESCHLECHT

WEIBLICH — **INTERSEXUELL** — **MÄNNLICH**

ROMANTISCHE ZUNEIGUNG

HETERO-ROMANTISCH — **BI-ROMANTISCH** — **HOMO-ROMANTISCH**

SEXUELLE ZUNEIGUNG

HETERO-SEXUELL — **BI-SEXUELL** — **HOMO-SEXUELL**

BERLINER ZEITUNG

Vortrag über Geschlecht und Gender abgesagt: Cancel Culture an der Humboldt-Uni

Eine Biologin sollte an der HU darüber sprechen, dass es in der Biologie nur zwei Geschlechter gibt. Als sich Protest ankündigte, sagte die HU den Vortrag ab. So geht es nicht.

Susanne Lenz, 3. 7. 2022 - 11:34 Uhr

Vielleicht ist das alles auch ein sprachliches Missverständnis, weil es im Deutschen nur das eine Wort Geschlecht gibt für das, wofür die englische Sprache die Begriffe „sex" und „gender" bereithält. Die Biologin Marie-Luise Vollbrecht wollte am Sonnabend in Berlin über Geschlecht im Sinne von „sex" sprechen, über das biologische Geschlecht, und nicht über „gender", also das soziale Geschlecht: „Geschlecht ist nicht gleich Geschlecht. Sex, Gender und warum es in der Biologie nur zwei Geschlechter gibt" lautete der Titel ihres Vortrags, den sie im Rahmen der Langen Nacht der Wissenschaften halten sollte.

Doch die Humboldt-Universität (HU) sagte diesen Vortrag ab, nachdem der Arbeitskreis kritischer Jurist:innen zu Gegenprotesten vor dem Hauptgebäude der HU aufgerufen hatte, wo Marie-Luise Vollbrecht im großen Senatssaal sprechen sollte. Die „Behauptung, es gebe nur zwei Geschlechter", sagt der Arbeitskreis in der Pressemitteilung auf seiner Webseite, sei „nicht nur unwissenschaftlich, sondern menschenverachtend und queer- und trans*feindlich"! Die Absage wurde von der HU ausdrücklich nicht inhaltlich begründet. Es gebe nur Sicherheitsgründe. Möglicherweise soll der Vortrag sogar nachgeholt werden. Schon jetzt ist er auf YouTube zu sehen.

F* S*******
@F*******_V****V

@HumboldtUnI has decided to cancel my speech about biology and the evolution of the two sexes. According to the university, it was canceled it for security risks for this public science event. Ironically, the theme was the role of science in an area of fake news. Shame!

Quelle Zeitungsartikel:
www.berliner-zeitung.de/kultur-vergnuegen/debatte/vortrag-ueber-geschlecht-und-gender-abgesagt-cancel-culture-an-der-humboldt-uni-li.24283

CANCEL CULTURE?!

WAS DENKST DU?

Wer ist Marie-Luise Vollbrecht (aka „Frau Summer“) und was hat sie zu sagen?

....

....

....

....

Warum hat die Humboldt-Universität den Vortrag abgesagt?

....

....

....

....

....

Waren die Gründe der Humboldt-Universität berechtigt?

....

....

....

....

#MUSSMANWISSEN

Recherchiere hier die Hintergründe und entscheide selbst:

https://uebermedien.de/72578/trans-als-trigger-wie-die-welt-den-kampf-gegen-laestige-obskure-minderheiten-befeuert/

https://akj.rewi.hu-berlin.de

KANN MAN SO MIT WISSENSCHAFT UMGEHEN?

Zahlreiche Politiker:innen, Parteien und Medien melden sich zu Wort … Auffällig ist, dass der Aufschrei der Recht(skonservativ)en besonders laut und die Positionierung eindeutig ist.

WerteUnion Brandenburg
@WerteUnionBrandenburg

Viele sehen in den Trumps der Welt oder der AfD die Ursache von gesellschaftlichen Problemen? Ist dem wirklich so oder verkehrt man hier nicht Ursache und Wirkung? Seitdem Großstädtische, linksextreme, woke, queere, klimahysterische, sozialistische, antikapitalistische Gruppierungen, gern auch mit Sympathien für BDS und andere Antisemitische Organisationen, vor allem über die Universitäten, zunehmend die Deutungshoheit bei vielen Themen errungen haben, sind sie nicht mehr bereit einen Fußbreit davon her zu geben. Mit diesem Umstand begann die vergiftete Debattenkultur der Political Correctness und Cancel Culture. Diese Entwicklung ist einer Demokratie unwürdig, polarisiert und wird die gesellschaftlichen Spannungen weiter verstärken.

Tichys Einblick
Angriff auf Forschungsfreiheit

Humboldt-Uni stellt sich nicht hinter Wissenschaftler

Junge Freiheit
Vortrag einer Biologin wird gecancelt

Humboldt-Universität knickt vor linken STörern ein

Florian Hahn (CSU)
im BILD-Interview

„Wer sich öffentlich zu Grillfleisch bekennt oder äußert, dass es in der Biologie nur zwei Geschlechter gebe, der wird öffentlich an den Pranger gestellt. Dieser Umerziehungs-Terror passt nicht zu einem freiheitlichen Land."

Handelt es sich in diesem Fall um Cancel Culture? Siehst Du die Meinungsfreiheit bedroht? Woran machst Du Deine Entscheidung fest?

Glaubst du, dass „Political Correctness“ und „Cancel Culture“ Außenseiterpositionen verschwinden lassen und andere Meinungen aus unserer Gesellschaft löschen? Begründe Deine Aussagen.

Peter Felser, AfD
@peterfelserafd

Sicherheitsbedenken: Weil Linksextreme der LGBTQ-Bewegung durch ihre Proteste genügend Druck auf die Humboldt-Universität in Berlin ausübten, sagte diese in feiger Manier einen geplanten Vortrag einer Doktorandin der Biologie ab. Es kann nicht sein, dass „Aktivisten" darüber bestimmen, welche Positionen gehört werden dürfen. In Deutschland ist die Freiheit der Wissenschaft, Forschung und Lehre durch das Grundgesetz geschützt. Halten wir uns daran!
https://peterfelser.de/aktu... Mehr anzeigen

Wissenschaft:
ES GIBT NUR ZWEI BIOLOGISCHE GESCHLECHTER!

AfD Westerwald
@afd.westerwald

Wenn linksradikale Staatsfeinde an Universitäten darüber bestimmen können, was gelehrt wird und was nicht, dann ist es ein weiterer Beleg dafür, wie weit sich dieses Land bereits davon entfernt hat, eine Demokratie zu sein. Denn die Freiheit von Forschung und Lehre ist ein wichtiger Teil davon.

Compact-Magazin
Artikel

Humboldt-Uni: Gender-Ideologie schlägt Evolutionsbiologie

Dr. Malte Kaufmann
@MalteKaufmann

Der linke Totalitarismus breitet sich immer weiter aus. Es fing mit #AfD-Veranstaltungen an. Jetzt dürfen Wissenschaftler nicht mehr sprechen, die nicht „auf Linie" sind. Leider gibt man klein bei. Bis die Meinungsfreiheit stirbt. Und dann die #Demokratie.

Je inflationärer Begriffe verwendet werden, desto tiefer verankern sie sich im alltäglichen gesellschaftlichen Sprachgebrauch und desto mehr verlieren sie ihre Bedeutung. So ist das auch mit dem Begriff „Cancel Culture".

Welche anderen Begriffe für „Cancel Culture" fallen Dir ein, die vielleicht sogar besser passen?

GENDERN ABER WIE?!

Wenn Du neutral, gerecht und respektvoll sprechen und schreiben willst, kommst Du ums Gendern nicht herum. Das richtige und optimale Gendern fordert uns jedoch alle heraus. Nicht nur, dass wir unsere eigene Bequemlichkeit überwinden und alteingefahrene Gewohnheiten verlassen müssen, so sind sich auch viele Menschen nicht sicher, wie sie es richtig machen. So viel sei gesagt: Es gibt keine Form des Genderns, die für alle perfekt ist. Derzeit müssen wir uns entscheiden: Wenn wir gendern, erhöhen wir die Barrieren für Menschen, die bereits beeinträchtigt sind, blinde Menschen zum Beispiel oder Menschen mit Lesebehinderung. Gendern wir nicht, schließen wir Menschen aus unserer Sprache aus und diskriminieren sie. Ein Dilemma, welches es zu lösen gilt. Die größte Schwierigkeit ist derzeit noch, dass es keine Genderform gibt, die alle gleichermaßen nutzen. Würde es diese geben, würde die Leseerfahrung von uns allen mit der Zeit steigen und Leseprogramme könnten einheitlich programmiert und optimiert werden. Im Moment ist alles noch eher chaotisch. Die einen setzen ein Sternchen* oder einen Schrägstrich/, andere bevorzugen einen Doppelpunkt : oder den Unterstrich _ , wieder andere nutzen das Binnen-I. Aber wie können wir es richtig machen?

Lehrer*innen, Lehrer/innen, Lehrer_innen, Lehrer:innen, LehrerInnen, Lehrer und Lehrerinnen?

So richtig perfekt ist keine dieser Formen. Sternchen oder Unterstrich vergrößern den Abstand zwischen den Zeichen zu stark, sodass sie von Menschen mit Lesebehinderung nur sehr schlecht gelesen werden können. Der Schrägstrich wird von Screenreadern meist mitgelesen. Was das bedeutet, siehst Du an diesem Beispiel:

EIN/EINE LEHRER*IN = EINESCHRÄGSTRICHEINE LEHRERSTERNCHENIN

Auch die Paarform, also „Lehrer und Lehrerinnen" ist keine gute Lösung. Denn sie ist für Menschen, die auf leichte Sprache angewiesen sind, viel zu lang und verwirrend, weil sie die Textmenge vervielfacht. Zudem beachtet diese Form nur „Mann" und „Frau". Also ist sie gleich aus verschiedenen Blickwinkeln eher nicht brauchbar.

Quelle:
https://www.netz-barrierefrei.de/wordpress/barrierefreies-internet/barrierefreie-redaktion/texte/gender-gerechte-sprache-und-barrierefreiheit/#Wie_sollte_ein_barrierefreies_gendergerechtes_Zeichen_aussehen

Somit scheint der Doppelpunkt derzeit noch die beste Kompromisslösung zu sein.

Er vergrößert Zeichenabstände innerhalb eines Wortes nicht so stark, sodass er auch von Menschen mit Lesebehinderung noch verhältnismäßig gut gelesen werden kann, und wird von Screenreadern als kurze Pause gelesen. Noch besser als die Verwendung des Doppelpunktes ist es jedoch, wenn Du überall, wo es möglich ist, eine neutrale Form verwendest. In diesem Fall wäre das „Lehrkraft". Das erfordert ein wenig Übung, geht irgendwann aber recht schnell von der Hand.

FINDE DIE NEUTRALE BEZEICHNUNG:

Kunde ....

Kollege ....

Ein-Mann-Betrieb ....

Jeder Dritte ....

Chef ....

Betreuer ....

bemuttern ....

Not am Mann ....

mannshoch ....

Meisterschaft ....

Schulleiter ....

Friedrich Merz
@FriedrichMerz

♪30

„Grüne und Grüninnen?
Frauofrau statt Mannomann?
Einigkeit und Freiheit für das deutsche Mutterland?
Hähnch*Innen-Filet?
Spielplätze für Kinder und Kinderinnen?

Wer gibt diesen #Gender-Leuten eigentlich das Recht, einseitig unsere Sprache zu verändern?" (tm) #Merz

Karin Prien
@PrienKarin

Gendersternchen. Wenn die versammelte Linke sich empört, das an deutschen Schulen nach anerkannten Rechtschreibregeln gelehrt und benotet wird. Wer Zusammenhalt will muss Regeln beachten und die Einhaltung einfordern!

Link: „Prien verbietet Gendersternchen an Schulen in Schleswig-Holstein"

HILFESTELLUNG,

... um eine neutrale Bezeichnung zu finden, gibt es im Netz, zum Beispiel hier: https://geschicktgendern.de

SILENCING

WIE MAN LEUTE ZUM SCHWEIGEN BRINGT

Silencing-Strategien werden genutzt, um Menschen einzuschüchtern, damit sie sich nicht mehr trauen, sich öffentlich zu äußern, und sich aus Diskussionsräumen zurückziehen. Die Strategien sind vielfältig und reichen von Erniedrigungen, Beleidigungen, Gaslighting bis hin zu Tone Policing (siehe S. 118) und werden sowohl von Einzelpersonen als auch von ganzen Bubbles gezielt eingesetzt. Das können Kommentare in Kommentarsträngen sein, die darauf abzielen, dass Du Dich nicht weiter an einer Diskussion beteiligst, wie „Wenn ich so aussehen würde wie Du ...", „Kein Wunder, dass Du keinen Mann/keine Frau hast!", „Geh doch, wenn es Dir hier nicht passt!". Aber es können auch strategisch orchestrierte Attacken sein, die Dich aus dem Netz verbannen sollen, damit Du für immer verstummst. Dann kann es passieren, dass Du zum Beispiel überrannt wirst von unzähligen Tweets und Kommentaren, die dazu aufrufen, dass Du Dich „löschen", „verpissen", „sterben gehen" oder „die Fresse halten" sollst. Dazu kannst Du konfrontiert werden mit aus dem Kontext gerissenen Screenshots, uralten Beiträgen oder Unwahrheiten, Memes oder Profilen mit Fotos von Dir oder Worten, die Dir in den Mund gelegt werden. Auch das ist eine Form des Silencing.

Die Angriffe können dabei so einschüchternd sein, dass der Druck zu groß wird, sodass Profile lieber gelöscht und Engagement eingestellt werden, als sich dem noch länger auszusetzen. Die Gründe, warum jemand gesilenct wird, sind vielfältig. Ziel von Silencing sind oft von Diskriminierung betroffene Menschen, und/oder Menschen, die sich für Themen wie sexuelle Vielfalt, Antifaschismus, Klimawandel oder Geflüchtete einsetzen. Du kannst zum Beispiel in den Fokus von jemandem geraten wegen der Dinge, die Du sagst, schreibst oder verkörperst, wegen Deiner Hautfarbe, Deines Geschlechts oder Deiner Religion, weil Du unbequem bist oder für etwas kämpfst, was Deinem Gegenüber nicht gefällt. Manchmal stecken auch Missgunst, Neid, Antipathie, Geltungssucht, Bedürfnis nach Deutungshoheit oder Reichweite dahinter.

MEINE LÖSCH-DICH! LISTE:

FRAGE:

Wen hast Du warum auf Deine Liste gesetzt?

#MUSSMANWISSEN

Menschen, die silencen, wollen Macht spüren und Diskurse beherrschen. Die Beweggründe liegen dabei in der Regel beim Silencenden selbst.

Wenn Dich also jemand zum Schweigen bringen will, mach Dir bewusst, dass nicht Du das Problem hast. Wenn Du gesprächsbereit bist, sprich lieber mit Menschen, die Dir zuhören, und ignoriere die Silencenden.

Silencing hat immer das Ziel, Lebensweisen, Kulturen, Einstellungen oder auch ganze Bevölkerungsgruppen so lange unter Druck zu setzen, bis sie sich im öffentlichen Raum nicht mehr äußern.

Institut zur E****** *****
Antwort an @…

Meine Güte ist des unangenehm. Wie wärs mal mit sinnvoller politischer Arbeit, anstatt so einen Müll zu fabrizieren und Antifaschist*innen in die Pfanne zu hauen? Löscht euch ihr peinlichen Wessi-Knechte!

A****** A*****
Antwort an @…

Möchtest Du eine aufs oder ins Maul ?

M*o S****s**
Antwort an @…

Löscht Euch! Ihr seid wirklich scheiße!

M***
Antwort an @…

Halt Dein Maul.

H*******
Antwort an @…

Dann löscht euch doch jetzt bitte endlich

S**s**
Antwort an

Löscht euch.

H*-G**** M*******
Antwort an @…

ABER ER IST DOCH BIPOLAR!!!!1!!11elf

J***
Antwort an @…

Ihr seid so lächerliche pisser, tut allen nen gefallen und haltet die Schnauze. Ihr seid keine antifaschist*innen oder aktivist*innen, ihr seid nur peinlich und unangenehm. Und Rechtschreibung als Angriffsfläche ist immer noch ableistische scheiße.

w*r***a*****
Antwort an @…

löscht euch besser ihr peinlichen lappen da ist mehr für den antifaschismus getan als euer sogenannter aktionismus

e*n**
Antwort an @…

junge halt Dein maul und lösch endlich den account

w*r***a*****
Antwort an @…

@hogesatzbau will nur reden, ich schwöre (Kofferraumbild)

A_A******g**
Antwort an @…

falls wer fragt ich wurde gesperrt, weil garam geschrieben hat, dass Hogesatzbau mit der Polizei zusammen arbeiten und ich hab das mit „snitches getting stl tch3s“ gedrükot

G*m E*********i**
Antwort an @…

Hab gehört Hogesatzbau ist Dauergast bei den Bullen und singt da wie ein Wellensittich

K***l C*****e**
Antwort an @…

wer ist dieser ominöse d***** s****** im impressum von @hogesatzbau und kann man den kontaktieren frage für einen freund

G*m E*********i**
Antwort an @…

Ich steh unten vor Hogesas Wohnungstür und er macht nicht auf, hat der Angst oder was?

IX**O**
Antwort an @…

Seriously haltet endlich die Schnauze ihr habt nichts mehr beizutragen außer dümmlichen Dreck (kann nicht taggen weil blockiert? Euer Name #hogesatzbau sagt schon alles, am aktuellen Diskurs längst abgehängt und immer noch wegen follower maul aufmachen. Löscht euch!

J****n W****r**
Antwort an @…

Haltet einfach euer pseudolinkes und arrogantes Maul ! Euren kritikunfähigen und niveaulosen Pseudo-Aktivismus braucht wirklich niemand ! Löscht euch einfach !

K********z**
Antwort an @…

LOL ihr rafft echt nichts. LÖSCHT EUCH BITTE UND ABSCHLIEßEND EUREN ACCOUNT.

K********z**
Antwort an @…

jetzt löscht endlich euren drecksaccount,

M******l**
Antwort an

Halt Dein Maul

Ln M. W****r**
Antwort an @…

Einfach mal Maul halten.

L* K***n**
Antwort an @…

Snitches get stitches
Auge @hogesatzbau

H********t**
Antwort an @…

HogeSatzbau, was seid ihr doch für ein ableistischer haufen Scheiße. Bitte löscht euch.

st.p****
Antwort an @…

Wird das ein Feiertag, wenn ihr unsolidarischen Hunde euch endlich löscht

c * * * * * c
Antwort an @..

Ihr dummen Schwänze, Alter. Löscht euch!

A*****r**
Antwort an @…

Haltet doch bitte einfach die Schnauze, niemand will mit euch Hobbylinken irgendwas zu tun haben.

A***O*S***e**
Antwort an @…

HALTET
EUER
WESSI
MAUL

k***n S*****!!**
Antwort an @…

Was für peinliche Scheiße ist das hier eigentlich???? Löscht euch!

b*****z b**o**
Antwort an @…

hogesatzbau soll maul halten diese dummen mitteottos

TONE POLICING

SO REDE ICH NICHT MIT DIR!

Eine Methode des Silencing ist das Tone Policing. Bei dieser Strategie wird der Tonfall, in dem Du Deine Aussage getroffen hast, angegriffen, statt auf Deine Argumente oder Bedürfnisse einzugehen. Damit soll Dein Anliegen herabgespielt oder von diesem abgelenkt werden. Gleichzeitig schützt Dein Gegenüber damit seine Privilegien (siehe S. 156) und unterstützt Unterdrückungsmechanismen unserer Gesellschaft.

Natürlich ist es immer am sinnvollsten, das eigene Anliegen vernünftig und ruhig vorzutragen, um gehört zu werden. Aber agieren Menschen, die laut werden, rumbrüllen und/oder wütend sind, immer unkonstruktiv und irrational? Wut kann ja manchmal auch berechtigt sein.

Stell Dir Folgendes vor:

A Eine Schwarze Frau lässt in einer Instastory aufgebracht ihre Wut und Verzweiflung raus, weil sie von einer Kassiererin im Supermarkt rassistisch beleidigt wurde. In den Kommentaren darunter schreiben User:innen, dass es vielleicht an ihrem Tonfall liegt und sich so ja gar nichts verändern kann.

B Ein Mann erzählt in großer Runde einen sexistischen Witz und Du weist ihn darauf hin. Er steigt direkt in die Diskussion ein und antwortet, dass seiner Meinung nach darin überhaupt kein Sexismus liegt und Du Dich nicht aufregen sollst. Du antwortest ihm, dass er sich seine Meinung sonst wohin schieben kann. Daraufhin antwortet er dir: „Ich hätte gerne mit Dir darüber geredet, aber wenn Du gleich so hysterisch wirst, hat das keinen Sinn."

IRGENDWANN PLATZEN WIR WAHRSCHEINLICH ALLE MAL UND SCHAFFEN ES NICHT MEHR, SOUVERÄN, DIPLOMATISCH ODER BESONNEN ZU REAGIEREN.

ABER MÜSSEN WIR DAS ÜBERHAUPT?

BEIDE BEISPIELE ZEIGEN, WIE TONE POLICING AUS OPFERN TÄTER:INNEN MACHT:

- Eine Person setzt sich zur Wehr und wird dafür gemaßregelt, denn sie sollte sich nicht wehren, da sie sonst schlechte Stimmung verbreitet und somit schuld daran ist, dass die Kommunikation missglückt.

Vor allem Frauen sind hiervon betroffen. Denn noch immer wird von Mädchen und Frauen erwartet, dass sie ihre Wut nicht öffentlich zeigen. Frauen sollten stets besonnen handeln, sich selbst und ihre Emotionen beherrschen und sich einer männerdominierten Gesellschaft fügen. Besonders häufig trifft es Schwarze Frauen, bei denen nicht selten auf das stereotype Bild und rassistische Klischee der „Angry Black Woman" (wie im ersten Beispiel) zurückgegriffen wird. Das Bild einer Schwarzen, wütenden Frau, die sich nicht unter Kontrolle hat.

Die Grenze zwischen berechtigt unsachlicher Wortwahl und einem tatsächlichen Vergreifen im Ton ist schwimmend und irgendwie immer auch sehr persönlich. Sie hängt von vielen Faktoren ab, vom Kontext, vom Gegenüber, von Dir selbst, von emotionalen Zuständen, von Vergangenem und natürlich auch von der Klarheit der Botschaft. Manchmal kommt es vor, dass wir (zu Recht) emotional und unsachlich werden. Fährt uns dann jemand über den Mund, maßregelt uns oder sagt uns, dass der Diskurs entspannt laufen würde, wenn WIR nur anders reagieren würden, dann macht es die Situation nur umso verfahrener und trägt nichts zur Lösung bei.

Laut und wütend zu sein, kann Du auch strategisch einsetzen, um Deinem Anliegen mehr Nachdruck, eine größere Aufmerksamkeit und höhere Wirksamkeit zu verleihen. Allerdings ist es sehr unwahrscheinlich, dass im Anschluss noch sachliche Debatten stattfinden werden. Vor allem im Netz.

#MUSSMANWISSEN

Sexismus, Rassismus, Ableismus, Antisemitismus verletzen Menschen und sind damit NIE witzig!

Quelle:
https://feminismus-oder-schlaegerei.de/2019/02/09/tone-policing-lasst-mich-verdammt-noch-mal-wuetend-sein/

Wir sollten aber nicht nur auf die Form des Gesagten achten, sondern auch auf Inhalte und Kontexte. Denn es gibt Themen oder Momente, die uns einfach mehr reizen, als uns lieb ist. Bei denen wir nicht so kontrolliert und ruhig bleiben, wie wir eigentlich gerne würden. Es gibt einfach Dinge, die schmerzen so arg und gehen dermaßen an die Substanz, dass wir hochemotional reagieren und laut werden.

GIBT ES THEMEN, BEI DENEN DU EMOTIONAL REAGIERST?

Gerade innerhalb von Online-Kommunikationen kennst Du oft weder Hintergründe noch Kontexte und reagierst mitunter spontan und pauschal. Das macht es manchmal schwierig, zu erkennen, warum Dein Gegenüber oder Du selbst gerade an die Decke gehst. Da braucht es dann ein wenig Feingefühl.

Darum solltest Du Dir am besten ab und an die Fragen stellen:

- **Warum habe ich so reagiert?**
- **Bin ich zu weit gegangen?**
- **Was will mein Gegenüber mir sagen?**
- **Warum reagiert er/sie wohl so?**

Wie gehst Du am besten damit um, wenn Dir jemand den falschen Ton vorwirft?

Versuch mal mit einem zuckersüßen, spitzen „Wie kann ich es Dir denn recht machen?" zu kontern und damit den Ball zurückzuspielen, um Dir Gehör zu verschaffen.

Wenn Dich Dein Gegenüber maßregelt, tone-policed, klein- oder wegredet, kann es hilfreich sein, sich besonders respektvoll und höflich zu verhalten. Denn auch in einem ruhigen Ton kannst Du fordernd, konkret und beharrlich sein.

Quellen:
www.zeit.de/zett/politik/2020-11/michaela-dudley-ueber-tone-policing-manchmal-muss-man-sich-im-ton-vergreifen-duerfen und www.amazedmag.de/fehler-machen-erlaubt/

Oder mache es wie Michelle Obama:

WHEN THEY GO LOWER, WE GO HIGHER.

Was machst du, wenn Dir Tone-Policing vorgeworfen wird?

Tritt einen Schritt zurück, höre zu, lass Dein Gegenüber aussprechen, lies noch mal nach und überleg dir, ob Du vielleicht in Deiner eigenen Kommunikation etwas übersehen hast, was den Vorwurf rechtfertigt.

Der Vorwurf des Tone-Policing als Strategie

Der Vorwurf des Tone-Policing kann aber durchaus auch eine Methode sein, um eigentlich berechtigte Diskussionen von sich weg zu lenken und das Gegenüber anzugreifen, statt sich mit dem eigenen Verhalten auseinanderzusetzen.

Wie reagiere ich am besten auf Kritik?

„Ich werde darüber nachdenken"
Du brauchst nämlich nicht direkt für alles eine Antwort zu haben.

„Du hast recht."
Fehler einzugestehen bricht Dir keinen Zacken aus der Krone. Im Gegenteil.

„Tut mir leid, ich bitte Dich um Entschuldigung."
Richtig entschuldigen ist die hohe Kunst des Fehlereingestehens. Das „Aber", was Dir vielleicht auf der Zunge liegt, solltest Du Dir jedoch verkneifen.

„Ich werde mich mal schlaumachen."
Das zeigt Deine eigene Lernbereitschaft.

„Danke, dass Du mich drauf hingewiesen hast!"
Dein Gegenüber wollte, dass Du dazulernst, und hat Dich nicht ignoriert. Eigentlich nett, oder?

SCHEINARGUMENTE

Es gibt viele Möglichkeiten, so zu tun, als hätte man die perfekten Argumente, um Dich in Diskussionen gegen die Wand zu reden. Oft sind das jedoch keine echten Argumente, sondern rhetorische Tricks. Je mehr Du über sie weißt, desto schneller kannst Du Dein Gegenüber entlarven und nachweisen, dass es nur blufft:

DER STROHMANN

„Du behauptest, dass die Anwerbung ausländischer Arbeitskräfte den Fachkräftemangel puffern könnte. Du willst also, dass Deutsche arbeitslos werden, wodurch die Arbeitslosigkeit steigen wird. Dadurch wird also gar nichts gelöst!"

STRATEGIE:

Dein Gegenüber tut so, als würde es Deine Argumente aufgreifen. Dabei werden diese völlig falsch interpretiert und verdreht, sodass sie unglaubwürdig oder unplausibel wirken. Damit will es Deine Ansichten und Einstellungen durch absurde Behauptungen lächerlich machen und die eigene Position stärken.

FALSCHES DILEMMA

„Fluchtgründe gut und schön. Aber wir müssen uns entscheiden, ob wir die Grenzen dicht machen oder die ganze Welt zu uns holen!"

STRATEGIE:

Dein Gegenüber tut so, als würde es nur A oder B, schwarz oder weiß, nur genau zwei Lösungsmöglichkeiten geben, und baut so ein falsches Dilemma auf, in dem Deine Aussage als unmögliche Möglichkeit erscheint.

IGNORANTES NICHTWISSEN

„Gott existiert! Das ist ein Fakt oder beweis mir das Gegenteil!"

STRATEGIE:

Statt die eigene These mit Sachargumenten zu belegen, stellt dein Gegenüber sie einfach als bewiesen hin, weil DU keine Gegenbeweise hast. Es verlangt damit von dir, seine/ihre völlig argumentationslose These zu widerlegen, um selbst keine Sachargumente und Beweise erbringen zu müssen.

♪31

RED HERRING

„Ja, ok, Menschen wurden in der Nacht aus ihren Betten geholt, um sie abzuschieben. Aber findest Du es ok, dass kriminelle Flüchtlinge einfach so hier weiter leben dürfen?"

STRATEGIE:

Dein Gegenüber lenkt gezielt vom Diskussionsthema ab und macht ein ganz anderes und nicht unbedingt zusammenhängendes Thema zum Gegenstand der Diskussion.

AUTORITÄTSARGUMENT

„Sogar Xavier Naidoo warnt vor den Folgen der Impfung!"

STRATEGIE:

Der Umstand, dass eine bekannte oder berühmte Person eine Aussage unterstützt, wird dazu genutzt, die eigene Position zu belegen, egal ob diese:r überhaupt Ahnung vom Thema hat.

ALLE SAGEN… (AD POPULUM)

"Das wissen doch alle, dass …"

STRATEGIE:

Dein Gegenüber behauptet, dass alle oder die meisten Menschen denken, wie sie/er, und versucht auszunutzen, dass viele Menschen sich einer Mehrheit zugehörig fühlen, nicht widersprechen oder als dumm erscheinen wollen.

PERSÖNLICHER/GRUPPENBEZOGENER ANGRIFF (AD HOMINEM)

„Erzähl mir nichts von Fridays for Future.
Du bist doch letzten Sommer selbst in den Urlaub geflogen!"

STRATEGIE:

Statt Argumente zu verwenden, greift Dein Gegenüber Dich oder die Gruppe, die eine konträre Position vertritt, an, beleidigt und/ oder degradiert, indem vermeintliche Widersprüche betont werden und Deine Aussagen als unglaubwürdig erscheinen.

Quellen:
www.firstlife.de/10-scheinargumente-die-jeder-erkennen-sollte/
www.quarks.de/gesellschaft/scheinargumente-hier-solltest-du-in-diskussionen-aufpassen/
www.studysmarter.de/magazine/logische-fehlschluesse/
www.br.de/nachrichten/deutschland-welt/falschinformation-und-scheinargumente-durchschauen-faktenfuchs,TFzXIe8

SCHEINARGUMENTE

DAMMBRUCHARGUMENT

„Wenn wir A erlauben, dann passiert B, was C zur Folge hat, und dann stehen wir vor D, was eine Katastrophe wäre. Darum darf auf keinen Fall A eintreten!"

STRATEGIE:

Dein Gegenüber konstruiert ein Horrorszenario, indem es ziemlich unwahrscheinliche Kausalketten konstruiert, und so tut, als wäre gar kein anderes Szenario möglich.

SCHEINZUSAMMENHÄNGE

„B kam nach A, es ist doch völlig offensichtlich, dass A B verursacht hat."

STRATEGIE:

Dein Gegenüber tut so, als würden zwei Ereignisse in einem direkten Zusammenhang stehen, auch wenn sie vielleicht gar nichts miteinander zu tun haben.

WHATABOUTISM

„Du regst Dich darüber auf, dass Nazis Flüchtlingsheime anzünden, aber ihr Linken seid doch auch nicht viel besser, fackelt Autos ab und so!"

STRATEGIE:

Nachdem Du Dein Gegenüber auf ein Fehlverhalten oder einen Missstand aufmerksam gemacht hast, verweist es auf Missstände auf Deiner „Seite", statt beim Thema zu bleiben. Dadurch versucht Dein Gegenüber zu relativieren und vom Thema abzulenken.

VOM EINZELFALL ZUM GROSSEN GANZEN (GENERALISIERUNG)

„Ausländer sind einfach kriminell! Konnte man doch jetzt gerade erst wieder sehen, als in Hamm ein Schwarzer Kaugummis geklaut hat!"

STRATEGIE:

Dein Gegenüber tut so, als wäre das Verhalten eines Einzelnen der Beweis dafür, dass eine ganze Gruppe so ist, auch wenn dieses natürlich nicht die ganze Gruppe repräsentiert.

WIEDERHOLTES WIEDERHOLEN

„Es sollten in erster Linie Deutsche deutsche Arbeitsplätze bekommen." „Deutsche Arbeitsplätze sind für Deutsche vorgesehen." „Deutsche haben nun mal das Recht darauf." „Weil deutsche Arbeitsplätze für Deutsche sind" u.s.w.

STRATEGIE:

Dein Gegenüber wiederholt die eigene Aussage immer und immer wieder, statt Argumente zu bringen. Denn wenn etwas oft genug wiederholt wird, entsteht das Gefühl, dass etwas Wahres dran sein wird.

DIE TRADITION

„Das war aber immer schon so!"

STRATEGIE:

Dein Gegenüber nutzt den Umstand, dass etwas früher (oder schon immer) so war, als Argument, Dinge nicht zu verändern, obwohl das gar nichts darüber aussagt, ob diese Tradition richtig oder falsch, gut oder schlecht war oder ist.

WAS KANNST DU DAGEGEN TUN?

- Bleib ruhig bzw. sachlich und führe zum Thema zurück.
- Behalte die Zügel der Diskussion in Deiner Hand und lass Dich nicht von Deinem Gegenüber vor sich hertreiben.
- Sag, wenn Du Dinge nicht behauptet hast, wogegen Dein Gegenüber andiskutiert, und wiederhole möglichst konkret Deine Aussagen.
- Weise Dein Gegenüber darauf hin, dass es vom Thema ablenkt.
- Entlarve die Scheinargumente: Decke z. B. Dilemmata auf, die es gar nicht gibt, und benenne negative Seiten von Althergebrachtem.
- Weise auf fehlende Argumente hin.
- Verdeutliche, dass die Beweislast immer bei der- oder demjenigen liegt, der/die die steilen Thesen bringt.
- Konzentriere Dich darauf, Deine Argumente zu äußern, statt immer wieder die Deines Gegenübers aufzugreifen und zu widerlegen.
- Stelle Fragen, die die Argumente Deines Gegenübers ad absurdum führen.

STRATEGISCHES LACHEN

So ein süßer, harmloser Lachsmiley, da bekommt man doch direkt gute Laune und möchte mitlachen! Und worüber alles gelacht wird: Ertrinkende im Mittelmeer, brennende Häuser, verletzte Menschen, Klimakrise, Waldsterben ...

Eigenartig, wie Menschen darüber lachen können.
Warum machen sie das? Also warum werden Lachsmileys inflationär oft vor allem bei Themen mit hoher gesellschaftlicher Relevanz oder in ausufernden Diskussionen verwendet?

Weil sie eine Waffe in den sozialen Netzwerken sind. Sie sind ein strategisch eingesetztes Symbol, um Gesagtes ins Lächerliche zu ziehen, sich kollektiv lustig zu machen, abzuwerten, andere zu verunsichern, sich erhaben zu zeigen.

Wann, wo und ob es angebracht ist, Lachsmileys zu verwenden, solltest Du Dir also gut überlegen, denn so gut gelaunt, wie die Smileys daherkommen, sind sie eben nicht. Ähnlich verhält es sich mit Clowns.

Begib Dich auf die Suche im Netz.
Wer verwendet Clowns und warum?

....

....

....

....

....

....

....

#MUSSMANWISSEN

Lass Dich weder von Lachsmiley- noch von Clown-Verteiler:innen verunsichern. Denn letztlich sagen diese Emojis mehr über diejenigen aus, die sie benutzen, als über die, an die sie adressiert sind.

ABBILD DER GESELLSCHAFT

Welche Beiträge bringen BILDleser:innen zum Lachen?

AUFLÖSUNG

1 - D
2 - B
3 - C
4 - A
5 - E

1

Prozess in Berlin: Nötigung! Klima-Kleber in Berlin verurteilt

2

Schlager-Star Florian Silbereisen: Er bangt um seine Mutter

3

Sogar ein eigenes Album: Ex-Bundesliga-Star macht jetzt Hip-Hop!

4

Ex-GNTM-Kandidatin Lijana Kaggwa schockt mit Blut-Foto

5

Japan beginnt mit seiner blutigen Delfin-Jagd

A

151 0 275 0 0 0

B

146 0 0 0 400 0

C

40 0 92 1 0 1

D

4576 0 628 0 0 0

E

0 0 0 0 160 1267

ORDNE ZU!

RASSISTISCH? FREMDENFEINDLICH? RECHTSEXTREM?

Fremdenfeindlichkeit wird als Begriff sehr häufig verwendet. Wir veranstalten Feste gegen Fremdenfeindlichkeit und nennen Übergriffe fremdenfeindlich. Aber wer ist eigentlich fremd? Der, der anders ist als die Mehrheit? Oft werden Personen als fremd eingeordnet, nur weil sie anders aussehen, auch wenn die Person hier geboren und aufgewachsen ist und die deutsche Staatsangehörigkeit hat.

Ganz ähnlich verhält es sich mit dem Begriff Ausländerfeindlichkeit. Da gibt es die mit einem deutschen Aussehen und tja, die anderen halt, auch „Othering" genannt. Denn mal ehrlich, meinen wir mit ausländerfeindlichen Übergriffen auch Gewalttaten an z. B. Österreicher:innen? Wohl eher nicht. Oft geht es auch bei diesem Begriff nur um Äußerlichkeiten. Sieht jemand anders aus? Ganz klar: Ausländer:in.

Das Problem dieser Begriffe ist, dass sie eine Bezeichnung der Opfer umfassen, die sie selber nicht mal verwenden würden, statt die Motivation der Täter:innen oder das Tatmotiv klar zu benennen. Das erzeugt automatisch eine Verbindung des Opfers zur Tat, fast so, als hätte das Opfer eine Mitschuld, weil es fremd, ausländisch, anders ist. Der menschenfeindliche Hintergrund bleibt außen vor.

Für die Opfer ein Stigma, für die Mehrheitsgesellschaft Erleichterung.
Denn die Begriffe schaffen Distanz und lassen uns aufatmen, da man gegen das Fremdsein der anderen ja nicht so richtig etwas tun kann. Gleichzeitig wiegt es uns in Sicherheit, denn uns kann es ja nicht treffen, weil wir nicht „fremd" sind.
Damit nehmen wir als Mehrheitsgesellschaft Abstand zu den Taten und tragen gleichzeitig den enthaltenen Rassismus mit.

Genau, Rassismus. Denn wenn Menschen aufgrund von Hautfarbe, Sprachen, Herkunft etc. ausgegrenzt oder abgewertet werden, ist das Rassismus. Der Begriff beschreibt in den meisten Fällen viel besser eine Tat, weil er die menschenfeindliche Ideologie in den Vordergrund stellt, die hinter den Handlungen steckt – die fixe Idee von hierarchisch angeordneten „Rassen". Wir sollten also versuchen, Taten so zu benennen, dass wir nicht suggerieren, die Opfer würden eine Mitschuld tragen, weil sie als fremd oder ausländisch angesehen werden, sondern so, dass das Tatmotiv im Fokus steht. Lasst uns also Rassismus sagen, wenn es sich um Rassismus handelt.

Fremde sind Freunde, die man nur noch nicht kennengelernt hat

32

GUT GEBRÜLLT, LÖWE!

Dr. Karamba Diaby
@KarambaDiaby

Sprechen wir doch lieber nicht von „Ausländern“, nicht von „Flüchtlingen“ und von „Migranten“, die in #Chemnitz gejagt wurden, sondern einfach von #Menschen. Vielleicht verstehen dann einige besser, was dort passiert ist.

#MUSSMANWISSEN

Auch die Begriffe rechtsextrem und rechtsradikal umfassen den Hintergrund bzw. die Motivation einer Tat.

Während der Begriff „rechtsextrem“ Taten beschreibt, die nicht nur einen ideologisch rechten Hintergrund haben, sondern gleichzeitig auch noch unsere Verfassung angreifen, betont der Begriff „rechtsradikal“ vor allem die Radikalität, also Kompromisslosigkeit einer Tat oder Einstellung.

Quellen:
https://uebermedien.de/31374/hasswort-fremdenfeindlich/(https://uebermedien.de/31374/hasswort-fremdenfeindlich/

RECHT(S) GEFÄHR-LICH!

Was mir Zum Thema einfällt:

♪33

WO IST EIGENTLICH RECHTS?

Von wem stammen die Zitate? Kreuze an!

	Die LINKE	CDU / CSU	FDP	AfD
1 „Es ist absurd, denen, die sich nicht einbürgern lassen wollen, meistens türkische Staatsbürger, die Herrn Erdogan zujubeln, denen jetzt ein Kommunalrecht hier zu geben, ist mit uns nicht machbar!"				
2 „Deutschland gehört den Deutschen und hat den Deutschen zu gehören. Wem denn sonst?"				
3 „Wir werden uns gegen Zuwanderung in deutsche Sozialsysteme wehren – bis zur letzten Patrone!"				
4 „Man kann beim Bäcker [...] nicht unterscheiden, wenn einer mit gebrochenem Deutsch ein Brötchen bestellt, ob das der hochqualifizierte Entwickler [...] aus Indien ist oder eigentlich ein sich bei uns illegal aufhaltender, höchstens geduldeter Ausländer."				
5 „Deutschland muss Deutschland bleiben."				
6 „Die Presse ist unser Gegner. Die Feindpropaganda muss durch Änderung von Gesetzen in die Schranken gewiesen werden. Auch das Grundgesetz ist nicht in Stein gemeißelt."				

Die LINKE	CDU/CSU	FDP	AfD

7

„2015 wurden unsere Grenzen überrannt, jetzt versuchen Abschiebe-Saboteure das Gleiche mit unseren Gerichten."

○ ○ ○ ○

....

8

„Damit die Gesellschaft befriedet ist, […] müssen sich alle sicher sein, dass jeder, der sich bei uns aufhält, sich legal bei uns aufhält. Die Menschen müssen sich sicher sein, auch wenn jemand anders aussieht und noch nur gebrochen Deutsch spricht, dass es keinen Zweifel an seiner Rechtschaffenheit gibt."

○ ○ ○ ○

....

9

„Wer auf Burka und Niqab nicht verzichten möchte, sollte sich ein anderes Land aussuchen!"

○ ○ ○ ○

....

10

„Unsere Botschaften sollten mit 20 % an Text und 80 % an Bild veröffentlicht werden. Unser Wähler hat etwa das Hirn eines 14-Jährigen."

○ ○ ○ ○

....

11

„Wir können die Welt nicht retten. Wir haben schon zweimal versucht, die Welt zu retten, und es ist schiefgegangen."

○ ○ ○ ○

....

12

„Wir können nicht jedes Jahr eine Million oder mehr Flüchtlinge aufnehmen."

○ ○ ○ ○

....

♪34

WO IST EIGENTLICH RECHTS? AUFLÖSUNG

1. Armin Laschet (CDU) 2017

Hintergrund: In Deutschland können bisher alle EU-Staatsangehörige (auch nicht in Deutschland „eingebürgerte") an Kommunalwahlen teilnehmen, das regelt der Vertrag von Maastricht (1992). Zugewanderte aus Drittstaaten (also nicht EU) werden in Deutschland von den Kommunalwahlen ausgeschlossen, was in vielen anderen EU-Mitgliedsstaaten nicht so ist. Der Wunsch danach, ebenfalls vertreten zu werden, nach Gleichbehandlung und Einbeziehung, also ein Wahlrecht für alle, die hier leben, ist eigentlich total nachvollziehbar. Denn letztlich entscheiden die gewählten Politiker:innen, wie Gelder ausgegeben werden und wie und was durch Gesetze festgelegt werden soll. Also alles, wonach wir uns in unserem Land zu richten haben.

2. André Poggenburg (AfD) 2017

... auf dem Parteitag der AfD in Hannover. So ganz kurz hat man das Gefühl, man hätte „Deutschland den Deutschen – Ausländer raus" gehört. Eine gern genutzte Parole von Rechtsextremen.

3. Horst Seehofer (CSU) 2011

Geflüchtete Menschen als Sozialschmarotzer, das kennen wir doch irgendwoher. Um den eigenen Reichtum zu schützen, kann man offenbar auch auf Mütter, Väter und Kinder schießen. Oder wie war das gemeint? Die Formulierung „bis zur letzten Patrone" erinnert zudem an den durchhaltebefehl der letzten Nazis vom 9. März 1945.

4. Christian Lindner (FDP) 2018

Das Spiel mit Angst und Stereotypen ist eigentlich das Steckenpferd von Rechtspopulist:innen. Unterstellt Lindner mit seiner Aussage hier etwa, dass von geduldeten Migrant:innen eine Gefahr ausgeht? Offenbar. Damit schürt er nicht nur Ängste, sondern unterscheidet auch zwischen „verwertbaren" und „nicht verwertbaren" Menschen mit Migrationshintergrund. Oder kann etwa ein vorläufig geduldeter Mensch kein:e „hochqualifizierte:r Entwickler:in" sein? Rechtspopulistisch mitmischen kann also auch die FDP.

5. CSU 2016

... in einer Beschlussvorlage für die Parteivorstandsklausur. Neben dieser Forderung werden in der Beschlussvorlage auch ein sogenanntes „Einwanderungsbegrenzungsgesetz", eine Obergrenze von 200.000 Flüchtlingen pro Jahr, konsequente Zurückweisung von Zugewanderten ohne Bleiberecht, die Abschaffung der doppelten Staatsbürgerschaft und ein Burkaverbot gefordert. Alexander Gauland von der AfD fand, es seien durchaus „gescheite Sachen drin in dem Papier".

6. Tino Chrupalla (AfD) 2017

Er attackiert damit nicht nur die im Grundgesetz festgeschriebene Pressefreiheit, sondern greift auch das Grundgesetz als solches an.

7. Alexander Dobrindt (CSU) 2018

Mit Begriffen wie „überrannt" und „Abschiebe-Saboteure" bedient er sich am rechtspopulistischen Sprachgebrauch. Das Bild einer „großen Masse" an kriminellen Geflüchteten, die sich zusammenschließen, um gezielt gegen den Rechtsstaat vorzugehen, ist nicht zufällig, sondern wird immer wieder gezielt eingesetzt (siehe S.100).

8. Schon wieder Christian Lindner (FDP) 2018

Geht von Menschen, die nur gebrochen Deutsch sprechen, anders aussehen oder deren Aufenthaltsstatus ungeklärt ist, automatisch eine Gefahr aus? Lindner produziert mit seiner Aussage ein Bild des „bösen Fremden", der eine öffentliche Gefahr darstellt, und klopft damit den Rechtspopulist:innen liebevoll auf die Schulter.

9. Noch mal die CSU 2016

... in ihrer Beschlussvorlage für die Parteivorstandsklausur. Sie sagen damit deutlich: Ihr Muslimas habt hier nichts zu suchen. Das macht viele Frauen doppelt zum Opfer: vor dem Patriarchat ihrer Männer und gleichzeitig vor dem deutschen Staat, der ihnen den Zugang zu einer modernen Öffentlichkeit verwehrt. Denn kaum eine Frau wird den Vollschleier einfach so ablegen (können). Stattdessen wird sie zu Hause bleiben. Frauen, die in unserer Gesellschaft anerkannt werden, haben zumindest eine kleine Chance, irgendwann wirklich selbst entscheiden zu können, was sie tragen möchten, und wenn es am Ende doch der Schleier ist. Wer bei den Frauen ansetzt, aber nicht beim Patriarchat, der lässt tief in sein eigenes Weltbild blicken.

10. Harved Wöhrmann (AfD) 2017

... scheint selbst nicht besonders viel von den eigenen Wähler:innen zu halten. Informationen mit Inhalt werden seiner Meinung nach nicht verstanden, darum hält er es für wenig zielführend, diese zu verbreiten. Damit steht er nicht alleine da. Memes sind die Sprache der Populist:innen. Die einfache Bildsprache spaltet und verleitet zum Weiterverbreiten (siehe S.190).

11. Hans-Georg Maaßen (CDU) 2021

... setzt mit seiner Aussage Bündnis 90/Die Grünen und die Klimaaktivist:innen von Fridays for Future mit den Nationalsozialist:innen gleich – will er Klimaaktivismus auf eine Stufe mit dem Nationalsozialismus stellen, versucht er, die beiden Weltkriege als deutsche Rettungstaten darzustellen, oder lässt er es ganz bewusst offen, wie er seine Aussage gemeint haben könnte?

12. Sahra Wagenknecht (Die LINKE) 2015

Im Grundgesetz ist das Recht auf Asyl verankert. Wer Schutz sucht, hat ein Recht auf Schutz (wenn die Kriterien auf Schutzbedürftigkeit erfüllt werden). Mit dem Szenario von „einer Million oder mehr" Schutzsuchenden pro Jahr wird eine Bedrohung aufgebaut, die real gar nicht existiert, vermutlich um Wählende am rechten Rand anzusprechen.

#MUSSMANWISSEN

Die höchste Zahl an Asylanträgen in Deutschland mit 745.545 Anträgen wurde 2015 gestellt (im Vergleich 2021: 190.816), insgesamt leben derzeit rund 1,8 Millionen Schutzsuchende (Stand Dezember 2021) in Deutschland.

Quellen:
www.deutschlandfunk.de/interview-der-woche-mit-armin-laschet-cdu-null-toleranz-100.html
www.belltower.news/auch-ohne-poggenburg-bleibt-die-afd-eine-voelkisch-nationalistische-partei-47236/
www.tagesspiegel.de/politik/umstrittene-aeusserungen-anzeigen-gegen-horst-seehofer/3937410.html
www.t-online.de/nachrichten/deutschland/parteien/id_83766864/fdp-chef-lindner-wenn-einer-mit-gebrochenen-deutsch-ein-broetchen-bestellt-.html
www.zeit.de/politik/ausland/2016-09/fluechtlingskrise-csu-einwanderung-beschraenkung
www.fnp.de/politik/afd-bundestagsabgeordneter-rueckt-journalisten-stasi-naehe-plant-schwarze-liste-presse-11737848.html
www.zeit.de/politik/deutschland/2018-05/alexander-dobrindt-csu-asyl?utm_referrer=https%3A%2F%2F
www.zeit.de/gesellschaft/zeitgeschehen/2018-07/fdp-rassismus-christian-lindner
www.sueddeutsche.de/politik/fluechtlingspolitik-der-csu-die-csu-praesentiert-ein-afd-nachplapper-papier-1.3153343
https://das-ist-die-afd.de/dasistdieafd/harved-woehrmann-will-es-einfach-halten/
www.tagesspiegel.de/politik/verbreitet-antisemitische-und-rassistische-inhalte-was-ist-dran-am-vorwurf-gegen-hans-georg-maassen/27177770.html
www.sueddeutsche.de/politik/linke-sahra-wagenknecht-streitet-mit-ihrer-partei-1.2816652

FISCHEN AM RECHTEN RAND

CHRISTIAN GRÄFF
IHR ABGEORDNETER FÜR
BIESDORF

August|2021
WWW.CHRISTIAN-GRAEFF.DE

FLÜCHTLINGSUNTERKUNFT FRANKENHOLZER WEG / DINGOLFINGER STRAẞE

www.meine-mitte-ist-der-osten.de

Sehr geehrte Anwohner der Paradiessiedlung,
liebe Nachbarn,

ich habe heute die Information erhalten, dass entgegen allen Versprechungen, die Flüchtlingsunterkunft wieder neu bezogen wird. Ich halte dies für eine völlig falsche Entscheidung.

Die Unterkunft wurde baurechtlich für **zwei Jahre** gesichert. Diese Genehmigung wurde dann aus unerfindlichen Gründen verlängert. Es gibt in Marzahn-Hellersdorf und in anderen Bezirken Berlins weiterhin Unterkünfte, die zu keiner Zeit ausgelastet waren und sind. Warum der Berliner Senat vorhandene Objekte nicht nutzt, ist für mich nicht nachvollziehbar.

Einige Anwohner hatten bereits vor mehreren Jahren darüber nachgedacht, gegen eine Weiternutzung zu klagen. Gerne unterstütze ich Sie dabei, sollten Sie dies in Erwägung ziehen, denn auch für mich ist dieses Vorgehen in keiner Weise mehr nachvollziehbar.

Wie gewohnt, werde ich Sie über Neuigkeiten aus Ihrem Kiez weiter auf dem Laufenden halten.

Herzliche Grüße

Ihr

Christian Gräff
Mitglied des Abgeordnetenhauses von Berlin
für Biesdorf

PS: Unter www.christian-graeff.de können Sie sich gern für den monatlichen Newsletter anmelden. Dann erfahren Sie einmal im Monat alles Wichtige aus Biesdorf.

Bleiben Sie auf dem Laufenden zu allen wichtigen Themen aus Marzahn-Hellersdorf. Abonnieren Sie gerne den Newsletter von Mario Czaja unter www.mario-czaja.de

ZUM BEITRAG UND DEN REAKTIONEN

FISCHEN AM RECHTEN RAND

Geflüchtete in unserem Kiez unterbringen, obwohl sie genauso gut auch woandershin könnten?!? Auf keinen Fall!!!

Ein super Thema, so kurz vor den Wahlen, dachte sich 2021 auch Christian Gräff, CDU-Mitglied des Abgeordnetenhauses von Berlin, und verfasste ein Lehrstück an Populismus und gezielter Stimmungsmache. Wollte da etwa jemand ein wenig am rechten Rand fischen?

In diesem Brief, der an alle Biesdorfer Haushalte ging, gibt er vor, die Bevölkerung aufrecht, oh pardon, natürlich aufrichtig aufklären und unterstützen zu wollen. Aber offenbar bediente er sich dabei ganz ungeniert am ...

MeThOdeNkOffer für den Rrrechten Rand:

UNENTSCHLOSSENE WÄHLER:INNEN ÜBERZEUGEN:

- Nutzen Sie Angst und Unsicherheit
- Verschweigen Sie Hintergründe
- Verdrehen Sie Tatsachen
- Schließen Sie bei Gegenwind Ihre Kommentarspalten und meiden Sie jede Konfrontation mit dem Thema

1. Er sagt nicht, WER untergebracht wird

Seitdem Deutschland im August 2021 Afghanistan verlassen hat, werden „Ortskräfte", also Personen, die für deutsche Behörden oder Organisationen (z. B. die Bundeswehr) gearbeitet haben, von den Taliban massiv verfolgt. Wenn sie Glück haben, können sie mit Unterstützung der Bundesregierung nach Deutschland einreisen. Es sollte also nicht „irgendwer" in die Unterkünfte einziehen, sondern afghanische Ortskräfte und Personen, die als besonders gefährdet gelten und über die Luftbrücke evakuiert werden konnten. Fast allen dieser Menschen wurde vorher ZUGESICHERT, dass sie im Falle des Falles evakuiert werden, wenn sie für die Deutschen arbeiten.

2. Er sagt nicht, WARUM sie dort untergebracht wurden

Vor dem Abflug in Kabul konnte zu dem Zeitpunkt nicht auf Corona getestet werden. Aus diesem Grund mussten die Geflüchteten zuerst in Quarantäne. Das war in den bestehenden Geflüchtetenunterkünften nicht möglich, wohl aber in der Containersiedlung, weil dort z. B. jeder Container eigene Sanitärräume hat.

3. Er verschweigt die geplante Nutzungsdauer

Die Container sollten ausschließlich für die Dauer der Quarantäne von den Geflüchteten bewohnt werden. Danach sollten sie auf die Bundesländer verteilt werden.

4. Er benennt nicht, woraus die „baurechtlichen Probleme" bestanden

Sein Freund Mario Czaja, der zufällig Sozialsenator war, bestellte 2015, als sehr viele Geflüchtete in Deutschland Schutz suchten, günstige Container mit nur 2,3 m Höhe, die als Erstaufnahmeeinrichtung genutzt wurden. Für eine weitere Verwendung waren sie aber nutzlos, da die Berliner Bauordnung für Aufenthaltsräume eine Mindesthöhe von 2,50 m vorschreibt. Damit waren sie 20 cm zu niedrig, um sie zum Beispiel als Schulergänzungsräume zu verwenden. Die Container wurden damals einfach stehen gelassen.

Da Flüchtlingsunterkünfte einem anderen Baurecht unterliegen, konnten sie dann 2021 problemlos für die Aufnahme der afghanischen Ortskräfte reaktiviert werden. Damit wurden drei Fliegen mit einer Klappe geschlagen:

1. Geflüchtete Menschen bekamen eine vorübergehende Unterkunft.
2. Der Ausbreitung von Covid-19 wurde präventiv entgegengewirkt.
3. Die leer stehenden, nutzlosen Container bekamen einen Nutzen.

FAZIT

Dieses Vorgehen ist kein Einzelfall und lässt sich vor Wahlen leider besonders häufig beobachten.

Vor allem konservative Politiker:innen fischen gerne am rechten Rand und versprechen sich durch entsprechende Aussagen kurz vor den Wahlen noch einen kleinen Schub.

Dabei wird auch nicht davor zurückgeschreckt, auf manipulierende, populistische Art und Weise Stimmung zu machen oder Monster zu kreieren, die potenzielle Wähler:innen verängstigen oder verunsichern sollen, um sich selbst als große Retter:innen wählen zu lassen.

Quelle:
www.nd-aktuell.de/artikel/1156022.afghanische-gefluechtete-berliner-cdu-politiker-will-asylunterkuenfte-wegklagen.html

VOM WAHLKAMPF

Du willst gewählt werden, koste es, was es wolle. Dafür brauchst Du eine Wählerschaft von Menschen, die Dir zustimmen. Womit überzeugst Du sie, Dich zu wählen? Was macht Dich aus? Wovor wirst Du die Bevölkerung warnen, um sie auf Deine Seite zu ziehen?

♪35

DEINE WAHLSLOGANS

....

....

....

....

....

DEINE EIGENSCHAFTEN

....

....

....

....

WEN ODER WAS BEKÄMPFST DU?

....

....

....

....

WAS MACHT DICH BESONDERS GEFÄHRLICH?

....

....

....

....

....

ZUM MACHTKAMPF

THEORIE

RECHTS-

POPULISMUS	EXTREMISMUS
Politische Strategie, um recht(sextrem)e Inhalte in die breite Bevölkerung zu bringen, oder diese zu benutzen, um gewählt zu werden	*Einstellungsmuster aus einem bunten Potpourri fremdenfeindlicher, nationalistischer, antidemokratischer, rassistischer, antisemitischer Inhalte*

FEINDBILDER

POPULISMUS	EXTREMISMUS
Medien, Politiker:innen, Muslim:innen, Klimaschützer:innen, „Die da oben“, „Systemmedien“ …	„Ausländer:innen“, Schwache, Demokrat:innen, LSBTQI+, Menschen jüdischen Glaubens …

STRATEGIE

Populismus:

- Provokation statt Inhalt
- Tabubrüche, um die Grenze des „Sagbaren“ aufzuweichen
- Angst machen
- Verbreitung von Falschnachrichten und Verschwörungserzählungen
- komplexe Zusammenhänge aufs Simpelste herunterbrechen
- (subtile) Drohungen, die Vielfalt als Gefahr framen
- sich als Opfer darstellen

Extremismus:

- Verherrlichung des Nationalsozialismus
- Hierarchie des Menschenwerts (der Deutsche ist natürlich gaaanz oben)
- Überlegenheit demonstrieren
- Demonstration von Macht und Gewalt: Der Stärkere setzt sich durch und gewinnt
- Verbreitung von Falschnachrichten, Angst und (antisemitische) Verschwörungen
- Abschaffung von Demokratie und Parteiensystem

FEUCHTER TRAUM

POPULISMUS	EXTREMISMUS
Innerhalb des Parteiensystems Macht übernehmen und einen autoritären Law-and-Order-Staat aufbauen.	Endlich wieder eine eigene deutsche (rechtsautoritäre) Diktatur mit einem mächtigen Führer gründen.

In der Praxis liegen Populismus und Extremismus eng beieinander.

- ANTISEMITISMUS
- CHAUVINISMUS
- RASSISMUS
- SEXISMUS
- ABLEHNUNG EINER LIBERALEN DEMOKRATIE
- ISLAM-FEINDLICHKEIT
- ANTIZIGANISMUS
- LSBTQI-FEINDLICHKEIT

Fällt Dir noch mehr ein?

. . . .

HEUTE SCHON GEHETZT?

„Heute schon gehetzt? – Rechtspopulismus erkennen – verstehen – begegnen", Handbuch für die Jugendsozialarbeit, Kreisjugendring München-Land

EXTREM POPULISTISCH

Wer sagt denn so was und was meinen die damit eigentlich?

Markiere alle rechtsextremen Aussagen rot und unterstreiche die Textstellen, die Dich zu Deiner Entscheidung gebracht haben:

1

„Ich sage diesen linken Gesinnungsterroristen, diesem Parteienfilz ganz klar: Wenn wir kommen, dann wird aufgeräumt, dann wird ausgemistet, dann wird wieder Politik für das Volk und nur für das Volk gemacht – denn wir sind das Volk, liebe Freunde."

2

„Unsere deutsche Volksgemeinschaft ist krank. Sie leidet an Altparteien, Diarrhö, Gutmenscheritis, links-grün-versifften 68ern, und durch Merkel versiffte, aufgelöste Außenhaut. Unser Deutschland leidet unter einem Befall von Schmarotzern und Parasiten, welche dem deutschen Volk das Fleisch von den Knochen fressen will."

3

„Wir müssen die Regierung zuallererst stürzen, und zwar mit Gewalt." „Wir müssen uns gewaltsam Zutritt zum Kanzleramt verschaffen, wir müssen die Regierungsstuben räumen." „Ohne Umsturz und Revolution erreichen wir hier keinen Kurswechsel mehr."

4

„Wir brauchen die totale Revolution. Anzünden müsste man diese ganze Politik."

5

„Die Evolution hat Afrika und Europa – vereinfacht gesagt – zwei unterschiedliche Reproduktionsstrategien beschert."

6

„Von der NPD unterscheiden wir uns vornehmlich durch unser bürgerliches Unterstützerumfeld, nicht so sehr durch Inhalte."

7

„Denke, dass wir ohne Bürgerkrieg aus dieser Nummer nicht mehr rauskommen werden."

8

„Diese Schweine sind nichts anderes als Marionetten der Siegermächte des 2. Weltkrieges und haben die Aufgabe, das deutsche Volk klein zu halten, indem molekulare Bürgerkriege in den Ballungszentren durch Überfremdung induziert werden sollen."

9

„Das große Problem ist, dass Hitler als absolut böse dargestellt wird. Aber wir alle wissen natürlich, dass es in der Geschichte kein Schwarz und kein Weiß gibt."

AUFLÖSUNG

Da es kein Raster gibt, anhand welchem man ganz genau und allgemeingültig diagnostizieren kann, ob etwas rechtsextrem oder rechtspopulistisch ist, musst Du Dir die Frage selbst beantworten, wie die Aussagen einzuordnen sind und was diese über den Sender aussagen.

1. Markus F. MdB der AfD
2. Thomas G. – AfD Sachsen
3. Stefan R. Kreisvorsitzender AfD
4. Kreisvorsitzender AfD
5. Björn H., AfD
6. Dubravko M., AfD
7. Anna C., MdL AfD Bayern
8. Alice W., Vorsitzende der AfD
9. Björn H., Fraktionsvorsitzender AfD Thüringen

Quellen:
www.br.de/nachrichten/bayern/afd-bayern-interner-chat-zeigt-radikalitaet,SqEpXK5
www.goslar-gegen-rechtsextremismus.de/html/afd-sprueche.php

ABER DIE AFD IST DOCH NICHT RECHTSEXTREM !?

Die AfD ist eine Partei, die zahlreichen Faschist:innen und Rechtsextremen ein Zuhause gibt. Auch ist sie eine Partei, die rechtsextreme Aussagen in populistische Mäntel packt. Aber ist damit eine ganze Partei rechtsextrem?
Das wirst Du wohl für Dich selbst beantworten müssen.

DAS SAGEN ANDERE:

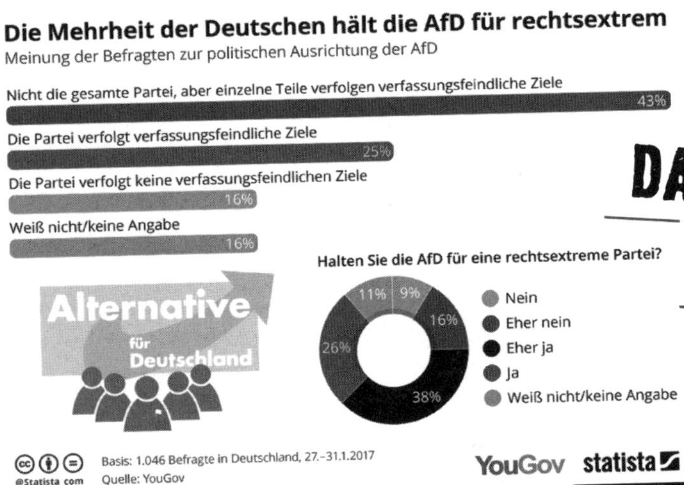

Das „Deutsche Institut für Menschenrechte"

hat im Sommer 2021 Programm, Personal und Aussagen der AfD analysiert und kam zu dem Entschluss, dass die AfD nicht auf dem Boden des Grundgesetzes und elementarer demokratischer Grundsätze steht.

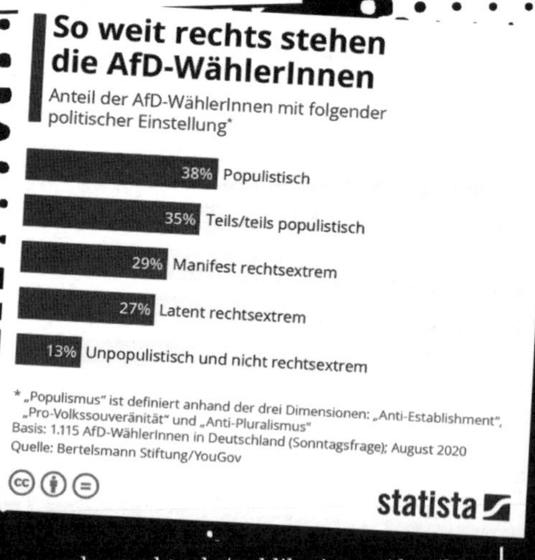

www.institut-fuer-menschenrechte.de/publikationen/detail/nicht-auf-dem-boden-des-grundgesetzes

Der Verfassungsschutz der Bundesländer Brandenburg, Niedersachsen, Bayern, Sachsen-Anhalt, Thüringen, Baden-Württemberg, Bremen, Hessen und Sachsen

warnt vor der Gefahr, die von den jeweiligen Landesverbänden der AfD ausgeht, und stuft diese als „erwiesen rechtsextrem" (Thüringen) und als „rechtsextremen Verdachtsfall" ein.

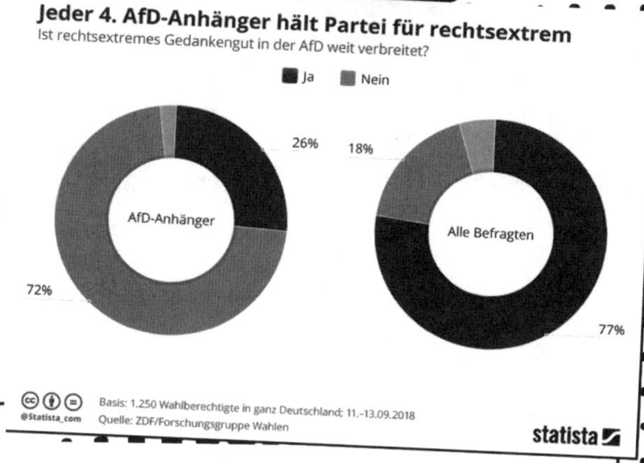

Der Bundesverfassungsschutz

stuft die Jugendorganisation der AfD „Die Junge Alternative – JA" seit Januar 2019 als rechtsextremen Verdachtsfall ein, da die Programmatik der JA sich durch eine „drastische Missachtung rechtsstaatlicher Grundprinzipien, insbesondere des Gewaltmonopols des Staates und der Rechtsbindung der Verwaltung" auszeichnet.

Auch die inzwischen formal aufgelöste Teilorganisation „Der Flügel" wird seit 2019 als Verdachtsfall und seit 2020 als „gesichert rechtsextrem" geführt. Leitende Mitglieder des „Flügels" vertreten ein rassistisches, gegen die Menschenwürde verstoßendes Menschenbild und wenden sich gegen das Demokratie- und Rechtsstaatsprinzip.

Nach der Auflösung des „Flügels" im März 2020 wurden dessen Strukturen und rechtsextreme Mitglieder:innen in die AfD integriert. Theoretisch gibt es also den Flügel nicht mehr. Faktisch ist er jetzt nur schwerer zu erkennen, weil seine ehemaligen Mitglieder sich einfach überall in der AfD verteilen.

Im März 2019 stufte der Verfassungsschutz die AfD als Gesamtpartei als rechtsextremen Prüffall ein, im März 2022 sogar zum „rechtsextremen Verdachtsfall". Hiergegen geht die AfD in Berufung.

36

Die Gewerkschaft der Polizei (GdP)

positioniert sich in ihrem Unvereinbarkeitsbeschluss deutlich: „Positionen und Meinungen der AfD widersprechen dem freiheitlich-demokratischen, rechtsstaatlichen und die öffentliche Sicherheit bewahrenden Selbst- und Rollenverständnis von Polizeibeschäftigten".

SYSTEMATISCHE DISKRIMINIERUNG

Benachteiligungen begegnen uns an vielen Orten. Wenn diese aber aufgrund von tatsächlich vorhandenen oder zugeschriebenen gruppenspezifischen oder individuellen Merkmalen, die gar nicht oder nur sehr schwer zu verändern sind, systematisch passieren und Menschen herabgewürdigt oder als minderwertig eingestuft und somit an der Ausübung ihrer Menschenrechte gehindert werden, dann spricht man von Diskriminierung.

Diskriminierungen können verdeckt oder offen, persönlich, alltäglich, systematisch, bewusst oder unbewusst sein und treten in völlig unterschiedlichen Lebensbereichen, wie beispielsweise bei der Wohnungs- oder Arbeitssuche, in Clubs, im Nahverkehr, im Privatleben oder bei Behörden auf.

Auch ein besonders „nett gemeintes" Verhalten kann übergriffig und diskriminierend sein, das Recht auf Selbstbestimmung verletzen oder Menschen entmündigen, auch wenn das gar nicht so gemeint war. Zum Beispiel solltest Du, statt einen blinden Menschen ungefragt an die Hand zu nehmen, Dich vorher erkundigen, ob Hilfe benötigt wird. Auch solltest Du Menschen, die Du als „nicht deutsch" liest, nicht als Erstes danach fragen, woher sie eigentlich kommen, oder ganz langsam und mit Händen und Füßen mit ihnen sprechen. Denn es könnte ja auch sein, dass er oder sie hier geboren ist und besser schwäbelt als Deine Oma.

INTERSEKTIONELLE DISKRIMINIERUNG

Manche Menschen werden aufgrund von verschiedenen Persönlichkeitsmerkmalen (wie Hautfarbe, Geschlecht oder sexuelle Orientierung) sogar mehrfach und auf vielen Ebenen diskriminiert. Das nennt man Intersektionelle Diskriminierung. (z. B. Diskriminierung von LSBTQI+ of Color oder Schwarze Hijabträgerinnen).
www.interkulturellewoche.de/node/1636

AUSLÖSER DISKRIMINIERENDEN VERHALTENS SIND DIE (ZUM TEIL UNBEWUSSTEN) PERSÖNLICHEN EINSTELLUNGEN, ZUSCHREIBUNGEN, VORURTEILE UND WERTVORSTELLUNGEN DES DISKRIMINIERENDEN.

ALLGEMEINE ERKLÄRUNG DER MENSCHENRECHTE

37

wurde am 10.12.1948 von den Vereinten Nationen beschlossen und besteht aus 30 Artikeln.

Artikel 1 (Freiheit, Gleichheit, Solidarität)

„Alle Menschen sind frei und gleich an Würde und Rechten geboren. Sie sind mit Vernunft und Gewissen begabt und sollen einander im Geist der Solidarität begegnen."

Artikel 2 (Verbot der Diskriminierung)

„Jeder Mensch hat Anspruch auf die in dieser Erklärung verkündeten Rechte und Freiheiten ohne irgenDeinen Unterschied, etwa aufgrund rassistischer Zuschreibungen, nach Hautfarbe, Geschlecht, Sprache, Religion, politischer oder sonstiger Überzeugung, nationaler oder sozialer Herkunft, Vermögen, Geburt oder sonstigem Stand."

ALLGEMEINES GLEICHBEHANDLUNGSGESETZ

2006 trat das Allgemeine Gleichbehandlungsgesetz (umgangssprachlich: Antidiskriminierungsgesetz) in Kraft. Es soll „Benachteiligungen aus Gründen der Rasse oder wegen der ethnischen Herkunft, des Geschlechts, der Religion oder Weltanschauung, einer Behinderung, des Alters oder der sexuellen Identität verhindern und beseitigen". Das Gesetz ermöglicht Betroffenen von Diskriminierung, Rechtsansprüche zum Beispiel gegen Arbeitgeber geltend zu machen, um sich gegen Diskriminierung zu schützen.

#MUSSMANWISSEN

Benachteiligungen, Beleidigungen und verletzendes Verhalten sind für jeden Menschen unangenehm und können ganz schön schmerzhaft sein. Dennoch stellt nicht jede Auseinandersetzung, jeder Streit oder jedes Wort eine Diskriminierung dar.
Die Antidiskriminierungsstelle des Bundes definiert Diskriminierung als „Benachteiligung von Menschen aufgrund eines schützenswerten Merkmals ohne sachliche Rechtfertigung". Das sind Merkmale, die

- wesentlich zur Persönlichkeit gehören
- nicht einfach so geändert werden können
- Bestandteil gesellschaftlicher Machtverhältnisse sind

FORMEN DER DISKRIMINIERUNG

Es gibt zahlreiche Formen von Diskriminierung. Einige von ihnen werden von Nichtbetroffenen manchmal gar nicht wahrgenommen. Darum solltest Du Betroffenen immer zuhören und ernst nehmen, wenn sie auf diskriminierendes Verhalten aufmerksam machen, und ihre Erfahrungen nicht runterspielen.

Welche Formen der Diskriminierung hast Du oder ein Dir nahestehender Mensch schon mal erlebt?

Gewalt

Hate Speech, Bedrohung, Sachbeschädigung, Raub, Körperverletzung, Durchführung nicht-notwendiger medizinischer Operationen, sexualisierte Gewalt, Brandstiftung, Freiheitsberaubung, Vertreibung, Verfolgung, Versklavung, Tötungsdelikte, Attentate, Genozide

Vorurteile

Wenn Menschen aufgrund einer Gruppenzugehörigkeit bestimmte Eigenschaften oder Handlungsweisen (positiv oder negativ) zugeschrieben werden.

Herabwürdigung

gibt es in unzähligen Formen wie Beleidigung, Belästigung, Stigmatisierung, Ausgrenzung, Bevormundung, Nicht-ernst-Nehmen, Lächerlichmachen, Verniedlichung, Verkindlichung, Bloßstellen, Geringschätzung, Mobbing, ungleiche Bezahlung, Darstellung als armes Opfer.

Zugangsbarrieren

Viele Menschen werden durch bauliche (kein Aufzug, keine All-Gender-Toilette …), sprachliche (keine Übersetzungen, nicht für jeden lesbare Dokumente …), terminliche (Nichtbeachtung religiöser Feiertage …), kulinarische (keine Nahrungsmittel, die koscher oder halal sind) oder finanzielle (sehr hohe Eintrittspreise, die nicht jede:r zahlen kann) Hürden in ihrer gesellschaftlichen Teilhabe gehindert.

Überbetonung

Wenn Menschen auf ihre Zugehörigkeit zu einer Gruppe reduziert werden. Dazu gehört: Absprache von Individualität, Exotisierung, Fetischisierung, Glorifizierung

Kulturelle Aneignung

Wenn Mitglieder einer dominanten Kultur sich zum eigenen Vorteil Elemente einer von ihr unterdrückten Kultur aneignen.

Mikroaggression

Viele alltägliche Diskriminierungen summieren sich zu einer feindlichen Gesamtsituation, die deutlich macht, dass jemand anders ist und nicht dazugehört.

♪38

Nicht-Thematisierung

Wenn Menschengruppen in den Medien oder (Kinder-) Büchern nicht repräsentiert oder nicht mitbedacht werden.

In welcher konkreten Situation hast Du schon mal Diskriminierung erlebt?

Wie fühlt es sich an?

Was hättest Du Dir in der Situation von anderen gewünscht/ was würdest Du Dir wünschen?

#MUSSMANWISSEN

Wenn Strukturen in unserer Gesellschaft Angehörige benachteiligter Gruppen diskriminieren und ausgrenzen, nennt man das strukturelle Diskriminierung.

Das sind zum Beispiel Barrieren zu gesellschaftlichen Ressourcen, wie Bildung, Arbeit, Gesundheit, Rechte usw.

Quelle: https://diskriminierungsschutz.uni-halle.de/howto/diskriminierung/

DU UND DEINE RASSISMEN

♪39

Wie schnell werden Menschen zu Opfern und Tätern?

Dokumentation: Der Rassist in uns
www.zdf.de/dokumentation/dokumentation-sonstige/der-rassist-in-uns-104.html

2014 nahmen 39 Menschen an einem Selbstversuch teil, ohne genau zu wissen, was auf sie zukommt. Anhand ihrer Augenfarbe wurden die Teilnehmenden in zwei Gruppen eingeteilt und erlebten, was es heißt, diskriminiert zu werden. Während die Blauäugigen von Beginn an gedemütigt wurden, spürten die Braunäugigen, wie stark das Gefühl der Macht sein kann.

„Der Rassist in uns", basierend auf einem Experiment von Jane Elliott von 1968 mit dem Titel „Blue Eyes, Brown Eyes", macht die Mechanismen von Diskriminierung sichtbar und verdeutlicht, in welchen Situationen diese für viele Menschen Tag für Tag Realität sind.

SEI EHRLICH: WIE HÄTTEST DU DICH ALS BRAUNÄUGIGER VERHALTEN?

....
....
....
....

UND WIE HÄTTEST DU DICH ALS BLAUÄUGIGER GEFÜHLT?

....
....
....
....

WELCHE EMOTIONEN HAT DER FILM BEI DIR ALS ZUSCHAUER AUSGELÖST?

....
....
....
....

WIE VERÄNDERN SICH DIE BLAUÄUGIGEN?

....
....
....
....

WIE SCHÄTZT DU DEN EINFLUSS DES VERSUCHSLEITERS AUF DIE GRUPPEN EIN?

....

....

....

....

IN UNSERER GESELLSCHAFT GIBT ES MENSCHEN, DIE EINE ÄHNLICHE ROLLE SPIELEN WIE DER VERSUCHSLEITER. WEN ZÄHLST DU DAZU?

....

....

....

....

WAS MACHST DU, WENN DU SIEHST, DASS JEMAND DISKRIMINIERT WIRD?

....

....

....

....

WAS MACHST DU, WENN SCHLECHT ÜBER BENACHTEILIGTE GRUPPEN GEREDET ODER GEHETZT WIRD?

....

....

....

....

WAS WÜRDEST DU GERNE TUN?

....

....

....

....

WAS HÄLT DICH DAVON AB?

....

....

....

....

CHECKE DEIN UMFELD: WO FINDEST DU (VERSTECKTEN) RASSISMUS?

....

....

....

....

„Rassismus: Er ist schon so lang und so massiv in unserer Geschichte, unserer Kultur und unserer Sprache verankert, hat unsere Weltsicht so sehr geprägt, dass wir gar nicht anders können, als in unserer heutigen Welt rassistische Denkmuster zu entwickeln."

Alice Hasters („Was *weiße* Menschen nicht über Rassismus hören wollen, aber wissen sollten")

ALLTAGSRASSISMUS

Alltagsrassismus ist eine Form von Rassismus, bei der BIPoC eher unterschwellig anders behandelt werden als Weiße. Er ist sehr vielfältig und oft indirekt, weshalb er von der Mehrheitsgesellschaft häufig nicht wahrgenommen wird. Er zeigt sich sowohl in individueller, struktureller, konkreter oder subtiler Diskriminierung, auf dem Arbeits- oder Wohnungsmarkt, im Club, im Stadion oder Nahverkehr. Es sind abwertende Blicke, benachteiligende, ausgrenzende oder bevorzugende Strukturen in der Gesellschaft oder diskriminierende Darstellungen in Medien, wie Büchern, Zeitungen und Filmen, die sich nicht immer auf den ersten Blick erkennen lassen.

Stereotype, Klischees und Vorurteile, starre Schubladen in Köpfen und Strukturen, die Menschen nach Herkunft, Religion, Ethnie, Kultur oder einer Vorstellung von „Rassen" einordnen, tragen dazu bei, dass Menschen diskriminiert werden. Es gibt das „Wir" und die „Anderen". In der Soziologie wird das „Othering" oder „Veranderung" genannt.

In einem gewissen Maß trägt jede Gesellschaft Vorurteile und Stereotype über die „Anderen" in sich. Das liegt an der gemeinsamen Sozialisation, dem Aufwachsen unter den gleichen Bedingungen, der Gewöhnung an die eigenen Privilegien (siehe nächste Seite) und Narrativen, die sich über Generationen hinweg verfestigt haben.

Bei Rassismus geht es um Macht:

GESELLSCHAFTLICHE MACHT

Die Mehrheitsgesellschaft allein entscheidet, was „normal" ist, und sorgt so für eine *weiße* Normalität.

GESTALTUNGSMACHT

Sie entscheidet, wer sich wie integrieren oder anpassen muss.

ENTSCHEIDUNGSMACHT

Sie gibt vor, wer/wie Entscheidungen treffen darf.

REPRÄSENTATIONSMACHT

Sie entscheidet, wer dargestellt wird und in welcher Form.

DEFINITIONSMACHT

Sie sagt, wer wie was zu deuten oder sagen hat.

#MUSSMANLESEN

Alice Hasters: „Was weiße Deutsche nicht über Rassismus hören möchten – aber wissen sollten"
Tupoka Ogette:„ exit RACISM: rassismuskritisch denken lernen"

Das hat für von Rassismus betroffene Menschen schwerwiegende Auswirkungen. Nicht nur, dass Alltagsrassismus Lebens- und Bildungswege versperrt, er sorgt auch dafür, dass Menschen leiden, ihre Persönlichkeit infrage stellen und sich zurückziehen, bepöbelt, beschimpft oder auch gewalttätig angegriffen werden.

Eine Schwarze Familie sitzt im Bus ein paar Reihen vor dir. Als eine *weiße* Frau einsteigt, fängt diese an, die Familie verbal anzugreifen. „Geht zurück in euer Land“, „Nehmt eure Schwarzen Blagen mit“, „Lernt erst mal Deutsch“. Die Familie versucht, sich zu wehren, aber das provoziert die *weiße* Frau nur umso mehr. Alle anderen Mitfahrenden schauen betreten zur Seite. Niemand reagiert.

- ◯ Du schaust auch betreten zur Seite und tust nichts.
- ◯ Du forderst andere im Bus auf, etwas zu machen.
- ◯ Du bleibst sitzen, aber sagst, dass die Frau aufhören soll, rassistischen Müll zu verbreiten.
- ◯ Du stehst auf, gehst auf die Frau zu, schaust sie direkt an und sagst ihr, dass sie aufhören soll.
- ◯ Du stehst auf, setzt Dich zur Familie und fängst mit ihr ein Gespräch an, fragst, ob Du helfen kannst, um ihr zu zeigen, dass sie nicht alleine sind.
- ◯ Du informierst den oder die Busfahrer:in.

WAS KÖNNTEST DU NOCH TUN?

♪40

....
....
....
....
....
....
....
....
....

#MUSSMANWISSEN

Egal, was Du angekreuzt hast. Jede Reaktion ist besser als wegschauen!

Auch „nett" gemeint kann diskriminierend und rassistisch sein

„Wo kommst Du her?"– „Aus Berlin." –. „Nein, woher genau?" – „Aus Köpenick, aber jetzt wohne ich im Wedding" – „Okay – aber wo kommst Du eigentlich her?" – „Ich bin in Berlin geboren." – „Echt? Du siehst gar nicht so aus!"

Finde die Aussage, die nicht diskriminierend ist:

Wow. Diese tollen Locken musste ich einfach gerade anfassen. Die fühlen sich ja wirklich cool an!

Du sprichst aber gut Deutsch!

Wirst Du zurück in Dein Land gehen?

Ich liiiiiiiiebe Schwule! Die sind immer so nett!

Wo kommst Du eigentlich wirklich her?

Ich liebe diese rassigen brasilianischen Schönheiten!

Du bist bestimmt mega gut im Sprinten, wie alle Schwarzen!

Punks dürfen hier nicht rein!

Ohhhhhhh ich liebe einfach diese kleinen Schokobabies <3

Quelle:
https://rise-jugendkultur.de/material/alltaeglicher-rassismus/
www.bpb.de/themen/rechtsextremismus/dossier-rechtsextremismus/194569/offensichtlich-und-zugedeckt-alltagsrassismus-in-deutschland/

DEINE PRIVILEGIEN

Privilegien sind (unsichtbare) Sonderrechte, also Vorteile, die nicht alle Menschen in einer Gesellschaft haben. Sie werden meist nicht erarbeitet, sondern existieren einfach so von Geburt an. Zum Beispiel werden *weiße* Menschen in unserem Land bei der Wohnungs- oder Arbeitssuche oder in der Schule oft besser behandelt als BIPoC. Auch finden sie sich automatisch überall in der Gesellschaft wieder: in Werbungen, auf Titelblättern, in Kinderbüchern oder Filmen. Das nennt man auch „White Privilege" (= „*weiße* Privilegien").

♪41

Entdecke Deine Privilegien:

Es gibt auch Privilegien, die nicht die Hautfarbe, sondern zum Beispiel Gesundheit, Geschlecht, Sprache, sexuelle Orientierung, Alter, Familie/ Umfeld betreffen. Auch ein deutscher Nachname kann zum Beispiel bei der Wohnungssuche ein Privileg sein.

♪42

Viele Diskriminierungen passieren unbeabsichtigt, weil wir es uns in unseren Privilegien bequem gemacht haben und andere nicht sehen oder einfach übergehen. Darum können wir Diskriminierung in der Gesellschaft nur begegnen, wenn wir eigene Privilegien erkennen und aufhören, uns an ihnen festzuhalten, damit ALLE Menschen irgendwann gleiche Rechte und Möglichkeiten haben. Dafür muss sich immer noch ganz schön viel verändern und jeder kann dazu beitragen. Ein erster Schritt wäre es, aufmerksam zu sein, uns zurückzunehmen und zuzuhören. Auch solltest Du Dich auf die Suche nach Deinen eigenen Privilegien begeben. Vielleicht hast Du sie noch gar nicht bemerkt. Wenn Du sie (er-)kennst, kannst Du sie nutzen, um Interessen von Minderheiten zu vertreten, dafür zu sorgen, dass sie gesehen und ihre Bedürfnisse erkannt werden.

Ein Beispiel: Ein Viertel der deutschen Bevölkerung hat eine Migrationsgeschichte. Alleine aus diesem Grund schon sollten sie ÜBERALL auch mindestens zu einem Viertel vertreten sein, in der Politik, in der Schülervertretung, in den Medien.

Was denkst du, ist das überall so? Was sind Deine Privilegien?

MEINE PRIVILEGIEN	DIE PRIVILEGIEN MEINER FAMILIE	DIE PRIVILEGIEN DER MEHRHEITSGESELLSCHAFT
....	....	....
....	....	....
....	....	....
....	....	....
....	....	....
....	....	....
....	....	....
....	....	....
....	....	....
....	....	....
....	....	....
....	....	....
....	....	....
....	....	....
....	....	....
....	....	....
....	......	....
		....
		....

Quelle:
Feminar – FAQ - „Nutz Deine Privilegien!" https://www.was-verdient-die-frau.de

RECHT(S) DEUT(SCH)LICH

Mit „Hitler-" und „NS"-Verehrung, mit „Endlösungen" und „totalem Krieg", Springerstiefeln und Bomberjacken lassen sich heute weder eine Wahl gewinnen noch Klicks generieren oder junger Nachwuchs anwerben. Daher sprechen hippe Neonazis heute lieber von „Ethnopluralismus", „Remigration", „Heimatschutz", „Umvolkung", „Bevölkerungsaustausch" oder auch „Leitkultur", tragen Skinny Jeans und Turnschuhe, geblümte Röcke und Anzüge. Das wirkt doch gleich weniger radikal, viel moderner und freundlicher. Genau das soll es auch!

Den sogenannten „Neuen Rechten" ist es wichtig, möglichst viele Menschen von ihren Einstellungen und Vorstellungen einer Weltordnung zu überzeugen. Sie kommen intellektuell oder kumpelhaft daher, machen „coole Aktionen" und Familienfeste, treten als Elternsprecher:innen an, engagieren sich ehrenamtlich, sammeln Spenden für Arme oder „unsere" Kinder, nehmen HipHop, Schlager oder Songwritermusik auf, performen in Kochshows auf YouTube und in „lustigen" Videos auf TikTok, sie laufen bei Demonstrationen mit und rufen „Frieden, Freiheit, keine Diktatur", sie sind Influencer:innen oder Politiker:innen in demokratisch gewählten Parteien. Aber vor allem sind sie überall und gut vernetzt.

Darum ist es wichtig, dass Du weißt, wie Du sie erkennst, welche Begriffe sie warum verwenden, wo sie sich aufhalten, durch welche Symbole sie sich gegenseitig erkennen und was sie damit sagen wollen, welche Bilder sie vermitteln und welche Strategien sie nutzen, um vielleicht sogar die Menschen zu erreichen, die Dir nahestehen.

Ethnopluralismus und Remigration

#MUSSMANWISSEN

Die Begriffe Ethnopluralismus und Remigration verpassen der alten rassistischen Ideologie ein neues Gewand. Es wird davon ausgegangen, dass Menschen aufgrund ihrer ethnischen Herkunft unüberwindbare Kulturunterschiede haben. Jedes Volk hat dabei seine eigene, geschlossene Identität und seinen zugewiesenen „Platz auf der Welt". Ein Wechsel in eine andere Kultur führt zu Konflikten. Aus diesem Grund darf es keine Vermischung der „Ethnien" geben.
Die neuen „intellektuell" daher kommenden Begriffe tragen jedoch die gleiche Bedeutung wie die klassischen Parolen „Ausländer raus!" (=> Remigration) und „Deutschland den Deutschen" (=> Ethnopluralismus).

WENN DER FASCHISMUS WIEDERKEHRT, WIRD ER NICHT SAGEN: ICH BIN DER FASCHISMUS. NEIN, ER WIRD SAGEN: ICH BIN DER ANTIFASCHISMUS.

Ignazio Silone

NEUE FÜHRER

BRAUNE STARS UND STERNCHEN

Ob mit Verachtung, Wut und Aufregung, zynischem Humor und Überlegenheitsgefühl, weiblich „süß" oder intellektuell überheblich – die Neuen Rechten sind jung, gut vernetzt und beherrschen die sozialen Netzwerke. Sie treten gerne hip, stylisch, jung und modern auf. Nicht ganz zufällig natürlich, denn sie werden von alten Hasen im Geschäft geformt, herangezogen und durch Interviews in den eigenen „alternativen" Medien gepusht. Dadurch profitieren die Neuzugänge direkt von einer bereits bestehenden Reichweite und können schnell in bereits existierende Netzwerke und Strukturen integriert werden. Unterstützt wird das Ganze durch professionelle, popkulturelle Marketingstrategien.

So unterschiedlich die rechten Hipster auch sein mögen, sie haben doch eines gemeinsam: Das Ziel, den Zeitgeist in Richtung Rechtsaußen zu drehen, Unsagbares sagbar zu machen und junge Menschen für ihre Sache zu mobilisieren.

Die „Identitäre Bewegung" (IB) war einmal das Aushängeschild der Nazi-Youngsters. Vor etwa 10 Jahren schoss sie aus dem Boden: jung, fresh, intellektuell und international. Obwohl sie nie über eine relevante Anzahl an Mitgliedern verfügte, wurden sie medial ziemlich überbewertet und erlebten einen kurzen Hype. Allerdings wurde bald deutlich, dass sie sich zwar prima online vermarkten konnten, aber ihre Aktionen in der analogen Welt zumeist gar nicht wahrgenommen wurden. Das macht sie jedoch nicht ungefährlich. So pflegte Martin S., Sprecher der Identitären Bewegung Österreich, Kontakt zum Rechtsterroristen, der in Christchurch (Neuseeland) in zwei Moscheen 51 Menschen tötete und weitere 50 verletzte.

Nachdem 2020 mehrere Kanäle der Identitären auf den großen Social-Media-Plattformen gelöscht und im Juli 2021 die Symbole der IBÖ in Österreich verboten wurden, verschwanden sie weitestgehend von der Bildoberfläche. Als Aktionsform kleinerer, intellektueller Regionalgruppen und durch ein Einklinken in die Querdenken- und Prorussland-Proteste versuchen sie aber weiterhin, einen Fuß auf den Boden zu bekommen.

Nachgerückt sind inzwischen vor allem junge rechtsextreme Influencer:innen, die durch eine ansprechende Optik mit ästhetischen Bildern von Landschaften, Menschen und Alltagsmomenten Nähe schaffen und so versuchen, eine „persönliche Beziehung" mit ihren Follower:innen aufzubauen und rechte Ideologien als normalen Lifestyle zu verharmlosen.

SÜSSES BABYFOTO ODER PROPAGANDA - WAS DENKST DU? WARUM?

....

....

....

....

....

....

....

....

....

♪44

Dazu gehören zum Beispiel junge Mädels und Frauen, die ein antimodernes Frauen- und Familienbild vertreten und der Überzeugung sind, dass Feminismus die traditionelle Familie zerstört hat. Sie treten in ihren Videos und Fotos wie Lifestyle-Influencer:innen auf, zeigen tolle Flechtfrisuren, veranstalten Kochshows, tauschen Rezepte aus, posieren als Models, backen, nähen oder tanzen. Ganz „nebenbei" vermitteln sie mal mehr mal weniger subtil alles „Wichtige" zur deutschen Kultur, setzen sich für eine klassische Rollenverteilung ein, äußern sich traditionalistisch und rassistisch und warnen vor dem „Bösen Schwarzen Mann", einer „jüdischen Weltverschwörung" und/oder der „Islamisierung".

Neben den rechten Influencerinnen gibt es auch noch rechtsextreme Hipsterjungs, die als „Schwiegermutters Liebling" oder „Lockerer Student" daherkommen. Denn wer so nett und harmlos aussieht, dem gelingt es viel besser, rassistische und verschwörungsideologische Inhalte in der Gesellschaft zu verbreiten. Das wissen auch ihre Unterstützer:innen. Die neuen Stars und Sternchen sind nicht zufällig besonders smarte und adrette Jungs und Mädels. Bei der Auswahl wird ganz auf den psychologischen Haloeffekt gesetzt: Attraktiven Menschen schreiben wir eher positive Eigenschaften zu, wie zum Beispiel Intelligenz, Erfolg oder Vertrauenswürdigkeit. Der erste Eindruck zählt. Treten die Influencer:innen besonders sympathisch und „ansprechend" auf, schaffen sie es schneller, unser Vertrauen zu gewinnen. Vertrauen wir ihnen, kann der Haloeffekt dazu führen, dass wir auch ihren Botschaften viel vorbehaltloser glauben.

Da diese ganze Maschinerie zudem auf Klicks, Likes und Reichweite basiert, lassen wir uns noch schneller überzeugen. Denn sind wir unsicher, übernehmen wir gerne die Meinungen einer vermeintlichen Mehrheit. So viele Leute können sich schließlich nicht täuschen, oder?!

Quellen:
www.daserste.de/information/wissen-kultur/ttt/sendung/br/rechte-influencerinnen-100.html
www.belltower.news/rechte-influencerinnen-rechtsextreme-inhalte-schoen-verpackt-120301/
www.belltower.news/selbstverharmlosung-auf-der-for-you-page-wie-sich-rechte-frauen-auf-tiktok-inszenieren-131463/

DIE STERNCHEN

EINE KLEINE TYPOLOGIE

Die „Unauffällig Brave“

Reinhild B. zum Beispiel ist eine zentrale Figur der jungen Neurechten. Sie ist rechtsextreme Influencerin, Aushängeschild der Jungen Alternative, Teil der IB und der rechtsradikalen Frauenorganisation Lukreta, die unter dem Deckmantel „Schutz von Frauenrechten“ rassistische Narrative verbreitet.

Der „Intellektuelle Vamp“

Anabel S. postet am laufenden Band Bilder von sich, auf denen sie sich knapp bekleidet und sexy zeigt. Natürlich möchte sie nicht als rechtsextrem gelten, auch wenn sie in ihren Beiträgen ihre Fans gegen Geflüchtete, Politiker:innen und Linke aufhetzt und für Tichys Einblicke, Junge Freiheit und Achse des Guten schreibt (bzw. schrieb). Sie selbst hält sich dabei für liberal-konservativ und versucht sich auch so zu verkaufen. Facebook nahm es ihr im Sommer 2022 nicht mehr ab und löschte ihr Profil mit über 80.000 Follower:innen.

Das „Unschuldige Küken“

Naomi S. gilt als rechtes Pendant zu Greta Thunberg und kommt besonders jung und harmlos daher. Sie wird durch ein internationales Netz an Supporter:innen gefördert und gilt als große Hoffnung der Neuen Rechten. Wer würde ihr auch etwas Böses unterstellen? Dadurch eignet sie sich hervorragend, dafür, rechtsextreme und verschwörungsideologische Inhalte zu positionieren.

Der „Provokateur“

Shlomo, der es nie schaffte, so anonym zu sein, wie er gerne wollte, ist Trollführer einer rechtsextremen Online-Community, gut vernetzt, vulgär, überheblich, abwertend und hasserfüllt. Er sieht sich als Sprachrohr für alle, die sich „nicht mehr trauen, etwas zu sagen“. Dabei hetzt er gegen alles, was Vielfalt ausmacht, Feminismus, Juden, Muslime, Schwarze, Linke u.s.w., predigt dabei Meinungsfreiheit, Islam-Hass, Rassismus und Frauenhass und beruft sich stets auf die Freiheit der Satire (siehe S. 200).

Die „Crazy Sächsin"

Triene ist anders. Sie ist weder besonders natürlich noch intellektuell oder glamourös, auch wird sie nicht gezielt von rechten Netzwerken gepusht. Ein Selfmade-Neonazisternchen sozusagen. Mit ihren TikTok-Videos will sie vor allem provozieren und Aufmerksamkeit erreichen, nicht zuletzt, um sich selbst zu vermarkten. Denn die frühere Hochzeitsplanerin betreibt nun einen Onlinehandel für Anti-Corona-Krimskrams. Sie zeigt sich stets sexy, frech und skandalös, macht den ein oder anderen TikTok-Trend mit und sieht sich dabei im „Widerstand" gegen die Regierung.

Das „Babyface"

Niklas L. weckt ungeahnte Mutter-/Vatergefühle in uns. Jemand, der so jung und naiv ist, kann doch gar nicht böse sein! Das dachte sich auch sein breites Unterstützer:innennetzwerk, unter anderem David Berger, Betreiber von Philosophia Perennis, das ihn von Anfang an aufgebaut und massiv gefördert hat. Auch er ist natürlich nicht rechtsextrem und wettert lediglich als „Bürgerlich-Konservativer" gegen Massenmigration und die Einschränkung der Meinungsfreiheit. Denn schließlich darf man inzwischen ja gar nichts mehr sagen. So erzählt er es im Minutentakt seinen über 500.000 Follower:innen auf Twitter, Facebook und YouTube.

Der „Studi"

Matthäus W. ist ein rechter, verschwörungsideologischer Videoblogger. Er ist Mitglied der Sekte Organische Christus-Generation des Schweizer Sektenführers Ivo S., aktiv bei Kla.TV und gut vernetzt mit Politiker:innen der AfD, anderen Nazi-Hipstern und -Urgesteinen. So locker er daherkommt, so braun ist seine Gesinnung. Von Holocaustleugnung bis Volksverhetzung, Verschwörungserzählungen und Demokratiefeindlichkeit ist alles dabei und führte letztlich auch zur Löschung seines Profils auf YouTube. Jetzt turnt er in erster Linie auf den „alternativen" sozialen Netzwerken herum.

HIPSTER NEONAZIS

Alle Hipster-Neonazis haben eins gemeinsam: Die sozialen Netzwerke sind ihr Revier. Manch einem konnten die zahlreichen Sperrungen noch nichts anhaben und sie sind weiterhin bei Facebook, Twitter, Instagram, YouTube und TikTok unterwegs. Andere jedoch haben es etwas zu weit getrieben mit ihrer Definition von Meinungsfreiheit wurden so oft gemeldet (siehe S. 334), dass ihre Profile auf einzelnen oder allen gängigen Plattformen gelöscht wurden.

Allerdings ist damit das Sprachrohrproblem noch nicht gelöst. Denn mittlerweile haben alle Plattformen „zensurfreie“ Klone, auf denen „echte Meinungsfreiheit“ herrscht.

Bitchute zum Beispiel wird besonders gerne von demokratiefeindlichen, verschwörungsideologischen und rechtsextremen Akteur:innen genutzt, die auf YouTube gesperrt wurden. Inhalte von diesen Ausweichplattformen zu teilen ist also selten eine gute Idee, denn sie sind Paradiese für die Rechtsaußen-Bubble und eine gigantische Echokammer (siehe S. 66). Auch der Messengerdienst Telegram, auf dem rassistische Aussagen, Hitler-Bejubelung und Aufrufe zum Systemsturz offen geteilt und diskutiert werden können, ohne eine Sperrung zu befürchten, gehört zu diesen zensurfreien Alternativen.

Einmal angekommen in dieser „alternativen“ Wirklichkeit von Hass, Hetze und Rassismus, werden User:innen von Video zu Video und von Plattform zu Plattform weitergeleitet und laufen immer tiefer ins Rabbit Hole.

Der Einstieg in diese „alternative“ Informationswelt kommt oft ziemlich harmlos daher. So eignet sich TikTok zum Beispiel als super Eingangstor. Nirgendwo sonst kann mit wenigen Follower:innen eine derart gigantische Reichweite erzielt werden. Man muss nur wissen, wie es geht, und genau das tun viele rechtsextreme TikToker:innen. Die durch relativ harmlosen, aber dennoch eindeutigen Content erreichten User:innen werden mitunter durch Links in der Bio (= selbst beschreibender Text im Kopf des Profils) zu rechtsextremen Telegramchats weitergeleitet, in welchen extreme Inhalte, Aufrufe zur Gewalt oder gezielte Shitstorms geteilt werden.

Aber auch für sich stehend ist TikTok nicht unproblematisch. Denn geteilt werden können ausschließlich Kurzvideoformate, die drei Minuten nicht überschreiten – ohne Texte. Und wo kein Text, da ist auch meist keine Quelle – jede:r kann also alles behaupten und muss nichts belegen. Perfekt für populistische Aussagen und Inszenierungen. Aber das ist nicht der einzige Vorteil, den rechte Influencer:innen in TikTok sehen. Ein anderer ist die Musik. Denn Musik transportiert Botschaften, verknüpft diese mit Emotionen und vermittelt einen Lifestyle – und genau das wollen rechte Influencer:innen. Eine Plattform wie TikTok, die auf Musik und Tanz basiert, ist somit genau das Richtige für ihre Botschaften, und so tanzen und lipsyncen (zum Playback so tun, als ob man selbst singt) sie zu Neonazimusik und sorgen dafür, dass die Songs bekannt und die Inhalte verbreitet werden.

Die sozialen Netzwerke samt ihrer Algorithmen (siehe S. 64) sorgen somit dafür, dass rechte Netzwerke immer weiter wachsen und sich ideologisch stabilisieren. Die „Junge Alternative" Berlin zum Beispiel akquiriert inzwischen mehr als die Hälfte der Neuzugänge über Instagram, wie ein Vorstandsmitglied gegenüber dem Recherchezentrum Correctiv äußerte.

#MUSSMANWISSEN

Eine perfekte Lösung für das Problem der Verbreitung rechtsextremer Inhalte über die sozialen Netzwerke gibt es derzeit noch nicht. Aber es gibt verschiedene Lösungsansätze, wie z. B. rechtliche Vorgaben, was Plattformbetreiber zu löschen haben, oder Meldemöglichkeiten (siehe S. 328)

♪45

IMPORTANT

WER VON RECHTSEXTREMEN ODER VERSCHWÖRUNGSIDEOLOGISCHEN PROFILEN ODER PLATTFORMEN TEILT, WIRD ZUM HANDLANGER VON NEONAZIS UND VERSCHWÖRUNGSIDEOLOG:INNEN.

Quellen:
www.belltower.news/soziale-medien-wie-jugendliche-auf-tiktok-von-rechtsterror-fans-gekoedert-werden-130207/
https://correctiv.org/faktencheck/hintergrund/2020/02/21/gesucht-influencerin-jung-rechts/
https://correctiv.org/top-stories/2020/10/06/kein-filter-fuer-rechts-instagram-rechtsextremismus-frauen-der-rechten-szene/

SPURENSUCHE

Wenn Du Dir unsicher bist, welche Weltanschauung hinter einem Account steckt, schau Dir die Bilder, verwendeten Begriffe, Hashtags und die Empfehlungsalgorithmen (auf YouTube werden Dir z. B. weitere „ähnliche" Videos vorgeschlagen) genauer an und lass die Namen durch eine Suchmaschine laufen. Danach bist Du meistens schlauer.

Begib Dich auf Spurensuche und markiere Hinweise auf versteckte Weltbilder. Mit welchen Hashtags oder Emotionen wird versucht, Dich zu ködern?

D***** W*************
@d*******.w*************

Familie statt Feminismus: Alles, alles Gute zum Muttertag!

Wir sagen Danke. Danke, für all die Kraft, all den Mut und vor allem all die Liebe, die durch euch, liebe Mütter, junge Seelen erfahren dürfen. Lasst euch heute einmal hochleben

#literatur #kind #liebe #tapfer #treu #lieb #erwachsen #kindsein #kuscheln #volk #unsterblich #pflicht #herz #mutter #glück #sommer #sonne #tiere #freude #wandern#reisen #gemeinsam #liebe #heimat #glück #Sonnenschein #photographie #fff #ästhetik #muttertag

....
....
....
....
....
....
....
....
....
....

D***** W*************
@d*******.w*************

Den weg zum Übermenschen musst Du selbst beschreiten!

#vorbild #nietzsche #treue #kampf #sport #boxen #übermensch #leben #sozial #sozialearbeit #kinder #zukunft#wandern #reise #model #wanderlust #gemeinschaft #familie

....
....
....
....
....
....
....
....
....
....
....
....
....
....
....
....
....
....
....
....
....

D******* W*************
@d*******.w*************

„Ehe — das große Tor, durch das das Volksleben von Geschlecht zu Geschlecht weiterrückt und in dem es zugleich seine Sichtung findet. Durch dies Tor darf nur Aufrechtes gehen.“

Georg Stammler

#heimat #ahnen #europa #kultur #gruppe #lebensrune #sparta #fotografie #odin #wotan #german #lebensbaum#feuer #fackel #baum #leben #wirwollenleben #heimat #heimatliebe #liebe #perfekt #volk #musik #musiker #neofolk #lebensrad #glück #gemeinsam #freude #Reise #wandern

D******* W*************
@d*******.w*************

„Wir brauchen nur Herz und ein bisschen mehr Mut, Loyalität & Liebe und schaffen so das Fundament, bis ihr Hass nie wieder brennt“

Flak (Band)

[...]Derweil sind Feigheit, Unsicherheit Ziellosigkeit aber auch fehlender Idealismus in so mancher Seele verankert. Arbeiten wir an uns, damit dieser Ungeist verschwindet. Lasst uns Sport treiben, um unserem inneren Schweinehund den Kampf anzusagen und darüberhinaus jeden Tag an uns selbst zu wachsen. [...]

#kamerad #hochzeit #zusammen #kultur #nord #europa #weiß #liebe #treue #gemeinschaft #mann #frau#liebe #freundschaft #heimat #heimatverliebt #feld #blumen #asthetic #hemd #kleid #tradition #traditionell#wirwollenleben #tracht #unsterblich #unbesiegbar #ring #fotografie #konservativ #deutsch

(R)ECHTE SPRACHROHRE

Die rechte Medienlandschaft ist eine riesengroße Verarschungsmaschinerie. Denn um Menschen zu manipulieren, setzt sie ganz bewusst gefährliche Lügen ein und greift Verschwörungserzählungen auf – das ist schon lange kein Geheimnis mehr. Auch der Rechtsextremist und Chefredakteur des compact Magazin macht keinen Hehl aus seiner eigentlichen Intention:

„Es werden Erzählungen gemacht, es werden Märchen und Allegorien formuliert, die dann wabern. Es ist nicht die Wahrheit. Aber es hält sozusagen die Volksseele, den Volksdiskurs am Laufen. Und das ist sozusagen die Hefe, aus der ein politischer Widerstand im rationalen Sinn erst entstehen muss."

Oder wie es der ehemalige Berater von Trump sagte: „Flood the zone with shit", was so viel heißen soll wie: Überschwemme die Menschen mit faktenverdrehendem, hetzerischem Mist.

Hauptsache es ist irgendwie glaubwürdig und viele Menschen schlucken es. Wenn niemand mehr so richtig weiß, was die Wahrheit ist und ob es überhaupt noch so etwas wie gesicherte Fakten gibt, geschweige denn, wie sie diese finden können, steigt die Bereitschaft, dem nächsten populistischen Führer zu folgen, der ihnen sagt, wo es langgeht. Offenbar ist es all diesen rechtsextremen und verschwörungsideologischen Verleger:innen, Redakteur:innen und Berater:innen recht, dass Angst, Wut und Hass die Reichweite deutlich steigern (siehe S. 262) und dem großen Ganzen nutzen: dem Sturz der Regierung und der Beseitigung der Demokratie. So täuschen und blenden sie ganz bewusst, um Menschen immer weiter zu verunsichern und aufzuhetzen.

SUCHEN & FINDEN

♪46

Geh auf die Suche und finde die 23 manipulativsten und reichweitenstärksten recht(sextrem)en und verschwörungsideologischen deutschen Sprachrohre.

Wenn Du sie (er)kennst, kannst Du andere darauf hinweisen, sollten sie Beiträge von diese Plattformen teilen. Damit trägst Du dazu bei, dass die Inhalte weniger geteilt werden, und schützt andere Menschen vor Täuschungs- und Manipulierungsversuchen.

Quellen:
www.rbb-online.de/kontraste/archiv/kontraste-vom-04-11-2021/im-sog-der-luegen-wie-verschwoerungsideologien-hass-saeen.html
www.derstandard.de/story/2000137564718/auf-1-report-24-und-wochenblick-russische-propaganda-aus-oberoesterreich

B	S	E	Z	U	G	S	C	H	R	A	N	G	T	V	L	E	K	P	R
O	R	O	G	D	F	K	A	Z	S	Z	W	L	S	K	F	P	C	I	A
R	F	X	L	K	E	X	G	F	S	R	Z	I	T	U	I	O	Q	P	Y
I	P	N	U	I	D	U	W	K	L	D	C	M	X	Z	N	C	F	S	L
S	N	H	T	I	V	P	T	I	L	B	G	R	P	V	X	H	N	S	D
R	K	W	I	S	S	E	N	S	M	A	N	U	F	A	K	T	U	R	E
E	B	H	Y	L	J	S	R	H	C	S	T	O	M	V	A	I	W	Y	U
I	C	N	U	K	O	D	E	J	P	H	E	V	S	N	C	M	Q	X	T
T	X	U	Y	V	U	S	Q	A	A	E	E	D	Q	M	H	E	U	S	S
S	S	O	U	U	R	G	O	S	Z	N	V	S	X	T	T	S	F	E	C
C	J	V	E	N	N	F	C	P	A	L	I	K	T	O	P	D	E	Z	H
H	C	I	D	Z	A	G	N	O	H	Z	K	C	X	I	C	T	A	E	L
U	B	S	A	E	L	G	E	U	M	I	P	B	H	O	M	I	P	S	A
S	F	O	P	N	I	C	T	F	N	P	A	D	Z	J	N	M	Y	S	N
T	Z	T	O	S	S	F	Z	Q	R	E	A	P	V	K	H	K	E	I	D
E	R	V	L	U	T	A	F	A	U	E	I	C	E	O	B	E	W	O	K
R	K	I	U	R	E	M	R	O	C	Q	I	V	T	R	Q	L	A	N	U
H	S	U	T	I	N	A	A	S	Q	H	E	H	B	S	E	L	Q	U	R
U	M	M	N	E	W	S	U	H	O	J	G	Z	E	S	H	N	T	X	I
H	Z	N	E	R	A	Q	E	O	O	O	F	U	T	I	R	E	N	S	E
N	F	N	T	T	T	A	N	D	C	T	Z	R	T	T	T	R	Y	I	R
A	V	D	B	R	C	K	D	E	D	N	D	S	R	P	I	N	E	W	S
H	G	G	N	U	H	V	P	H	A	L	L	O	M	E	I	N	U	N	G
O	T	I	C	H	Y	S	E	I	N	B	L	I	C	K	K	S	D	C	C
G	P	A	D	I	G	I	T	A	L	E	R	C	H	R	O	N	I	S	T

AUFLÖSUNG:

(R)ECHTE SPRACHROHRE

B	S	E	Z	U	G	S	C	H	R	A	N	G	T	V	L	E	K	P	R
O	R	O	G	D	F	K	A	Z	S	Z	W	L	S	K	F	P	C	I	A
R	F	X	L	K	E	X	G	F	S	R	Z	I	T	U	I	O	Q	P	Y
I	P	N	U	I	D	U	W	K	L	D	C	M	X	Z	N	C	F	S	L
S	N	H	T	I	V	P	T	I	L	B	G	R	P	V	X	H	N	S	D
R	K	W	I	S	S	E	N	S	M	A	N	U	F	A	K	T	U	R	E
E	B	H	Y	L	J	S	R	H	C	S	T	O	M	V	A	I	W	Y	U
I	C	N	U	K	O	D	E	J	P	H	E	V	S	N	C	M	Q	X	T
T	X	U	J	V	U	S	Q	A	A	E	E	D	Q	M	H	E	U	S	S
S	S	O	U	U	R	G	O	S	Z	N	V	S	X	T	T	S	F	E	C
C	J	V	E	N	N	F	C	P	A	L	I	K	T	O	P	D	E	Z	H
H	C	I	D	Z	A	G	N	O	H	Z	K	C	X	I	C	T	A	E	L
U	B	S	A	E	L	G	E	U	M	I	P	B	H	O	M	I	P	S	A
S	F	O	P	N	I	C	T	F	N	P	A	D	Z	J	N	M	Y	S	N
T	Z	T	O	S	S	F	Z	Q	R	E	A	P	V	K	H	K	E	I	D
E	R	V	L	U	T	A	F	A	U	E	I	C	E	O	B	E	W	O	K
R	K	I	U	R	E	M	R	O	C	Q	I	V	T	R	Q	L	A	N	U
H	S	U	T	I	N	A	A	S	Q	H	E	H	B	S	E	L	Q	U	R
U	M	M	N	E	W	S	U	H	O	J	G	Z	E	S	H	N	T	X	I
H	Z	N	E	R	A	Q	E	O	O	O	F	U	T	I	R	E	N	S	E
N	F	N	T	T	T	A	N	D	C	T	Z	R	T	T	T	R	Y	I	R
A	V	D	B	R	C	K	D	E	D	N	D	S	R	P	I	N	E	W	S
H	G	G	N	U	H	V	P	H	A	L	L	O	M	E	I	N	U	N	G
O	T	I	C	H	Y	S	E	I	N	B	L	I	C	K	K	S	D	C	C
G	P	A	D	I	G	I	T	A	L	E	R	C	H	R	O	N	I	S	T

TICHYSEINBLICK
Tichys Einblick ist ein enorm reichweitenstarkes Magazin wahlweise „für alle, die die Nase voll haben vom bevormundenden Mainstream-Journalismus" oder „für die liberal-konservative Elite" so Tichy (Ex- Chefredakteur der Wirtschaftswoche).

DEUTSCHESTIMME
Die Deutsche Stimme ist die Zeitung der NPD.

JUNGEFREIHEIT
Die Junge Freiheit ist eine überregionale deutsche Wochenzeitung, die sich gerne als unabhängig und konservativ verkauft und dabei als Sprachrohr der Neuen Rechten fungiert.

SEZESSION
Sieht sich selbst als „bedeutendste rechtsintellektuelle Zeitschrift in Deutschland".

PINEWS
PI-News (PI = Politically Incorrect) ist ein rechtsextremer Blog, dessen Lieblingsthema die „Islamisierung Europas" ist.

KLATV
klagemauer.tv (kurz kla.tv) ist das Nachrichten-Blog von Ivo S., Gründer der OCG (Organische Christus-Generation), lehnt die Demokratie ab, verbreitet Desinformation, Verschwörungserzählungen und bewirbt auch mal das compact Magazin.

COMPACT
das compact Magazin ist das einflussreichste rechte Magazin und wird vom Verfassungsschutz als Verdachtsfall geführt.

SCHRANGTV
SchrangTV ist ein verschwörungsideologischer Blog, der vor allerlei Gefahren warnt, unter anderem vor Zuwanderung.

HALLOMEINUNG
Hallo Meinung ist ein Online-Meinungsportal, das über all das berichtet, was die „zwangsfinanzierten Medien" verschweigen.

WISSENSMANUFAKTUR
Webseite, die rechtsextremistische Verschwörungserzählungen verbreitet, Eva H. unterstützt als Redakteurin.

NETZFRAUEN
Populistischer Blog, der gerne Verschwörungserzählungen aufgreift, Desinformation steht auf der Tagesordnung.

BORISREITSCHUSTER
Reitschuster betreibt einen gleichnamigen Blog und YouTube-Kanal, mit welchen er seine Follower:innen „informieren will und nicht erziehen".

ACHGUT
Die Achse des Guten (=Achgut) ist ein rechter Blog, Mitherausgeber: Henryk Broder

APOLUTNET
Apolut.net ist das verschwörungsideologische Nachfolgeportal von KenFM

TIMKELLNER
Tim Kellner ist rechtsextremer Aktivist. Er hat diverse Social-Media-Kanäle mit Hunderttausenden Follower:innen.

EPOCHTIMES
Die Epoch Times ist eine internationale rechtsextremistische/ rechtspopulistische Zeitung.

NUOVISOTV
Filmproduktionsfirma, die verschwörungsideologische, esoterische, recht(sextrem)e Filme verbreitet

UNZENSURIERT
Magazin und Webseite mit österreichischem Ursprung, FPÖ-nah und rechtspopulistisch

DEUTSCHLANDKURIER
Der Deutschland-Kurier ist ein „Nachrichten"-Blog mit diversen Social-Media-Kanälen, auf denen „endlich mal das gesagt wird, was die anderen verschweigen", rechtspopulistisch

OLIVERJANICH
Janich ist einmal alles: ein rechtsextremer, rassistischer, antisemitischer Verschwörungsideologe, der auf seinen stark frequentierten Social-Media-Kanälen seine geistige Diarrhö verbreitet.

JOURNALISTENWATCH
rechtsxetremer, islamfeindlicher Blog

PHILOSOPHIAPERENNIS
Philosophia Perennis verkauft sich als liberal-konservativer Blog, steht in Wirklichkeit aber ziemlich weit rechts.

MMNEWS
verschwörungsideologisches Internetportal mit gut besuchtem YouTube-Kanal

DIGITALERCHRONIST
Der Digitale Chronist verbreitet über zahlreiche Kanäle seine Attacken gegen Linke, Grüne, Klima-Aktivist:innen und „Mainstreammedien" und verkauft sich dabei als liberalkonservativ.

MÜLL ENTSORGEN...

...UND SORTIEREN

1

Uiuiui, hier hat aber jemand viel Müll hinterlassen.

Schnapp Dir den Besen und sorge für Sauberkeit. Schaffst Du es, sämtlichen Unrat aus dem Labyrinth zu kehren?

2

Was da so alles im Labyrinth lag! Jetzt geht's ans Sortieren. Weißt Du, was das alles ist?

Verbinde die Symbole mit den Beschreibungen.

C · III · JF · AfD · NPD

Freie Sachsen
Rechtsextreme deutsche Kleinstpartei, die Sachsen durch einen Säxit gerne unabhängig machen würde.

Alternative für Deutschland
Rechte deutsche Partei, die als Zuhause für zahlreiche Faschist:innen und Rechtsextreme fungiert.

Ein Prozent (für unser Land)
Verein und Netzwerk rechtsextremer Politiker:innen und Aktivist:innen.

Junge Freiheit
Überregionale deutsche Wochenzeitung. Sprachrohr der Neuen Rechten.

compact Magazin
Laut Verfassungsschutz ein gesichert rechtsextremes Monatsmagazin.

Nationaldemokratische Partei Deutschlands
Rechtsextreme, deutsche, etwas verstaubte Kleinstpartei klassischer, gewaltbereiter Neonazis.

Der Dritte Weg
Rechtsextreme deutsche Kleinstpartei, die gerne einen Nationalsozialismus 2.0 aufbauen würde.

Identitäre Bewegung
Zusammenschluss rechtsextremer Aktivist:innen, die vor allem online agieren oder versuchen, durch „spektakuläre Aktionen" auf sich aufmerksam zu machen.

GAMING EXTREM

…aus einem Gespräch mit Linda Schlegel, Extremismusforscherin

Nazis sind immer auch dort zu finden, wo sie Menschen manipulieren, Bilder und Wörter in Köpfe pflanzen und ein wenig zur Normalisierung von rassistischen, diskriminierenden Narrativen beitragen können, um Menschen in ihren Sog zu ziehen. Dass sie sich in den sozialen Netzwerken aufhalten, ist schon lange kein Geheimnis mehr. Dass sie jedoch gerne Spiele spielen und sich in Gaming-Kontexten bewegen, kommt eigentlich nur dann zur Sprache, wenn mal wieder etwas passiert, wie live gestreamte Anschläge oder Amokläufe in Schulen. Aber so richtig hingeschaut wird eher selten. Also solltest Du es tun … und die über 43 % anderen Deutschen, die regelmäßig auf dem Computer, über Konsolen oder Handy zocken, bestenfalls auch.

Denn das Repertoire der Neonazis, um ihre Propaganda in Gaming-Kontexten zu platzieren, ist groß. Es reicht von eigens entwickelten Videospielen, Missbrauch bestehender Games, Verwendung von Videospieloptiken und Gamificationansätzen bis zur regen Nutzung von Gaming-Servern. Auf diesen wird grenzenlos live gestreamt, Gamer:innen werden ungezwungen in Gespräche verwickelt und in unbeobachtete Räume auf Discord, Telegram oder für „Kennenlerntreffen" in die analoge Welt gezogen.

Die Gaming-Community ist natürlich nicht per se rechts, aber doch bieten sich hier weite Räume für die Verbreitung von Rassismus und Menschenfeindlichkeit.

Nazi-Spielchen

Auch (angehende) Neonazis wollen ein bisschen Spaß haben und spielerisch ihren Hass und ihre Gewaltfantasien pflegen. Eine Möglichkeit bieten ihnen hierbei von rechtsextremen Gamer:innen entwickelte ideologiegeladene Videogames, wie „Heimat-Defender: Rebellion", ein Spiel der Identitären Bewegung/ Ein Prozent. Das Jump'n'Run Spiel in Retro-Optik verknüpft rechtsextreme Propaganda, homophobe und antisemitische Inhalte mit Gewalt und Personenkult um Rechtsextreme wie Martin S., Identitäre Bewegung, Götz K., Institut für Staatspolitik, und andere Sternchen der Neuen Rechten.

Der Heimat Defender war nicht das erste eigens entwickelte Nazi-Game und wird auch nicht das letzte bleiben. Teil 2 steht bereits in den Startlöchern.

Videogames für alle

UND RECHTS MISCHT MIT

Wusstest du, dass diverse rassistische Welten mit Hakenkreuzen, Konzentrationslagern und Co. auf Roblox und Minecraft existieren? Zufall? Eher nicht. Vielmehr wird manipuliert, was das Zeug hält. In einem Umfeld, das normaler und entspannter kaum sein könnte, sollen die Spielende an Symbole, Begriffe und Handlungen gewöhnt werden. Wer vermutet in einem solch harmlosen Kontext schon Extremismus oder Gefahr?

Einige Spielcharakteristika bieten Extremist:innen besonders gute Voraussetzungen, um ihre Inhalte effektiv zu platzieren und Menschen zu erreichen. Games, die viele dieser Charakteristika umfassen, werden von ihnen besonders gerne für die eigenen Zwecke genutzt. Du kannst die Spiele, die Du spielst, selbst auf ihr Propaganda-Potenzial checken. Je mehr der folgenden Punkte Du ankreuzen kannst, desto interessanter ist es für Extremist:innen:

- im Spiel wird aktiv in begleitenden Chats kommuniziert
- um zu gewinnen oder voranzukommen, ist es notwendig oder zumindest sinnvoll, den Chat zu nutzen
- das Spiel ist beliebt und hat eine große Anzahl an Gamer:innen
- es gibt einen starken Wettbewerb/Konkurrenzdruck im Spiel
- es wird gekämpft und Gewalt ausgeübt
- es handelt sich um ein Online-Multiplayer-Videogame
- es spielen Player versus Player, d. h. Gegner:innen sind ebenfalls Menschen
- Gamer:innen werden in Teams mit Fremden eingeteilt
- für Fehler werden gezielt einzelne Teammitglieder verantwortlich gemacht
- es gibt kaum Moderation oder Regeln
- es gibt kaum Konsequenzen, wenn Regeln gebrochen werden oder Hate Speech genutzt wird

Ein bisschen Spielen, ein bisschen Spaß, ein bisschen Talk und dann? Mitunter gibt's das Angebot: „Hey, lass uns auf mein Telegram (o. Ä.) wechseln, da können wir in Ruhe reden." Denn dort gibt es keine unliebsamen Zaungäste mehr und Dir kann ALLES erzählt werden.

Quelle Aufzählung:
www.un.org/counterterrorism/sites/www.un.org.counterterrorism/files/221005_research_launch_on_gaming_ve.pdf

GAMIFICATION

Spielen bedeutet Entertainment, (Selbst-)bestätigung durch Erfolgserlebnisse, sich mit anderen messen und eine Gemeinschaft spüren. Es macht Spaß und fühlt sich gut an, bringt uns selbst einen Mehrwert. Optimale Voraussetzungen ... auch für Extremist:innen. Denn diese nutzen die Lust zu spielen, auch in Bereichen, die eigentlich gar nichts mit Spielen zu tun haben, um ihre Propaganda lustig und unterhaltsam zu verpacken und Menschen für ihre Zwecke zu missbrauchen. Das nennt sich Gamification.

Gamification ist die (digitale, analoge oder auch hybride) Verwendung von Spielelementen außerhalb von Spielekontexten – z. B. die Vergabe von Auszeichnungen und Abzeichen, die Verwendung von Highscores oder Ranglisten, das Einteilen in Level, das Verteilen von Punkten oder die Erfüllung von Quests (= Missionen) in Teams oder als Alleinspielende:r.

Die Ziele der Rechtsextremen liegen auf der Hand, der Spieltrieb der User:innen wird genutzt, damit sie bestimmte Dinge tun, und gleichzeitig werden extremistische Inhalte normalisiert, indem diese mit positiven Gefühlen und Spaß verknüpft werden.

Es wird unterschieden zwischen Top-down-Gamification, bei der Rechtsextreme Spielelemente gezielt einsetzen und ihrer Community vorgeben, und Bottom-Up-Gamification, bei welcher die Community für sich selbst Spielelemente entwickelt.

Der Discord Server „Reconquista Germanica“ (siehe S.190) ist ein Paradebeispiel für Top-down-Gamification. Auf diesem werden User:innen durch die Vergabe von Abzeichen und militärisch anmutenden Rängen dazu motiviert, sich immer stärker in die Community einzubringen und aktiv zu werden. Für einen hohen Einsatz in einem Shitstorm gegen politische Gegner:innen, auch Raid genannt (siehe S. 190), gibt es Extrapunkte und vielleicht am Ende sogar ein besonders funkelndes Abzeichen, das deutlich am digitalen Revers getragen wird.

Manchmal ist Gamification aber auch ein Selbstläufer und entsteht organisch aus einer Community heraus – das ist dann Bottom-Up-Gamification. So kursieren in entsprechenden Communities Body-Count-Ranglisten mit Opferzahlen der Terroranschläge, zum Beispiel von Oslo, Christchurch und Halle, die es zu erobern gilt, indem man selbst oder jemand anders einen neuen „Highscore“ aufstellt. Einen Highscore zu brechen würde in diesem Fall bedeuten, durch einen weiteren Terroranschlag noch mehr Menschen zu töten.

#MUSSMANLESEN

„Unverpixelter Hass – Toxische und rechtsextreme Gaming Communities“, Amadeu Antonio Stiftung.

GAMING COMMUNITIES

Gaming Communities auf Plattformen wie Discord, Twitch, Steam, 4chan oder Reddit tauchen in den Medien meist in Zusammenhang mit (rechts)extremistischen Attentaten auf, wenn auffällt, dass irgendwer sich irgendwie ganz „unbemerkt“ radikalisiert hat, obwohl er doch in der analogen Welt so unscheinbar war. Dabei sind diese Plattformen keine Unbekannten und der Großteil der User:innen hat mit Politik vermutlich gar nichts am Hut. Aber Rechtsextreme nutzen die Plattformen mit ihren Liveformaten gerne, denn sie bieten ihnen ein ideales Umfeld für ihre Propaganda:

- Livestreams bieten Realkommunikation in Echtzeit: Alles, was gesagt wird, ist in dem Moment, wenn es ausgesprochen wird, bereits wieder verschwunden. Gesagtes kann kaum nachgewiesen werden, wurde aber von Hunderten oder Tausenden gehört und von vielen verinnerlicht.
- Ein riesiges Netzwerk
- Anonym: keine Namen, keine Nachweise, keine Identitäten
- Kaum Moderation oder Regeln und damit auch kaum Sanktionen
- Gaming-Kontext sorgt für Emotionen: Er vermittelt sowohl ein Gemeinschafts- als auch ein Wettbewerbsgefühl

Ein optimales Umfeld zur Vernetzung, zum Austausch und um gemeinsame Hass-Raids zu organisieren. Auch geben Rechtsextreme in diesem Umfeld ganz gezielt ihren Lieblingsthemen („Überflutung“, Hass auf alles, was Vielfalt ausmacht, Anti-Feminismus ...) einen Raum und loten in aller Ruhe die Grenzen des Mach- und Sagbaren aus, gehen ins Gespräch und tasten sich immer weiter voran. In Jokes und Sprüchen verklausulieren sie ganz subtil ihre Botschaften und nationalistischen Inhalte.

Der Gaming-Kontext sorgt zudem für Nähe und Normalität, da lässt man sich gerne auch in Bereiche mitnehmen, die etwas ruhiger sind. Man „kennt“ sich ja schon.

Wie Du Dich schützen kannst:

- Sei achtsam und höre genau hin: Wo bist du, wer kommuniziert, was weißt Du von Deinem Gegenüber?
- Sei kritisch: Du weißt wahrscheinlich rein gar nichts von Deinem Gegenüber, also hinterfrage, was gesagt wird!
- Sei vorsichtig: Du weißt, dass das Rabbit Hole tief sein kann. Geh nicht mit Fremden mit, hat man Dir bestimmt schon immer eingetrichtert. Das gilt auch fürs Netz.
- Melde rechtsextreme Inhalte und User:innen (sei schon mal vorgewarnt: bei manchen Plattformen ist das gar nicht so leicht) und zeige strafrechtlich Relevantes ggf. an.

NAZIS ERKENNEN

Das wird man ja wohl noch verbreiten dürfen! ...oder?!

♪47

DIE MEINUNGS- UND INFORMATIONSFREIHEIT IST RICHTIG UND WICHTIG, IHRE GRENZEN JEDOCH AUCH.

Jeden Tag begegnen uns Zeichen, Begriffe und Codes auf Klamotten und Häuserwänden, in Kommentaren und Beiträgen, Fahnen werden auf Demos geschwenkt. Aber welche davon sind verboten und welche legal, welche sind problematisch und welche egal, welchen Hintergrund haben sie und zu wem gehören sie?

EINE GRENZE GIBT ZUM BEISPIEL DER § 86 DES STRAFGESETZBUCHES VOR.

VERBOTENE ORGANISATIONEN, ZEICHEN & SYMBOLE

https://www.verfassungsschutz.de/DE/themen/rechtsextremismus/verbotsmassnahmen/verbotsmassnahmen_node.html

Verbreiten von Propagandamitteln verfassungswidriger Organisationen § 86 StGB

Wer Propagandamittel

1. einer vom Bundesverfassungsgericht für verfassungswidrig erklärten Partei oder einer Partei oder Vereinigung, von der unanfechtbar festgestellt ist, dass sie Ersatzorganisation einer solchen Partei ist,

2. einer Vereinigung, die unanfechtbar verboten ist, weil sie sich gegen die verfassungsmäßige Ordnung oder gegen den Gedanken der Völkerverständigung richtet, oder von der unanfechtbar festgestellt ist, dass sie Ersatzorganisation einer solchen verbotenen Vereinigung ist,

3. einer Regierung, Vereinigung oder Einrichtung außerhalb des räumlichen Geltungsbereichs dieses Gesetzes, die für die Zwecke einer der in den Nummern 1 und 2 bezeichneten Parteien oder Vereinigungen tätig ist, oder

4. Propagandamittel, die nach ihrem Inhalt dazu bestimmt sind, Bestrebungen einer ehemaligen nationalsozialistischen Organisation fortzusetzen, im Inland verbreitet oder zur Verbreitung im Inland oder Ausland herstellt, vorrätig hält, einführt oder ausführt oder in Datenspeichern öffentlich zugänglich macht, wird mit Freiheitsstrafe bis zu drei Jahren oder mit Geldstrafe bestraft.

(2) Propagandamittel im Sinne des Absatzes 1 sind nur solche Schriften (§ 11 Abs. 3), deren Inhalt gegen die freiheitliche demokratische Grundordnung oder den Gedanken der Völkerverständigung gerichtet ist.

Verwenden von Kennzeichen verfassungswidriger Organisationen § 86a StGB

Mit Freiheitsstrafe bis zu drei Jahren oder mit Geldstrafe wird bestraft, wer

1. im Inland Kennzeichen einer der in § 86 Abs. 1 Nr. 1, 2 und 4 bezeichneten Parteien oder Vereinigungen verbreitet oder öffentlich, in einer Versammlung oder in von ihm verbreiteten Schriften (§ 11 Abs. 3) verwendet oder

2. Gegenstände, die derartige Kennzeichen darstellen oder enthalten, zur Verbreitung oder Verwendung im Inland oder Ausland in der in Nummer 1 bezeichneten Art und Weise herstellt, vorrätig hält, einführt oder ausführt.

(2) Kennzeichen im Sinne des Absatzes 1 sind namentlich Fahnen, Abzeichen, Uniformstücke, Parolen und Grußformen. Den in Satz 1 genannten Kennzeichen stehen solche gleich, die ihnen zum Verwechseln ähnlich sind.

SUCHBILD

An diese Stickerwand haben sich ein paar zum Teil verbotene Nazi-Klebchen verirrt. Welche sind es? Übermale sie!

NO MUSIC, NO LIFE.
TOWER RECORDS
CONSDAPLE
GARBAGE PAIL KIDS
GARBAGE PAIL KIDS
GARBAGE PAIL KIDS
GHOST-TOWN
HELLOVISIONPODCAST.COM
NEW YORK
SERVO INCENDIA IGNEUS
Combat 18
C18
Blood & Honour
ROBOTSWILLKILL
PRIORITY MAIL
HOWARDIAN
land of the
low tides
spelunk.in

SUCHBILD AUFLÖSUNG:

NICHT VERBOTEN

Schwarze Sonne
(zwölfarmiges Hakenkreuz/Lebensrad/zwölffache Sig-Rune)
Entstammt einem Bodenmosaik aus dem „ Obergruppenführersaal" in der SS-Kultstätte Schloss Wewelsburg, gilt als Symbol gegenseitiger Verbundenheit.

Thorshammer
(isländ.: Mjölnir, „Blitzwaffe")
Symbol des germanischen Donnergottes Thor. Bis zum Ersten Weltkrieg war er Zeichen der völkischen Bewegung. Weit verbreitet unter Neonazis, wird aber auch als Symbol in der Heavy-Metal-/ Wikinger- oder Mittelalterszene und in esoterischen Bewegungen getragen.

Reichsadler
Adler mit ausgebreiteten Flügeln. Mit Hakenkreuz im Eichenlaubkranz in seinen Klauen, war er während des NS offizielles Zeichen des Deutschen Reichs. Ohne Hakenkreuz ist er nicht verboten, mit natürlich schon.

EINGESCHRÄNKT VERBOTEN

Lambda
Kennzeichen der Identitären Bewegung, vom Verfassungsschutz beobachtete Gruppe von Rechtsaktivist:innen.
In Deutschland erlaubt, in Österreich verboten.

Odal-Rune
Im Nationalsozialismus Zeichen u. a. der Hitlerjugend und des SS-Rasse- und Siedlungshauptamtes. Als Kennzeichen des 1960/61 verbotenen „ Bundes Nationaler Studenten" (BNS) und der 1994 verbotenen „Wiking-Jugend" verboten.

CONSDAPLE
Rechtsextreme Marke, die bewusst mit NSDAP-Buchstaben spielt. Das Landgericht Neuruppin entschied 2010: Je nach Art des Tragens ggf. verboten.

Reichskriegsflagge
Mit Hakenkreuz strafbar, ohne ggf. ein Verstoß gegen die öffentliche Ordnung.

Triskele
Vor allem im keltischen Siedlungsraum verbreitet. Arme stehen für: Leben, Vergehen, Wiederkehren; in eckiger Form auch als „ dreiarmiges Hakenkreuz" genutzt (z. B. als Symbol der verbotenen „Blood and Honour"). Im Kontext rechtsextremer Organisationen verboten, sonst erlaubt.

Lebens- und Todesrune
Lebensrune (links) wurde im NS als Zeichen des Lebensborn e.V. (Verein zur „Zucht der arischen Elite") und als Abzeichen im SA-Sanitätsdienst, des Nationalsozialistischen Kraftfahrkorps und des Deutschen Frauenwerks genutzt. Auf dem Kopf stehend gilt sie als Todesrune. Verwendung ist strafbar bei Hinweis auf verbotene Organisation.

Tyr- oder Tiwaz-Rune
Verweist auf den altnordischen Himmels- und Kriegsgott Tyr. Während des NS wurde sie u. a. als Abzeichen der Reichsführerschule der SA verwendet. Verwendung ist strafbar bei Hinweis auf verbotene Organisation.

Keltenkreuz
Symbol für „Vormachtstellung der *weißen* Rasse", „White Power"-Zeichen, Divisionszeichen der französischen SS-Freiwilligendivision. Nicht strafbar, wenn es im unverfänglichen Kontext verwendet wird.

VERBOTEN

Hakenkreuz
Das wichtigste Kennzeichen des Nationalsozialismus.In ALLEN Varianten verboten.

SS – Schutzstaffel
Doppelte Sig-Rune/Doppel-Blitz,
oft genutzt mit in der SS verwandten Symbolen wie Totenkopf oder Wolfsangel. Auch in anderer Schriftart verboten.

Tyr- oder Tiwaz-Rune
In Deutschland seit 2000 verbotenes internationales Neonazi-Netzwerk. Schriftzug mit Triskele und Totenkopf ist verboten.

SUCHBILD AUFLÖSUNG:

VERBOTEN

SS-Totenkopf

Symbolisierte im NS den nahenden Tod des Feindes und die Aufopferungsbereitschaft für den Führer. Unterscheidung zu anderen Totenköpfen: geschlossene Zahnreihen, Schädelnähte und gekreuzte Knochen im Schädel. Verboten.

Wolfsangel (Gibor-Rune)

Zeichen der Wehrhaftigkeit, u. a. als Ärmel-Aufnäher der Hitlerjugend und Symbol der SS-Untergrundarmee „Werwolf“. Symbol der (verbotenen) „Jungen Front“. Verboten.

Combat 18

Internationales in Deutschland verbotenes Neonazi-Netzwerk, bewaffneter Arm von „Blood & Honour“

NAZI-CODES AUFLÖSUNG:

Zahlencodes stehen fast immer für die entsprechende Zahl im lateinischen Alphabet. 1= A, 2= B, 3= C u.s.w.

18	„Adolf Hitler“
13/4/7	„Mit Deutschem Gruß“ (in Deutschland und Österreich strafbar)
28	„Blood and Honour“ (auch wenn die Organisation verboten und die Verwendung ihres Schriftzugs strafbar ist, die Abkürzung ist es nicht)
88	„Heil Hitler“
444	„Deutschland den Deutschen“
19/8	„Sieg Heil“
192	„Adolf is back“
14	14 Words: „We must secure the existence of our people and a future for white children“ (Zitat des US-amerikanischen Rechtsterroristen David Eden Lane)
C18	„Combat 18“ ist der bewaffnete Arm des Neonazi-Netzwerks
318	Blood and Honour

Buchstabencodes enthalten fast immer den jeweils ersten Buchstaben von aneinandergereihten Wörtern

Q	QAnon (rechtsextreme, antisemitische Gruppe, die vor allem im Netz wildeste Verschwörungserzählungen verbreitet)
WWG1WGA	„Where we go one we go all“ ist der Slogan der QAnon-Bewegung
WPWW	„White Pride World Wide“ (= *weißer* Stolz weltweit)
SGH	„Sieg Heil“
B&H	„Blood and Honour“

NAZI-CODES

DAS ABC DER NEONAZIS

Wie Kinder, die Geheimclub spielen, denken sich Neonazis „super geheime Codes" aus, um sich gegenseitig erkennen zu können und ihre Gesinnung stolz vor sich herzutragen, ohne sich strafbar zu machen.

Aber was bedeuten die Buchstaben und Zahlensalate eigentlich und sind sie verboten oder erlaubt?

18

13/4/7

28

88

444

19/8

192

14

Q

WWG1WGA

WPWW

SGH

B&H

C18 oder 318

WAW

48

NAZI-MODE

DER NEONAZIS NEUE KLEIDER

Gestern wie heute erkennst Du Neonazis vor allem an den Dingen, die sie sagen, den Begriffen, die sie verwenden, und den Weltbildern, die sie verkörpern. Sie anhand ihrer Kleidung zu erkennen, wird jedoch immer schwieriger. Denn die Zeit der stereotypen Neonazis in Springerstiefeln mit weißen Schnürsenkeln, Bomberjacke, Glatze, „Hitler-youth-cut" oder Renee-Frisur, mit denen sie sich möglichst radikal von der deutschen Durchschnittsgesellschaft abgrenzen wollten, ist definitiv vorbei. Sie haben erkannt, dass sie damit eher Leute abschrecken, als sie auf ihre Seite zu ziehen.

Genau das macht sie noch gefährlicher, denn sie fügen sich dezent in die Gesellschaft ein und verbreiten dort unerkannt ihr Gift. Doch so ganz wollen viele nicht auf ihre Erkennungszeichen verzichten und zeigen stolz ihre Gesinnung durch Symbole, Codes (siehe vorherige Seiten) und explizite Klamottenmarken:

CONSDAPLE
Co-NSDAP-le ... da sticht doch gleich etwas ins Auge. Offenbar keine Marke, die einfach nur „schicke Klamotten" entwirft. Trägt man eine offene Jacke über dem Shirt, steht auf der Brust NSDAP, und auch der Adler im Logo erinnert stark an den Reichsadler. Das Tragen ist nicht generell verboten, der Schriftzug NSDAP ist es jedoch schon. Aus diesem Grund gab es bereits Urteile gegen Consdaple-mit-Jacke-Träger:innen.

Thor Steinar
Die sind doch gar nicht rechts!1!
Nein? Nicht zuletzt die Wolfsangel (siehe vorherige Seiten) im Logo der brandenburgischen Marke legt eine andere Deutung nahe. Wer Thor Steinar trägt, dem ist das bewusst.
Das Tragen ist nicht verboten, allerdings kommt man vielerorts mit den Shirts nicht rein, so z. B. in diverse Konzerte, Sportveranstaltungen oder in den Deutschen Bundestag und die Landtage von Mecklenburg-Vorpommern und Sachsen.

Ansgar Aryan
„Arisch" steht bereits im Namen, das sollte Dich stutzig machen. Auf den Shirts findest Du bei genauerem Hinsehen jede Menge nordische Mystik, Begriffe wie „Elite", „Staatsfeind" und „Widerstand" oder doppeldeutige Begrifflichkeiten.

Troublemaker
Übersetzt „Krawallmacher", ist besonders bei Hooligans und Skinheads beliebt. Die Markeninhaber haben die Printrechte an der Abkürzung ACAB („All Cops Are Bastards").

Quellen:
www.spiegel.de/panorama/thor-steinar-consdaple-troublemaker-was-sich-hinter-den-nazi-marken-verbirgt-a-00000000-0003-0001-0000-000001992544
www.belltower.news/marken-der-rechtsextremen-szene-30588/

Reconquista
Übersetzt „Rückeroberung". Die Shirts spielen häufig mit Islamfeindlichkeit, empfehlen Flüchtlingen die „Heimreise" oder einen Einsatz der Bundeswehr in Neukölln. Im Logo ist das Eiserne Kreuz zu sehen.

Werwolf
„Werwölfe" nannte sich eine Untergrund-Formation der SS und das ist sicherlich kein Zufall. Das Logo ist in altdeutscher Schrift gehalten, die Aussagen sind unmissverständlich.

Rizist
Eine Marke, die mit Graffiti-Schriftarten arbeitet, um eine junge Zielgruppe zu erreichen, und über Neonazi-Onlineshops und -läden vertrieben wird.

Erik and Sons
Modemarke, die mit Thor Steinar in Verbindung steht und gerne mit nordischer Symbolik spielt. Es gibt starke Verbindungen in die rechtsextreme Szene. So stellte die Marke Waren für eine Tombola zugunsten des rechtsextremen Vereins „Hilfsorganisation für nationale politische Gefangene" (seit 2011 verboten) zur Verfügung oder lud die rechtsextreme Band Kategorie C zu ihrem Familienfest ein.

Masterrace Europe
Hier kommt „Europas Herrenrasse" und der Name ist Programm.

Division Odin
Ein rechtes Berliner Kleinstlabel, das seine Logo-Motive deutschlandweit vertreibt.

ACHTUNG!

FRED PERRY

THE ORIGINAL Ben Sherman

Lonsdale, Fred Perry, Ben Sherman
Auch wenn sie von Ewiggestrigen heute noch hin und wieder getragen werden, distanzieren sich diese Unternehmen seit Langem vom ihnen fälschlicherweise zugeschriebenen rechten Gedankengut. Besonders Lonsdale tut sich hier durch unmissverständliche Sponsoring- und Image-Kampagnen hervor. #LonsdaleLovesAllColours

FLAGGE ZEIGEN!

Deutschland schwenkt die Flaggen ... seit 150 Jahren mal in Schwarz-Weiß-Rot oder in Schwarz-Rot-Gold. Ein Hin und Her, da kommt man ja kaum noch mit! Stimmt, darum findest Du hier eine verkürzte Zusammenfassung unserer Flaggengeschichte.

Denn eins ist sicher: Eine Flagge schwenkt man nicht einfach so. Mit einer Flagge soll etwas ausgesagt werden, bezieht jemand Position, zeigt sich zugehörig. Was genau und ob das Schwenken erlaubt ist, kommt ganz auf die Flagge an. Flaggen mit nationalsozialistischen Symbolen sind in Deutschland beispielsweise strengstens verboten.

KAISERREICH 1871-1918

Reichsflagge/ Reichskriegsflagge

(Noch) nicht in ganz Deutschland verboten, dürfen aber seit einem bundesweiten Erlass (Juni 2021) nicht mehr gezeigt werden, wenn Gefahr für die öffentl. Ordnung ausgeht – auch nicht in ihren Varianten. Entschieden wird nach Einzelfallbewertung unter Betrachtung des Gesamtbildes einer Versammlung.

WEIMARER REPUBLIK 1919-1933

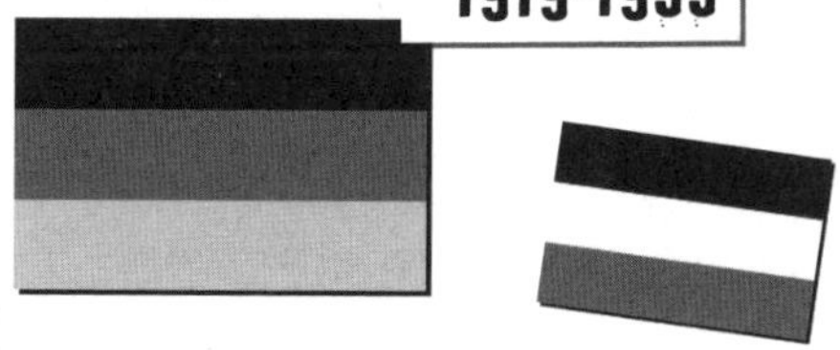

Nationalflagge (erlaubt)

Von 1933-1935 tauchte noch mal ganz kurz die Reichsflagge auf.

Sie wurde aber schnell abgelöst.

♪49

Gib die einzelnen Flaggen in eine Suchmaschine ein und finde heraus, welche Farben sie trugen. Male sie aus.

PLATZ FÜR NOTIZEN

DRITTES REICH 1933-1945

Reichskriegsflagge, Reichsflagge (verboten)

Wirmerflagge/ Stauffenbergflagge (erlaubt)

Flagge Deutscher Widerstand 20.Juli. Die Flagge ist relativ unbekannt, auch da sie nie offiziell zum Einsatz kam. Sie sollte für einen Neustart Deutschlands stehen.

DEUTSCHE DEMOKRATISCHE REPUBLIK 1949-1990

Flagge der DDR (erlaubt)

BUNDESREPUBLIK DEUTSCHLAND 1949-HEUTE

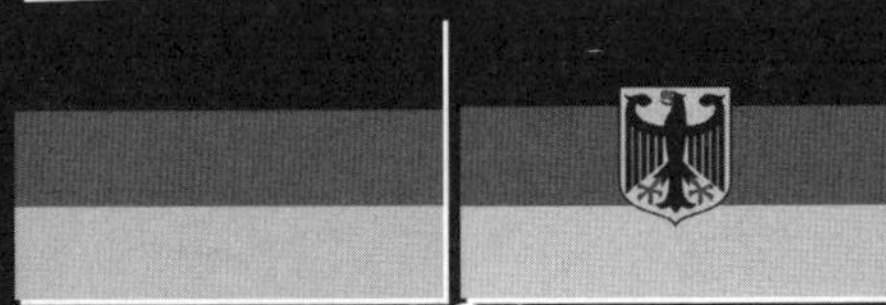

Deutschlandfahne/ Bundesflagge (erlaubt)

#MUSSMANWISSEN

Schwarz-weiß-rot steht und stand auch in der Geschichte immer für Demokratiefeindlichkeit, Konservatismus, Kaiserreichstreue und ein rechtes Weltbild. So war es kein Zufall, dass die Nazis diese Farben für ihre Hakenkreuz- und Reichskriegsflagge (beide inzwischen verboten) verwendeten.

Wer schwarz-weiß-rot trägt, hat eine Botschaft und will ein Statement setzen. Es sind keine Demokrat:innen oder „Ich bin in der Mitte"- Menschen, sondern Nationalist:innen, Nazis, Rechtspopulist:innen, Verschwörungsideolog:innen und ihre Mitlaufenden. Menschen, die einen Systemsturz herbeisehnen, mit autoritären Staatsformen wie Diktaturen liebäugeln und sich von der Demokratie abwenden.

ONLINE-NAZIS

MEMEKRIEG AN DER NETZWERKFRONT

Schon lange bilden soziale Netzwerke kein repräsentatives Bild mehr ab, welche Meinungen in unserer Gesellschaft tatsächlich vorherrschend sind. Sockenpuppen, Trollnetzwerke und rechte Gruppen, die sich zu Shitstorms in Foren, über Messenger oder in Chats verabreden, übernehmen gezielt die Deutungshoheit, kapern Hashtags, bedrohen andere Kommentierende, ziehen Aussagen durch Lachsmileys ins Lächerliche und erobern durch koordinierte Streuung von Hashtags die Twittertrends.

RECONQUISTA
GERMANICA

Das wohl bekannteste Trollnetzwerk ist Reconquista Germanica, das sich über Discord organisierte (inzwischen unzählige Male gelöscht) und von Nikolai A. gegründet wurde. Hier tummel(te)n sich diverse Mitglieder der Identitären Bewegung, AfD-nahe Akteur:innen (wie die JA) und rechte Aktivist:innen mit dem Ziel, sich zu vernetzen, ihre Aktionen zu koordinieren, Onlinediskussionen zu manipulieren und Masse zu simulieren. So sorgten die selbst ernannten Infokrieger bereits im Bundestagswahlkampf 2017 durch eine militärisch anmutende Organisation und kriegerisch orchestrierte Angriffe auf Kommentarspalten dafür, dass demokratische Stimmen zum Schweigen gebracht und Diskurse dominiert wurden.

Im Dunstkreis von „Reconquista Germanica“ ist ein „Handbuch für Medienguerillas“ entstanden, in dem „rechte Kriegsführer“ so freundlich sind, uns ihre Methoden zur „Bekämpfung des politischen Gegners“ anschaulich aufzuzeigen.

RECHTES HANDBUCH FÜR MEDIENGUERILLAS

PDF DOWNLOAD

Was sind die Ziele dieser rechten Aktivist:innen?

Was sind ihre Methoden?

Was das Handbuch für Medienguerillas seinen „Meme-Soldaten“ zur Durchführung von „Blitzkriegen“ gegen politisch Andersdenkende empfiehlt:

„Wir alle verarschen gerne Opfer im Internet. Die Bezeichnungen dafür sind vielfältig: Trollen, shitposten, ficken, memetische Kriegsführung oder einfach nur verarschen. Hier ein kleines Handbuch, ohne Anspruch auf Vollständigkeit:“

Die richtigen Gegner
(siehe auch Trolle S.70)

Wenn Deine Trollerei etwas bedeuten soll, such Dir die richtigen Gegner (Parteien, insbesondere die Grünen, bekannte Feministinnen, Correctiv, Amadeu-Antonio-Stiftung, Regierungslakaien wie Böhmermann und die Propaganda-Regierungspresse, wie ARD, ZDF, Spiegel). Sag ihnen die Meinung und trolle den Fick aus ihnen heraus.

Provokation

Provoziere Deinen Gegner bis zur Weißglut und reize sie so, Aussagen zu machen, die sie normalerweise nicht machen würden, oder die gegen die Regeln der Plattform verstoßen.

Fake-Accounts

Lege Accounts mit Bildern und Namen von Gegnern an. Fange an, bizarre und dumme Sachen zu posten, um Deine Gegner zu diskreditieren und zu demütigen.

Rudeltaktik

Vernetze Dich mit anderen und starte zusammen den Showdown. Bau Dir eine Armee von Sockenpuppen (mehrere parallel betriebene Accounts) auf. Folgt und retweetet Euch untereinander. Der Mensch ist ein Herdentier. Er ist eher gewillt, einer Gruppe von Menschen zu folgen, als einem einzelnen.

Hashtagtrending

1000 Tweets pro Stunde reichen (in Deutschland), um einen Hashtag auf Twitter zum Trenden zu bringen. Gemeinsam entwickelte Hashtags lassen wir so auf Twitter trenden. Dabei reicht es, wenn 20 Leute etwa 50 Tweets pro Stunde raushauen.

Mach Dich nicht angreifbar

Mache keine strafrechtlich relevanten Aussagen und keine Drohungen, die Du nicht einhalten kannst. Drohe nicht mit Gewalt, sondern bring Deinen Gegner dazu, es zu machen.

Antifaschistische Arbeit unterwandern

Die AntiFa braucht dringend „Zweigstellen" in den Reichenvierteln Deutschlands (ihr natürliches Habitat). Wir brauchen z. B. AntiFa Starnberg, AntiFa Timmendorf, AntiFa Grunewald, oder auch eine McDonalds oder Starbucks AntiFa.

Eristische Dialektik

Bei Diskussionen im Internet geht es um das Publikum, nicht darum, Gegner zu überzeugen. Wichtig ist nicht, wer recht hat, sondern wer vom Publikum recht bekommt. Benutze die Kunstgriffe der Eristischen Dialektik.

Der Schwachpunkt

Finde die schwachen Punkte Deines Gegners. Nutze die Informationen in den sozialen Netzen, die Dein Gegner über sich preisgibt. Sollte Dich jemand blockieren, ist das ein großer Sieg. Sammel Blockaden wie Orden. Junge Frauen sind klassische Opfer und ziemlich leicht auseinanderzunehmen.

Bubblepop-Accs

Infiltriere durch unauffällige Accounts ohne Bezüge zur Politik die Filterblasen der durchschnittsbürger. Geh in die Threads von Nachrichtenkanälen und folge den größeren Medienoutlets, verwickel Leute in Diskussionen. Folge random durchschnittsbürgern mit anderen politischen Ansichten.

#MUSSMANWISSEN

Was ist „Eristische Dialektik"?

Virtuelle Armee

Jeder sollte mindestens 2-3 Twitter-Accounts unterhalten. Mach sie ein bisschen individuell und interagiere direkt. Frische Accounts sind erst mal „shadowbanned". Du brauchst ein paar Follower und ein bisschen Aktivität, Likes, Retweets, damit die Tweets indexiert werden und bei den Hashtags zählen.

Was das Handbuch für Medienguerillas seinen „Meme-Soldaten“ zur Durchführung von „Blitzkriegen“ gegen politisch Andersdenkende empfiehlt:

Memetische Kriegsführung

Menschen sprechen stärker auf Bilder an, als auf Text. Wenn Deine Gegner ihr echtes Gesicht als Profilbild haben, photoshoppe es z. B. auf irgendwelche Typen, die XXXX (unkenntlich gemacht). Außerdem sollten wir Memes und Hashtags in der Community entwickeln, die gezielt Wackelkandidaten ansprechen und auf unsere Seite ziehen.

Memetisches Sperrfeuer

Bereite Dir Memes vor: Shoppe Bilder, mach Gifs, Filmchen (immer mit Hashtag).

Bereite Dir Tweets vor: Mach ein Dokument im Schreibprogramm auf und denke Dir Sätze mit dem Hashtag aus, variiere die Sätze, indem Du Wörter tauschst (Openthesaurus.de), Nebensätze veränderst, verwandte Hashtags nutzt usw. Je mehr Du hast, desto besser.

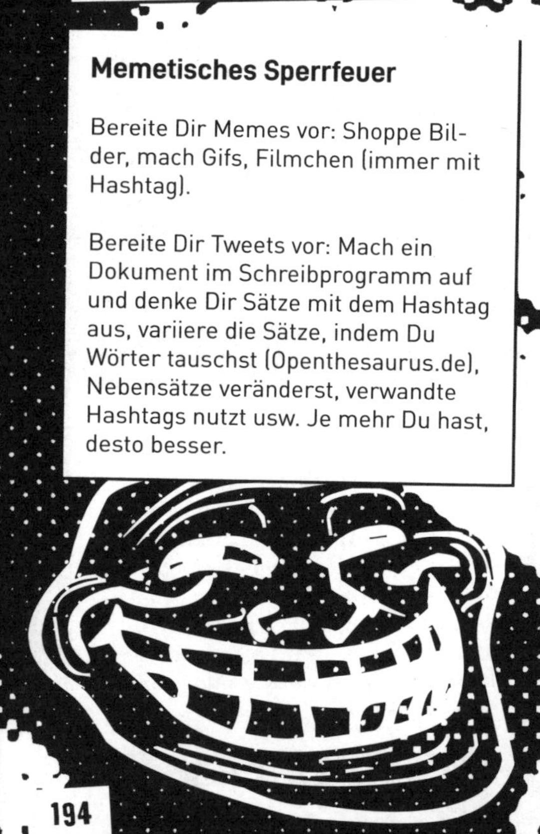

Schalte den Gegner mit den eigenen Waffen aus

Setze die Nazikeule ein und wirf ihnen Rassismus und Antisemitismus vor. Shoppe ihre Gesichter auf Bilder aus dem Dritten Reich.

Führung von vorn

Betreibe Deine Twitter-Accounts parallel, nutze dafür Tweetdeck. Dort kannst Du von einem Masteraccount mehrere Slaveaccounts verwalten. Ein paar Sachen, die zu Sanktionen oder Sperrung führen können: Zu viele (andere) Trending Hashtags im Tweet. Zu oft der gleiche Tweet. Streu immer mal einen Tweet ohne Hashtag rein. Normalerweise kann man aber erst mal einen Tag rummarodieren, bevor die einen sperren.

Ruf zu den Waffen

Auf Alternativplattformen wie Telegram bereiten wir Raids vor. Hierbei geht es um Quantität. Nutze alle Accounts und haue für eine dreiviertel Stunde so viele Tweets wie möglich raus. Informiere Dein Netzwerk (unter abgestimmten Hashtags), wo eine Informationsschlacht stattfindet, und fordere Unterstützung an. Zum Schluss tweete den Hashtag zwei-, drei Mal mit Deinem Hauptacc, um viele Follower zu erreichen.

Das letzte Wort

Habe immer das letzte Wort.

#MUSSMANWISSEN

Verschwörungsgläubige, rechte Gruppen, Parteien, Medien und Demokratiefeind:innen aller Art erstellen und teilen besonders gerne Memes, die eine breite Zustimmung im Netz finden. Logisch, denn Memes, die gerne und häufig geteilt werden, können ziemlich fix die eigene Reichweite steigern und dienen gleichzeitig als Einfallstor in die Filterblasen der User:innen, um sie mit weiteren „Informationen“ zu versorgen.

FIRST RULE:

DO NOT FEED THE (NAZI-)TROLL!

VOM DIGITALEN INS ANALOGE

Stochastischer Terrorismus

Wenn Hass im Netz sich weitestgehend ungestört seinen Weg suchen kann, weil die Grenzen des Sagbaren immer weiter verschoben werden, die Gesellschaft wegschaut, Justizbehörden sich nicht so richtig zuständig fühlen oder den Hass herunterspielen, dann kann das schwerwiegende Folgen haben. Denn Worte können richtig gefährlich werden. Während sich Hassende online gegenseitig aufstacheln, radikalisieren sich mitunter Einzelpersonen, ohne dass ihr Umfeld es mitbekommt. Durch verdrehte Fakten, Lügen und stetig befeuerten Hass, Wut und Verachtung für Personen(-gruppen), wie Frauen, LSBTQI+ oder BIPoC, fühlen sie sich bestätigt und dazu berufen, das „Problem" in der analogen Welt zu lösen und/ oder ein Zeichen zu setzen. Besonders dann, wenn sie das Gefühl haben, unbedingt JETZT etwas tun zu müssen, um die „eigene Gruppe" zu schützen. Das kann dazu führen, dass auch vor Gewalt und terroristischen Taten nicht mehr zurückgeschreckt wird, wie uns Hanau und Halle deutlich gezeigt haben.

♪50

GEZIELTER, AUF BESTIMMTE PERSONENGRUPPEN GERICHTETER HASS IM NETZ MACHT ALSO GEWALTTATEN IN DER ANALOGEN WELT WAHRSCHEINLICHER, AUCH WENN WIR NICHT WISSEN, WER ZUR TAT SCHREITEN WIRD UND WO ES PASSIEREN WIRD.

Die Täter von Hanau und Halle gelten als sogenannte „Einzeltäter", da sie keiner extremistischen Gruppe angehörten. Aber können wir Menschen, die sich in Online-Communities radikalisieren, wirklich als Einzeltäter:innen bezeichnen?
Um Ereignisse dieser Art genauer und besser einordnen zu können, hat das Phänomen einen Namen bekommen:

STOCHASTISCHER TERRORISMUS

Stochastische Terrorist:innnen töten nicht selbst oder üben auf eine andere Art aktiv physische Gewalt aus. Sie manipulieren Menschen und verleiten andere durch ihre Worte dazu, Gewalttaten auszuüben. Die eigene Beteiligung und Verantwortung können sie dabei meistens problemlos abstreiten, da es keine direkte Verbindung zwischen den Gewalttausübenden und ihnen selbst gibt.

Da ihnen keine Absicht nachgewiesen werden kann, ist ihnen auch juristisch meistens nicht beizukommen.

Eine besondere Rolle beim stochastischen Terrorismus spielen die sozialen Netzwerke mit ihren Algorithmen (siehe S.64) und Filterblasen (siehe S. 66). Denn in den Netzwerken treffen sich vor allem Menschen, die ähnlich denken, die sich gegenseitig in ihren Sichtweisen bestärken, das gleiche Verständnis von Dingen haben und dadurch gesendete Botschaften oder (versteckte) Aufforderungen leichter verstehen und sich zu Taten in der analogen Welt hinreißen lassen.

Darum sollten wir als Gesellschaft und vor allem unsere Justiz nicht wegschauen, wenn Hass im Netz gezielt verbreitet wird, egal von wem. Wir sollten stochastische Terrorist:innen entlarven und uns bewusst machen, inwieweit unser gemeinsames Wegschauen und Tolerieren der Intoleranz, von Hass und Hetze Radikalisierungen ermöglicht.

Was Du selbst gegen Hass im Netz machen kannst, liest Du auf S. 328.

Quelle:
https://taz.de/Umgang-mit-rechter-Gewalt/!5786356/
www.deutschlandfunkkultur.de/stochastischer-terror-100.html

RECHTE RHETORIK

und populistische Tricks

In den sozialen Netzwerken begegnen sie uns überall: fiese populistische Tricks, mit denen uns rechte Narrative als Freiheitskampf, rassistische Weltbilder als Ausbruch aus der „Political Correctness“ (siehe S. 100), Menschenrechte als diktatorisch und Widerspruch als „Zensur“ verkauft werden. Ein sachlicher und respektvoller, faktenbasierter Austausch soll unterdrückt und unmöglich gemacht werden. Gleichzeitig wenden die Grenzen des Sagbaren immer weiter nach rechts verschoben.

Aber wie gehst Du am besten damit um und wie kannst Du kontern?

THEMENHOPPING UND DERAILING

Kaum reagierst Du auf eine Aussage, lieferst Fakten und Kontexte, kommt Dein Gegenüber mit dem nächsten Thema, ohne auf Deine Aussagen einzugehen.

Ansatz:

Bleib beim Thema und benenne die Strategie. So können auch Mitlesende daraus lernen und Du kommst von der Reaktion in die Aktion.

DER MITTE-RASSISMUS

Der Standardsatzanfang „Ich bin kein Nazi, aber…“, daraufhin kann nichts Gescheites folgen, genauso wenig, wie nach „Man wird ja wohl noch sagen dürfen …“. Dein Gegenüber möchte gerne etwas Menschenfeindliches sagen, aber nicht als Rassist dastehen.

Ansatz:

Mach deutlich, warum die Aussage rassistisch, diskriminierend oder verallgemeinernd ist.

WHATABOUTISM

Unter einem Beitrag zu einem rechtsextremen Übergriff auf eine Muslimin fängt Dein Gegenüber seinen Satz mit „Aber die Linken…“ an, um das eigentliche Thema zu relativieren.

Ansatz:

Bleib beim Thema und zeig den fehlenden Zusammenhang auf.

Quelle: www.belltower.news/rechtspopulistische-gespraechsstrategien-eine-uebersicht-41674

PSEUDOWISSENSCHAFT UND FALSCHE FAKTEN

Studien und Fakten werden genannt, um rassistische Aussagen zu „beweisen", aber Quellennachweise fehlen.

Ansatz:

Frag nach Quellen, überprüfe sie und sag, was an ihnen unstimmig oder unwissenschaftlich ist.

DIE ALLES-POLITISIERUNG

Du freust Dich über Dein neues Handy und jemand antwortet, dass „wir" uns alles hart erarbeiten müssen, während „die Flüchtlinge" immer die neuesten Modelle geschenkt bekommen.

Ansatz:

Benenne klar, was es ist: Rassismus, Desinformation, Fake News, und geh zum Ausgangsthema zurück.

KONSTRUIERTE ZENSURVORWÜRFE

Die Grenzen des Sagbaren werden ausgiebig getestet und Behauptungen am laufenden Band aufgestellt, provoziert, bis die Konsequenz (Sperrung, Block, Distanzierung, Ausladung, Rauswurf) folgt. Daraufhin ist das Gejammer groß und Dir wird Zensur vorgeworfen.

Ansatz:

Begründe kurz und sachlich Deine Reaktion, gebe Provozierenden aber nicht mehr Bühne als unbedingt notwendig.

PROPAGANDA-STORM

Unter zahlreichen Kommentaren wird der gleiche Beitrag in Copy-Paste-Manier gepostet oder Du wirst mit Links zugespamt.

Ansatz:

Frag nach, um Dein Gegenüber zu entlarven, und bleib ansonsten bei der Maxime: Don't feed the troll.

OPFER UND HELD:INNEN

Dein Gegenüber macht die klassische Opferrolle, nimmt die „mutige" Heldenposition ein, aus der heraus sich getraut wird, die „Wahrheit" zu sagen, gibt sich als wahre:r Nazihunter aus, der in Deiner Widerrede Nazimethoden erkennt oder als Hüterin der Meinungsfreiheit.

Ansatz:

Erkläre, was Meinungsfreiheit und Demokratie (siehe erstes Kapitel) sind und was es mit Meinungsvielfalt und Counter Speech (siehe S. 312) auf sich hat.

DER NACHBAR MEINER SCHWÄGERIN

Dein Gegenüber behauptet „das selbst erlebt" zu haben, oder kennt jemanden, der jemanden kennt, der das gesehen hat.

Ansatz:

Frag nach Kontexten, ob es Anzeigen gab, Polizeiberichte etc., und überprüfe die Behauptungen.

LACHEN MIT NAZIS?

„Das ist doch Satire!“ „Ironie“

Demokratiefeind:innen aller Art treffen vor allem in den sozialen Netzwerken gerne Aussagen und „flotte Sprüche“, die sie als Satire labeln. Das hat System. Denn durch „überspitzte“, „humorvolle“ Aussagen und „kleine Lacher“ werden Äußerungen nicht nur weniger angreifbar, sondern verschieben auch die Grenzen des Sagbaren, was wichtig ist, um Hemmschwellen zu senken und diskriminierende Aussagen massentauglich zu machen.

Solch angeblich „lustig“ gemeinten Äußerungen sind zudem meistens Reichweitengaranten. Sie werden schneller und unüberlegter geteilt und erreichen dadurch auch Menschen, die bisher kaum Berührungspunkte mit demokratiefeindlichen oder menschenverachtenden Weltanschauungen hatten. Optimal also, um neue Anhänger:innen anzuwerben.

ABER WAS IST SATIRE GENAU?

Schreib es auf.

Satire ist

Quellen:
https://de.wikipedia.org/wiki/Satire
www.nd-aktuell.de/artikel/997747.nazis-sind-nie-witzig.html

♪51

SATIRE:

... ist eine Kunstform der deutlichen Über- oder Untertreibung.

... kritisiert vorherrschende Gegebenheiten meistens von „unten“ (Gesellschaft) nach „oben“ (Herrschenden), um eine Verbesserung zu erzielen.

... kann ziemlich wehtun, indem sie ziemlich überspitzte, harte, aber treffende Kritik übt.

... wird durch Ironie, Spott und Sarkasmus ausgedrückt.

GIBT ES NAZISATIRE?

Überlegung 1

WER LACHT ÜBER RASSISTISCHE JOKES?

Menschen, die Rassismus irgendwie ok finden, deren Weltbild es erlaubt, über Diskriminierungen und Stigmatisierungen zu lachen, und die die aufgegriffenen Vorurteile bereits in sich tragen.

Überlegung 2

GEGEN WEN RICHTET SICH RECHTE SATIRE?

Satire stellt eigentlich Machtverhältnisse infrage, leistet Herrschaftskritik, stellt sich an die Seite der Schwächeren und gegen Mächtige, Regierung oder gesellschaftliche Missstände.

„Rechte Satire“ richtet sich aber gegen Schwächere und gesellschaftliche Minderheiten. Damit stellt sie sich auf die Seite der „Mächtigen“ und widerspricht einem der Grundprinzipien von Satire.

Überlegung 3

WIE SIEHT ES MIT DER WAHRHEIT AUS?

Satire greift Dinge auf und spitzt sie zu, bis die dahinterliegende Wahrheit deutlich wird. „Rechte Satire“ hingegen benutzt Lügen, bläst Unwahrheiten auf und dient vor allem eigenen Interessen.

Es gibt rassistische Witze.
Es gibt menschenverachtenden Humor.
Es gibt „humorvoll“ verpackte Hetze.
Das mögen Rassist:innen lustig finden,
aber Satire ist es nicht.

DEUTSCHLAND Aber normal![1]

Antisemitische Karikaturen aus der Zeit des Nationalsozialismus bedienten sich an Stereotypen und Vorurteilen, die Menschen abwerten sollten, entmenschlichenden Darstellungen und Angst einflößenden Bedrohungsszenarien.

Davon hat sich offenbar die AfD-Fraktion NRW inspirieren lassen und sich etwas ganz Besonderes für die allerjüngsten Teilnehmenden eines Bürgerdialogs in Krefeld ausgedacht:

GANZ NORMALES MALBUCH DER AFD:

Ein kreatives Malbuch mit dem Titel „Nordrhein-Westfalen zum Ausmalen". Gespickt mit „originellen" rassistischen Klischees, „knuddeligen" Stereotypen und „funky" Vorurteilen, können sich die kleinen Racker:innen so richtig im braunen Biotop der Aufrechtdeutschen austoben und Schwarze Männer mit Knochen in krausen Haaren, die Frauen im Schwimmbad bedrängen, ausmalen.

„Lustige" Überschriften wie „Wir baden das aus" runden das kleine, perfide Werk ab.

Dabei wird den Kids sicherlich nicht so schnell langweilig werden, denn es gibt noch viele weitere Seiten. Da fällt ihnen die Entscheidung bestimmt schwer, ob sie zuerst Männer mit Turban und Säbeln in den Händen, vollverschleierte Frauen auf fliegenden Teppichen oder kopftuchtragende Frauen, die von einer Horde von Kindern umgeben sind, ausmalen wollen.

Dumm nur, dass der Staatsschutz die Idee mit dem Malbuch nicht ganz so amüsant fand und wegen Volksverhetzung ermittelte, nachdem das Buch von „Linksextremisten der Antifa" entdeckt wurde, die es über Twitter publik machten.

Die AfD berief sich auf Satire (eine Strategie, um Unsagbares sagbar und Rassismus gesellschaftstauglich zu machen, siehe vorherige Seite) und gab an, dass es sich bei dem Buch lediglich um einen „Kunstband mit satirischen Skizzen zur Lage des Landes" handele.

Kritik an ihrem Malbuch sehen sie als einen „absurden Angriff auf die Satirefreiheit". Auch seien keine Schwarzen mit Knochen im Haar abgebildet, sondern „Mitteleuropäerinnen mit Badekappen". AfD-Fraktionsvorsitzender Markus Wagner: „Wenn Antifa-Extremisten die Kunstfreiheit angreifen, kann es nur eine Antwort geben: Wir erhöhen die Auflage!"

Quelle: www.spiegel.de/politik/deutschland/afd-nordrhein-westfalen-rassistisches-malbuch-als-rekrutierungsstrategie-a-992fb999-535c-40c7-ab4f-472457267d78-amp?

GANZ NORMALER GRUSS AN DIE AFD:

Male aus.

♪52

ANGST MACHEN

Angstmachen, eine sehr beliebte Strategie vor allem rechter Politiker:innen, Parteien, Online-Aktivist:innen, überzeugter Rechtsextremer und deren Mitlaufenden. Dabei sind sie sehr kreativ, was ihre Methoden angeht:

Direkte und offene Bedrohungen und Übergriffe in den Kommentarspalten, Angsteinflößende E-Mails, in denen der Tod oder sexualisierte Gewalt in allen Formen gewünscht werden, das Veröffentlichen von privaten Informationen, wie Adressen, Fotos oder Namen (Doxxing), oder das öffentliche Ausrufen von Kopfgeldern, gewalttätige Angriffe im öffentlichen Raum, Vandalismus und Sachbeschädigung. Besonders beliebte Ziele dabei sind junge Frauen.

Während sich vor allem Onlinenazis nicht scheuen, explizit zu Gewalt aufzurufen und so ein Bedrohungsszenario zu schaffen, das einschüchtern soll, drohen Parteien wie die AfD oder die Freien Sachsen meistens unterschwelliger. Sie gründen Meldeportale, erheben Anklagen gegen linke Akteur:innen mit extrem hohem Streitwert, binden Zeit und Geld von Organisationen durch gezielte „Anfragen" in Parlamenten und bei Mittelgebern, reden Einrichtungen oder Personen schlecht oder unterstützen Fackelmärsche, die auch mal vor Häusern unliebsamer Politiker:innen oder anderen engagierten Menschen enden.

So richtete die AfD vor einiger Zeit in mehreren Bundesländern Beschwerdestellen in Form von Meldeportalen unter dem Titel „Neutrale Schule" ein. Schüler:innen und Eltern konnten hier Lehrkräfte melden, die die AfD kritisieren oder über recht(sextrem)e Aktivitäten informieren. Dabei sollten Angaben zur Schule, vollständige Namen der Lehrkräfte und eine Beschreibung des „Vergehens" gemacht werden. Die AfD versuchte dem Ganzen einen offiziellen Anstrich zu geben und behauptete, es gäbe ein Neutralitätsgebot, das vor allem „linke" Lehrkräfte nicht einzuhalten bereit sind und aus diesem Grund bestraft oder entlassen werden sollten. Ein Neutralitätsgebot, wie es die AfD auslegt, gibt es jedoch gar nicht (siehe S. 359).

Aber nicht nur Lehrkräfte sind rechten Parteien ein Dorn im Auge. Auch Organisationen, die sich für Antifaschismus und Vielfalt engagieren, Kulturzentren und Medien (vor allem die öffentlich-rechtlichen) sollen sich „gut überlegen", was sie sagen, veröffentlichen oder veranstalten.

♪53

Das Ziel ist immer gleich: Jegliches Engagement gegen die eigene Welteinstellung soll direkt im Keim erstickt werden. Dabei wollen sie nicht nur diejenigen einschüchtern, die sie angreifen, sondern auch alle, die es mitbekommen, die zuschauen und mitlesen oder selbst aktiv sind.

Nicht selten haben sie damit auch Erfolg. Denn auch unterschwellige Bedrohungen können Angst auslösen, einschüchtern und ziemlich gravierende Konsequenzen haben. So werden Lehrkräfte seit der Einrichtung der Meldestellen vermehrt von Eltern unter Druck gesetzt oder bedroht, Politiker:innen finden Mordaufrufe in ihren Briefkästen, nachdem Demonstrierende gezielt bis vor ihre Haustür geführt wurden, Journalist:innen werden angegriffen und Menschen werden auf der Straße abgefangen, nachdem ihre Adressen veröffentlicht wurden.

Quellen:
www.migazin.de/2022/05/22/studie-massive-bedrohung-antirassistischer-zivilgesellschaft/
www.zeit.de/campus/2019-12/neutralitaet-schulen-politik-lehrer-parteien

Benjamin Luthardt (AfD)
Facebook-Kommentar 2020

Sabine ******, hoffentlich werden Sie auch mal von Ausländer ver****, mal sehen wie Sie dann denken.

https://www.facebook.com/112784955679/posts/10158259802995680/

Was Du dagegen tun kannst?

- **Schau nicht weg und lass Dich nicht einschüchtern.**
- **Mache andere auf die Bedrohung (und ggf. das Ziel dahinter) aufmerksam und zeig Dich solidarisch!**
- **Egal ob auf der Straße oder im Netz, ob es Dich betrifft oder andere!**

Anonyme Nachricht an

@Christine Lambrecht (SPD)

Du dreckige Hure ! ich komme zwar aus der Schweiz... doch ssi Dir bewusst... köpfe wie Deinen... werden wir (Das Volk) euer Volk... sich hohlen ! Wie tief muss man sinken ?! Hast Du Kinder ? die spucken Dir hoffentlich ins Gesicht! Deine Eltern ?! bezeichnen Dich als Abschaum..und Du fragst Dich wirklich noch wieso ?! ich freue mich auf den Tag an dem Du nicht mehr getraust Deine Wohnung zu verlassen ! Ich freue mich aber noch mehr über die nachricht dass Dein Körper verstümmelt wurde !!! Wie kann Dreck wie Du es bist...denken Du hättest irgend welche Autorität ? wie ?! Wart nur Christine ! Auch Du kommst noch auf die Welt! Zum Glück gibt es schon Organisationen die Planen Dich aus dem Verkehr zu ziehen. (Keine GuteZweck Organisation) logischerweise. Dein Recht auf Leben hast Du Dir gestern selbst genommen ! wie dumm muss man sein Frau Lambrecht ?! wussten sie nicht dass kniescheibenschiessen nicht beim eigenen Bein funktioniett ? auch egal... Gerechtigkeit kommt und Du wirst hängen Freu Dich auf den Tag ! (ps: Deine familie wird sich das bestimmt mit freude ansehen) Familienmitglieder kann man nicht wählen.-Man nimmt was man kriegt. und sommit hatt Deine Familie in Dreck gebissen' Menschen wie Du sind zum Kotzen und will keiner Lebend sehen. Dein Deutsches Volk wird Dir noch zum Verhängniss werden Mädchen Freu Dich auf den Tag Ps: auch das hitler regime hat mann mit blei vollgepumpt und aufgeknüpft. sei Dir also bewusst was auf Dich zukommt ! schmerz und hass wird noch das schöne sein. spätestens wenn die Schlaufe enger wird am Hals...spätestens dann wirst Du merken was für Haufen Abschaum Du warst für Deine Mitmenschen !

AfD Fraktion Hochtaunuskreis

August 2018

Zu Beginn einer Revolution haben die Staatsberichterstatter noch die Chance sich vom System abzuwenden und die Wahrheit zu berichten!
Bei uns bekannten Revolutionen wurden irgendwann die Funkhäuser sowie ie Presseverlage gestürmt und die Mitarbeiter auf die Straße gezerrt. Darüber sollten die Medienvertreter hierzulande einmal nachdenken, denn wenn die Stimmung endgültig kippt ist es zu spät!

https://www.facebook.com/430607217148325
posts/888724714669904

Swen S***

Kommentar auf Facebook

Kann die nicht mal einer vögeln damit die klar denken kann !!!!!?????

Jens F********

Kommentar auf Facebook

Kann ein Amokläufer nicht einfach dieses Kind abknallen

Anonyme Nachricht an
@R****** FM

D***** S****** Du dreckiger Hurensohn Dich und Dein Team wird das lachen noch vergehen. Ihr wollt links sein oder Antifa? Ihr seit Schmutz und das mache ich bald öffentlich. Ich weiss daß Du auch hinter HoGeSaBau steckst. Fotos von Dir und Deinem Team ab ich auch schon und Du wirst dann nicht mehr sicher sein. Ich war auch schon bei Dir vor Dein Buro und irgendwann siech ich Dich ab und ritze Dir ein Hakenkreuz in die Stirn Du wiederliches Stück Antita Scheiß dann ist Schluß mit R****** FM oder Du löscht alle Deine Inhalte und entschuldigt Dich bei allen Germanen und Patrioten. Du hast bis 1.12.20 Zeit. Letzte change zu handeln Du Bastart.

Vernichtende wünsche AntiAntifa Germanen Berlin Sieg Heil

AfD Hamburg startet
ONLINE-PORTAL „NEUTRALE SCHULEN"

Alexander Wolf, schulpolitische Sprecher AfD-Fraktion HH, sagte zur Einrichtung des Portals: „Seit Jahren gibt es linke Ideologieprogramme an Hamburger Schulen. Immer wieder setzen Lehrer die politische Bildung einseitig mit dem Kampf gegen Andersdenkende gleich."

Auf dem neuen Portal können Lehrkräfte anonym gemeldet werden.

Zitat: ttps://www.facebook.com/AfD.KV.Bodenseekreis/posts/pfbid023YGYvo6Tofmc-GhsiGPvVy9w2WYwYLMB9tepjNGHSyrEgrNCRhknCZsrR34JiH33Fl

Wurdest Du schon mal bedroht? .... JA NÖ

Was hast Du in dem Moment gemacht?

....

Wer oder was hat Dir geholfen?

....

Welche Hilfe oder Unterstützung hättest Du Dir in dem Moment gewünscht?

....

ÜBER DIE ANGST

Angst ist ein beklemmendes, total natürliches Gefühl des Bedrohtseins, es kann sogar (über-)lebenswichtig sein. Ohne Angst hätten die Menschen früher kaum überleben können, denn sie warnt und schützt vor Gefahren. Mitunter kann uns das Gefühl von Angst sogar leistungsfähiger machen. Sie lässt uns schneller rennen und Schmerzen und körperliche Anstrengungen besser aushalten.

Aber Angst kann auch abstrakt sein, auf Desinformation beruhen und handlungsunfähig oder aktionistisch machen. Sie kann gezielt und in manipulativer Absicht gesät und befeuert werden, so wie es rechte Parteien und Verschwörungserzählende zu tun pflegen, wenn sie agitieren (= aufwiegeln, Unruhe stiften) und polarisieren.

Genau darum benutzen sie in ihren Beiträgen und Reden gerne Begriffe aus dem Naturkatastrophenrepertoire. Durch eine Entmenschlichung wollen sie ganz gezielt Mitgefühl unterbinden und Ängste befeuern. Naturkatastrophen geben uns ein Gefühl der Machtlosigkeit und existenziellen Bedrohung, das durch die Wortwahl auf Menschengruppen übertragen wird. Wir werden durch Massen überflutet, von Lawinen oder Wellen überrollt, durch einen Strom mitgerissen, sind ausgeliefert.

Flüchtlings **WELLE**

Migranten **STROM**

Asylanten **FLUT**

Wenn die Realität zu wenig hergibt, das sich zum Angsteinjagen eignet, dann bedienen sich die Manipulierenden gern auch an „gefühlten Wahrheiten“ oder „alternativen Fakten“ (siehe S. 80).

An die Stelle belegbarer Fakten mit wissenschaftlichen Nachweisen treten dann Behauptungen von Dingen, die „ja so sein könnten“, und erzeugen ein Gefühl von Angst und Ohnmacht vor einer letztlich komplett ausgedachten, konstruierten Bedrohung durch „die da oben“, einem eventuellen Statusverlust oder einem möglichen sozialen Abstieg.

#MUSSMANWISSEN

Noch mehr Angstbegriffe und die Strategie dahinter:
www.zeit.de/kultur/2019-10/afd-rhetorik-wortschoepfungen-rechtspopulismus-linguistik/

Quelle:
www.idz-jena.de/fileadmin/user_upload/PDFS_WsD2/Rechtspopulistische_Einstellungen.pdf

„Es geht hierbei also immer auch um die Angst vor dem Verlust von Status, den man über die Mitgliedschaft zu einer bislang privilegierten, sozialen Gruppe erhält. Und genau hier ist das Einfallstor für den Rechtspopulismus. Er holt Menschen ab, denen es finanziell nicht gut geht oder die Angst vor dem sozialen Abstieg haben, redet ihnen ein, sie seien kollektiv im Vergleich zu anderen schwachen Gruppen schlechter gestellt, heizt Gefühle der Bedrohung an und lenkt diese auf einfache Sündenböcke, wie beispielsweise Muslim_innen, Eingewanderte und Geflüchtete, aber auch alle anderen, die in der modernen Welt den Anspruch erheben, auf gleicher Augenhöhe mitzumachen.“

Beate Küpper, „Rechtspopulistische Einstellungen in Ost- und Westdeutschland“

Quelle:
Öffentliche Social-media-Posts der AfD.

HÖCKES KLEINES ANGSTLABOR

Da kann einem ja angst und bange werden, wenn man der Rede von Björn Höcke (Thüringer AfD-Chef) auf der Versammlung der „Jungen Alternativen" am 17. 01. 2017 in Dresden zuhört.

Finde alle Angstszenarien, die er verbreitet, und unterstreiche sie.

„Es kann ja gar kein Zweifel daran bestehen, dass wir ein Vierteljahrhundert nach dem Fall der Mauer wieder in einer politischen Wendezeit angekommen sind. Die führenden Altparteien-Politiker sind zu erbärmlichen Apparatschiks geworden, die nur noch ihre Pfründe verteilen wollen. Weder ihr erstarrter Habitus noch ihre floskelhafte Phraseologie unterscheidet Angela Merkel von Erich Honecker.

Ich sage es in aller Deutlichkeit: Diese Regierung ist keine Regierung mehr, diese Regierung ist zu einem Regime mutiert! Sie ist unfähig und vor allen Dingen, so schaut es doch aus, unwillig, die von ihr aufgetürmten Problemhalden wieder abzutragen. Und diese Problemhalden, liebe Freunde, die sind gewaltig. Meine Vorredner haben schon auf viele dieser Problemhalden hingewiesen. Aber ich halte es hier und heute nochmal für notwendig, diese Problemhalden in der entsprechenden Breite und Höhe zu beschreiben.

Liebe Freunde, um das ganze Ausmaß der Katastrophe nochmal vor Augen zu führen, in der sich unser Staat befindet, müssen wir erkennen: Unser einst intakter Staat befindet sich in Auflösung, seine Außengrenzen werden nicht mehr geschützt, er kann die innere Sicherheit nicht mehr garantieren, das Gewaltmonopol erodiert zusehends durch Inkaufnahme rechtsfreier Räume und der allgemeine Rechtsverfall schreitet voran. Unsere einst geachtete Armee ist von einem Instrument der Landesverteidigung zu einer durchgegenderten multikulturalisierten Eingreiftruppe im Dienste der USA verkommen.

Unsere einst hoch geschätzte Kultur droht nach einer umfassenden Amerikanisierung nun in einer multikulturellen Beliebigkeit unterzugehen. Unser einst bewährtes Bildungssystem wurde in den letzten Jahrzehnten, und ich sage das in aller Deutlichkeit, bewusst kaputtreformiert.

Unser liebes Volk ist in seiner Existenz unmittelbar bedroht. Unsere einst stolzen Städte verwahrlosen immer mehr und sind Brutstätten von Kriminalität und Gewalt und leider oftmals Heimstätte von radikalen Islamisten. Unser einst fruchtbares Land verliert seine Bewohner, verödet aufgrund einer desaströsen und völlig falsch angelegten Strukturpolitik. Unsere einst schöne Heimat wird zusehends durch hässliche Bauten, Windräder und eine chaotische Besiedlung verunstaltet. Unsere einst kraftvolle Wirtschaft ist nur noch ein Wrack, neoliberal ausgezehrt. Unser einst beneideter, unser einst weltweit beneideter sozialer Friede ist durch den steigenden Missbrauch und die Aufgabe der national begrenzten Solidargemeinschaft sowie durch den Import fremder Völkerschaften und die zwangsläufigen Konflikte existenziell gefährdet.

Liebe Freunde, und unser liebes Volk ist im inneren tief gespalten und durch den Geburtenrückgang sowie die Masseneinwanderung, erst mals in seiner Existenz tatsächlich elementar bedroht.

Liebe Freunde, das ist die furchtbare Lage dieses Landes, das ist die furchtbare Lage dieses Volkes im Jahre 2017. Und ich habe für diese Lage, die schon so oft beschrieben worden ist, und ich musste es nochmal in dieser notwendigen Vollständigkeit tun, ich habe für diese Lage schon des öfteren ein Bild verwendet, und ich habe bis heute kein besseres Bild gefunden. Die alten Kräfte, also die Altparteien, aber nicht nur die Altparteien, auch die Gewerkschaften , vor allen Dingen auch die Angstkirchen, und die immer schneller wachsende Sozialindustrie, die an dieser perversen Politik auch noch prächtig verdient; diese alten Kräfte, die ich gerade genannt habe, sie lösen unser liebes deutsches Vaterland auf wie ein Stück Seife unter einem lauwarmen Wasserstrahl. Aber wir, liebe Freunde, wir Patrioten werden diesen Wasserstrahl jetzt zudrehen, wir werden uns unser Deutschland Stück für Stück zurückholen!

Liebe Freunde, ich habe es immer wieder betont, ich habe es immer wieder gepredigt, und ich tu es auch heute wiederum, weil es so wichtig ist: Die AfD ist die letzte evolutionäre, sie ist die letzte friedliche Chance für unser Vaterland."

HÖCKES KLEINES ANGSTLABOR

Na das hat sich ja gelohnt!

Trage alle angstmachenden Szenarien hier ein und kreuze an.

Angstszenario

♪54

Gibt es für diese Angst einen Fachbegriff? Finde es heraus. Andernfalls denke Dir einen aus und trage ihn hier ein.

Davor habe ich	gar keine	etwas	große	Angst.

KEINE ANGST

Wir alle begegnen immer häufiger „besorgten Bürger:innen", Verschwörungspredigenden und „Querdenkenden", die sich mit Rechtsextremen gemein machen, rumpöbeln und Andersdenkende bedrohen, Ängste schüren und im Netz und auf der Straße Bedrohungsszenarien aufbauen. Viele Menschen, die Aufklärung und Gegenrede leisten, sind mittlerweile fast täglich Hass und Hetze ausgesetzt und manchmal kurz davor, an den Angriffen zu verzweifeln.

Es braucht Mut und Kraft, um weiterzumachen und nicht aufzugeben, um die Situation nicht einfach hinzunehmen und lauten Menschenfeinden die Meinungs- und Deutungshoheit zu überlassen. Musik und Gemeinschaft können uns genau das geben. So entstand die Idee für ein Songprojekt mit zahlreichen Künstler:innen, Aktivist:innen und Menschen, die ein klares Statement setzen und Kraft geben wollen:

Habt keine Angst, den Mund aufzumachen!

#KeineAngst

Ein Song für Kämpfer:innen, Engagierte und Verunsicherte, der Mut macht und dabei so unmissverständlich ist, dass alle ihn verstehen und mitsingen können.

♪55

Alle beteiligten Musiker:innen schrieben und sangen dabei ihre eigenen Texte zu einem von den Hooligans gegen Satzbau und Olli Bockmist (Komponist, Produzent, Musiker) entwickelten Songgerüst ein.

Musik: Olli Bockmist, Chris Altmann
Mix & Mastering: Florian Hering
Text: Olli Bockmist, HoGeSatzbau, Jan Plewka (Selig), Vito C. (J.B.O.), Tiger Lilly Marleen (Bonsai Kitten), Max Buskohl, Band ohne Anspruch, Julia Gámez Martín (Suchtpotenzial), Eugen Balanskat (Die Skeptiker), Kai Lüftner, Bluthund, Banda Internationale und Elfmorgen

KEINE ANGST

HoGeSatzbau & Freunde „Keine Angst"
Musik: Olli Bockmist, Chris Altmann

KEINE ANGST

#MUSSMANWISSEN

Der komplette Gewinn des Songs wurde an Exit-Deutschland, das Aussteigerprogramm für Neonazis, gespendet.

Zusätzlichen Support erhielt der Song im dazugehörigen Musik-Video u. a. durch über 120 Fans der „Hooligans gegen Satzbau", Farin Urlaub und Bela B. von Die Ärzte, Klaas Heufer-Umlauf, Ole Plogstedt, Radikale Töchter, Uli Sailor (Tusq, Terrorgruppe), Stephan Anpalagan, Tom Laschyk (Volksverpetzer), Giulia Silberberger (Goldener Aluhut), Ali Can, u.v.a., die ihre Videoschnipsel für das Musikvideo beisteuerten.

KEINE ANGST

WER EINSCHLÄFT, WIRD ANGEMALT!

Schnapp Dir einen Stift und los geht's.

#MUSSMANWISSEN

Die Verbreitung von Porträtdarstellungen Adolf Hitlers in rechtsextremen Kontexten ist nach § 86a StGB strafbar. Dabei hängt die Strafbarkeit nicht davon ab, dass eine verfassungsfeindliche Absicht nachgewiesen werden kann.

56

DIE GROSSE VER-SCHWÖ-RUNG

Was mir zum Thema einfällt:

SPAZIERGÄNGE DER ICH-BIN-KEIN-NAZI-ABERS

Der Trend schlechthin: Spazieren gehen! Unschuldig, harmlos und so rebellisch! Selbst in den kleinsten Ortschaften floriert diese Art der Protestmärsche. Alle sind dabei: die Frau vom Metzger, Onkel Hans-Peter, Karin von nebenan, Kevin, Murat und der Typ aus der Bank ebenfalls.

Da kann man schon mal stutzig werden:

Wenn sich sogar Hans-Peter und Karin anschließen, dann ist ja vielleicht wirklich etwas faul! Was ist, wenn die „Spaziergänger:innen" recht haben!? Ein Neonazi-Aufmarsch kann das doch kaum sein, oder?!

Wie die Schafe laufen bei sogenannten „spontanen" Spaziergängen zahlreiche unzufriedene, verärgerte, verunsicherte Menschen mit lautstarken recht(sextrem)en Akteur:innen mit, hinter oder neben ihnen her.

„Hier sollen Nazis sein? Ich weiß von nichts, hab nichts gehört oder gesehen."

Dabei ist wenig an den Spaziergängen der Coronamaßnahmenkritiker:innen, BRD-Leugner:innen oder Putinversteher:innen hierarchielos oder spontan. Es sind durchorchestrierte Veranstaltungen von Reichsbürger:innen und Rechtsextremen, die nicht nur die ideologische Ausrichtung (gegen das System, gegen die Öffentlich-Rechtlichen, gegen „Die da oben"...) vorgeben, sondern auch, welche Demos zentral beworben werden, wer, wo und wie angesprochen wird und wer ganz vorne mitläuft. Sie wollen den Anschein erwecken, es würde sich um eine sogenannte Graswurzelbewegung handeln, eine spontane Bewegung aus der Unzufriedenheit der Gesellschaft heraus. Reine Strategie.

Kann man das wirklich übersehen? Nun ja, es ist komplizierter geworden. Während in den 90er-Jahren viele Neonazis recht einfach zu erkennen waren, wenn sie mit Springerstiefeln, Bomberjacke und Glatze durch die Gegend liefen, lassen sie sich heute optisch oft kaum vom durchschnittlichen „Normalo" unterscheiden: Tunnel in den Ohren, gefärbte Haare, High Waist Skinny Jeans oder Anzug, Hoodies und Trachten, Kleidchen, Baggies oder Sneaker (siehe auch S.186).

Quelle:
www.bosch-stiftung.de/de/news/wissenschaft-im-corona-jahr-zwischen-vertrauen-und-skepsis

Wie Du erkennen kannst, ob ein Neonazi neben Dir läuft:

♪57

1 Nazis sagen Nazidinge und ihr Repertoire ist nicht sonderlich groß. Sie schüren Ängste, reden von „Heimatschutz" oder „Ethnopluralismus", sprechen von Freiheit, Patriotismus, Stolz und Zusammenhalt, sind gegen das „System", wollen die Presse kontrollieren und müssen sich gegen unzählige Gefahren wie heimliche Eliten oder eine drohende Diktatur „zur Wehr setzen" – „Defend Europe!", zur Not mit allen Mitteln.

2 Nazis sind Rudeltiere und selten alleine unterwegs. Sie geben sich kreative „Gruppennamen" mit „Patrioten", „Frei" oder „Alternativ", tragen gerne „Partnershirts" mit Buchstaben- oder Zahlencodes (siehe S. 185) und Banner, die o.g. Begriffe aufgreifen.

3 Nazis lieben Wölfe. Bereits Hitler hatte eine Vorliebe für diese Tiere, und noch heute nutzen viele Rechte Aussagen mit Wolfbezug. Achte bei der nächsten Rede mal drauf.

4 Nazis tragen Nazikleidung. Natürlich nicht alle, wer aber Kleidungsstücke der Modelabel von S. 186 trägt, der trägt seine rechte Gesinnung stolz vor sich her.

5 Nazi-Hipster (siehe S. 160) stellen sich bei Demos meist ganz nach vorne, denn das Plakat zu Beginn einer Demonstration bekommt medial am meisten Aufmerksamkeit. Schau nach, wem Du buchstäblich hinterherläufst.

6 Nazis mischen sich unter die Leute. Sie laufen neben dir, quatschen Dich an, solidarisieren sich mit Dir, vor allem wenn Du Dich mit Polizei oder Presse anlegst, und erzählen nebenher, was wirklich „Fakt" ist, was „keiner weiß" oder „wer die Strippen zieht".

7 Nazis wollen entscheiden, wer, wann, was sagen, schreiben und machen darf. Sie möchten Nicht-Nazis zum Schweigen bringen und ihnen ihre Daseinsberechtigung absprechen.

8 Nazis leugnen oder relativieren den Holocaust. Neben der Leugnung (= strafbar) ist vor allem das „Vergessenlassen" des Holocaust („Vogelschiss in der Geschichte") oder auch der Missbrauch von Symbolen wie dem Judenstern (z. B. um sich wie die Querdenkenden zum verfolgten Opfer zu machen) eine gängige Nazimethode. Warum? Na, wenn wir alle ein bisschen vergessen, was war, oder wir anfangen, die Geschichte neu zu deuten, finden wir es als Gesellschaft vielleicht irgendwann ganz okay, mit Nazis mitzulaufen und einer Meinung zu sein.

SUCHBILD

Huch, was ist denn hier los? Im Getümmel haben sich hippe Neonazis eingeschleust. Finde die Hinweise, die sie als diejenigen entlarven, die sie nicht sein wollen.

58

Rechtsextreme Symbole auf Anti Corona Demos erkennen, fink.hamburg

Ist eine Demonstration eine Nazidemo, nur weil Neonazis der gleichen Meinung sind und Dein Anliegen unterstützen?

Ja. Demonstrationen, an denen Rechtsextreme teilnehmen, egal ob unterwandert oder von Anfang an beteiligt, sind oder werden zu Neonazi-Demonstrationen. Denn Rechtsextreme manipulieren Meinungen, sie benutzen Demos, um ihre Ideologien medienwirksam zu verbreiten und alle Mitlaufenden als Statist:innen in ihrem kleinen Kammerspiel zu benutzen. Der Hauptgrund, warum sie an der Demo teilnehmen, ist meist weniger das Anliegen, sondern der Missbrauch der Teilnehmenden für ihre Zwecke.

Gibt es nur Schwarz-Weiß und kannst Du niemals mit einem Nazi einer Meinung sein?

Nun ja, das kommt darauf an. Wenn es um Deine Lieblingssorte Kaugummi geht oder Haustiere, dann ist das eher kein Problem, wenn Du mit einem Nazi einer Meinung bist. Wenn es aber um Weltanschauungen geht, dann solltest Du Dich niemals mit Deinem Nazi gemeinmachen. Auch nicht für den Moment oder mit dem Vorwand, ihr würdet ja für eine „gute Sache" kämpfen.

Was kannst Du machen, wenn Neonazis auf einer Demo sind, an der Du teilnimmst?

Sprich mit den Demoteilnehmenden, die Du kennst, über Deine Beobachtungen und Einschätzung, mach Fotos (pass aber auf Dich auf), geh nach Hause und nimm die Leute mit, mit denen Du dort warst. Bestenfalls informierst Du später möglichst viele Leute aus Deinem Umfeld und distanzierst dich, wenn angebracht.

K******** D**
@K**********_D

Wenn die eine Zwangsimpfung einführen, dann wird es bewaffelten Widerstand geben.

Wer neben Nazis demonstriert, ist entweder selbst ein Nazi oder einfach nur ein nützlicher Trottel für Nazis!

Auch das Dritte Reich hat damals nicht mit Konzentrationslagern und Verfolgung angefangen. Es waren Tante Erna und Onkel Hans, die es ganz richtig und mutig fanden, was die Nazis sagten, und mitgelaufen sind, bis sie irgendwann selbst zu Täter:innen wurden.

AB SPALTUNG

Auf Demonstrationen und im Netz werden die Rufe und Warnungen lauter. Es ist von einer Spaltung die Rede. Eine Spaltung, die quer durch die Gesellschaft geht. Politiker:innen mahnen, wir sollten besser zuhören und aufeinander zugehen, die Menschen ernst nehmen, die wütend sind auf die Politik und die Umstände.

Doch eigentlich findet das hier statt:

Denn genau genommen gibt es diese Spaltung einmal durch die Gesellschaft gar nicht. Vielmehr findet eine Abspaltung einer kleinen, aber sehr lauten, wütenden Minderheit statt, die die Geschichte mit der Spaltung selbst erfunden und verbreitet hat. Sie glauben an Verschwörungserzählungen oder trotten Rechtsextremen oder -populist:innen hinterher. Ein Kreislauf!

Denn dadurch wird ihr Abstand zu Menschen, die anders denken, immer größer. Das bestätigt sie wiederum darin, dass eine Spaltung stattfindet – eine Spaltung zwischen den Wissenden und Unwissenden. Dadurch zieht es sie in die Arme der Ähnlichdenkenden, mit denen sie sich identifizieren können ... und somit wieder ein Stückchen weiter weg von Andersdenkenden. Und so geht es immer weiter.

Im Prinzip ist es also eher eine selbst herbeigeführte (Ab-)Spaltung, bei der sich ein kleiner Teil immer weiter von der Gesellschaft abspaltet. Ein Gesellschaftsteil, der die Regierung stürzen und Systeme unterwandern will oder sich Politiker:innen an den Galgen wünscht.

DIE QUERDENKENDEN

59

Eine sich zunehmend radikalisierende Gruppe aus Verschwörungsgläubigen, Impfskeptiker:innen und Neonazis läuft durch unsere Straßen, um für „Freiheit" und „Liebe" zu randalieren ... äh, pardon, zu plädieren. Es wird gesagt, es seien nur „besorgte Bürger:innen", die Angst um unsere Grundrechte haben, kein Grund zur Sorge. Tatsächlich haben nicht alle ein rechtsextremes Weltbild oder stecken bis zum Hals in Verschwörungserzählungen.

Aber mal im Ernst

Wie sehr müssen wir beide Augen verschließen, um noch immer die Geschichte vom „friedlichen Volksprotest" und „politischer Willensbildung" zu glauben? Mittlerweile können wir die rechtsextremen Dirigent:innen der Proteste wirklich nicht mehr übersehen. Fröhlich inszenieren lokale Stars der rechten Szene die zahlreichen, angeblich hierarchielosen Proteste. Durchorganisiert und gezielt auf einschlägigen Plattformen beworben, befeuern sie ein „Dagegensein", den Widerstand gegen „Die da oben", „das Böse" oder ominöse Feinde, geben Feindbilder vor und wollen Macht demonstrieren. Macht gegenüber Presse, Staat und Polizei.

Ein Déjà-vu

Ein wenig fühlen wir uns zurückgeworfen ins Jahr 2015, als PEGIDA mit den „besorgten Bürger:innen" spazieren ging. Nicht nur die Themen („böse Mächte, die eine vernichtende Agenda durchsetzen wollen"), die einschlägigen Parolen („Wir sind das Volk") und die Protestform („Spaziergänge"), sondern auch die Teilnehmenden (das „aufrechte Volk"), die unsere Politiker:innen und Medien „zum Schweigen bringen" wollen, ähneln sich. Damals wie heute mischen auch die AfD und einschlägig bekannte, rechtsextreme Gruppierungen mit.

Alles nur Zufall?

Sicherlich nicht. Neonazis geht es vor allem darum, unser politisches System, unsere Demokratie zu destabilisieren. Denn nur so können sie ihren Einfluss ausbauen. Am besten klappt das „tagesaktuell": Während gestern die „Flüchtlingswelle" und eine „Islamisierung" drohten, ist es heute die „Gesundheitsdiktatur" durch Lauterbach oder Gates und eine Bedrohung durch die „Hochfinanz" oder das „Finanzjudentum" zum Beispiel durch Soros (antisemitisches Narrativ des bösen, reichen Juden). Morgen dann wird Putin verehrt, weil unsere Heizungen kalt sind, und übermorgen wird das nächste Thema gefunden, um Menschen mitzuziehen.

Dabei ist es sowohl im Netz als auch bei den Demos sogar relativ egal, ob die Menschen aus voller ideologischer Überzeugung mitlaufen und -geifern oder nur hinterhertrotten. Denn das, was eigentlich zählt, ist das durch die Medien vermittelte Bild einer vermeintlichen Mehrheitsmeinung.

Je bedrohter sich Menschen fühlen, umso besser für rechte Akteur:innen:

> *„Je schlechter es Deutschland geht, desto besser für die AfD. Das ist natürlich scheiße, auch für unsere Kinder. (...) Aber wahrscheinlich erhält uns das.“*

Christian Lüth, ehem. Pressesprecher der AfD

Oft reicht es, Menschen erst zu verunsichern, um ihnen dann vorzuspielen, man hätte die Lösung parat oder Machenschaften durchschaut, damit sie für die eigene Ideologie und Bewegung benutzt werden können. Ein verhältnismäßig kleiner Aufwand, der eine recht große Wirkung erzielt, wenn plötzlich Tausende von Menschen hinter antisemitischen Bannern oder rechtsextremen Slogans hinterherlaufen. Eine tolle Möglichkeit, neue Anhänger:innen zu überzeugen. Denn so werden rechte Weltbilder schnell einer breiten Gesellschaft zugänglich gemacht.

Hand in Hand

Unterwandert oder gekapert werden muss dabei meist gar nichts, denn Rechtsextreme sitzen oft bereits in der Planung mit im Boot. Ein gutes Beispiel sind die Vernetzungen und Überschneidungen zwischen Organisator:innen der Querdenkerbewegung und der Neuen Rechten, die bereits ganz zu Anfang im Frühsommer 2020 bestanden.

AfD

Pegida

Identitäre Bewegung

Verschwörungsideolog:innen

Neonazikameradschaften

Reichsbürger:innen

Hooligangruppen

IM FOLGENDEN WUCHS DARAUS EIN PROFESSIONELLES NETZWERK:

EIN NETZWERK VIELE VORTEILE

Auch das hatte natürlich seinen Grund. Eine Vernetzung mit der Neu- und Altrechten bot zu Beginn ziemlich gute Mobilisierungsmöglichkeiten. Denn sie hatten bereits eine wirkungsvolle Gegenöffentlichkeit, Strukturen, Kontakte und hohe Reichweiten, mit denen Wut, Ängste und Unsicherheit gezielt geschürt werden konnten. Da allerdings von Anfang an auch klar war, dass sich mit Neonazis keine Punkte in der breiten Bevölkerung sammeln lassen, hielt sich das rechte Lager mit offiziellen Auftritten und medienwirksamer Fahnenschwenkerei lange Zeit zurück. Anfänglich reichte es ihnen, organisatorisch, ideell und personell im Hintergrund mitzuwirken.

Denn wichtig war es erst mal, eine breite Gesellschaft ins Boot zu holen, die „Querdenkerbewegung" in den Corona-Diskursen zu etablieren und die lästige Polizei und den Verfassungsschutz fernzuhalten. Was ihnen hervorragend gelang. Am 30.08.2020 demonstrierten „aus dem Nichts heraus" und völlig „überraschend" über 38.000 „Querdenkende" gemeinsam mit Neonazis, Reichsbürger:innen und Esoteriker:innen im Zentrum von Berlin. Übergriffe auf und Bedrohung von Polizei, Medien, Politiker:innen und Andersdenkenden führten zu einer nicht mehr zu kontrollierenden Gefährdungslage. Die Polizei löste die Großdemo offiziell auf. Viel zu spät und zögerlich. Denn zu diesem Zeitpunkt war die Stimmung durch Redebeiträge und Onlinemobilisierung über Twitter, Telegram, YouTube und Co bereits auf dem Höhepunkt.

Der gemeinsame Gegner stand:
„Das System" und alle, die vermeintlich dazugehören.

Angriff auf die Demokratie

Letztendlich wurden Absperrungen durchbrochen und die Treppe des Reichstags „gestürmt". Ein symbolischer Akt, der die Verwundbarkeit unserer staatlichen Ordnung aufzeigen sollte.

Quellen:
www.rbb24.de/politik/thema/2020/coronavirus/beitraege_neu/2020/08/berlin-analyse-corona-demos-bleiben-radikal.htm/listallcomments=on.html
www.merkur.de/bayern/experte-corona-bayern-demos-querdenker-spaziergaenge-verschwoerung-91198356.html

Na so was, wie konnte es nur so weit kommen?! Das zeigen Beiträge aus den sozialen Netzwerken vor und während der Demo.

Daniel Wald, MdL (AfD)
@MdLWald - 2. August 2020

DAS #DEUTSCHE #VOLK STEHT wieder AUF, DER STURM AUF DAS #REGIME bricht los! #WIRSINDDASVOLK!

M* R**
@M***_R

Ganz ehrlich kann ich hier nicht sein wegen der Netiquette. Ich kann aber sagen, daß ich so ein Bullenschwein als Vater habe und meine Kindheit war die Hölle. Ich wünsche diesen kadavergehorsamen Schweinen, daß das Volk sie in die Hände bekommt und zwar einzeln. Jeder von denen, der sich gegenüber Zivilisten den Helm aufsetzt, muß die härtesten Konsequenzen fürchten. Zweimal hat das Volk es jetzt friedlich versucht und wie Kennedy schon sagte, wer einen friedliche Revolution verhindert macht eine gewaltsame unausweichlich und die Schergen des alten Systems dürfen nicht wieder wie 1945 und 1990 eine Chance erhalten. Das Volk soll sie aus ihren Wohnungen herauszerren und Gerechtigkeit walten lassen.

T* T******
Antwort an…

Berlin munn Brennen wie ein Scheiterhaufen

F*** G****
Antwort an…

Das überlebt keiner von denen u. Spahn wird der Erste sein. Wenn das deutsche Volk zusammenhält schlägt es den Teufel aus der Hölle.

K*********
Gruppenbeitrag

Wenn morgen der Code 45 auf der app erscheint stürmen wir los.... Zeit die Sache zu beenden die die Medien und Bundesregierung 70 Jahre vorgegaukelt haben.. nicht nur Eier mitnehmen lasst euch auch selber was einfallen jeder wie er will. Zeit das wir das Regime verhaften wenn es die Polizei nicht tut müssen wir es machen . Morgen wird das die größte Revolution die über die ganze Welt geht.. sie gucken alle auf Deutschland. _. die Geschichte wird neu geschrieben

Sharepic
diverse

Ballweg und Co haben Euch alle verarscht. Diese Idioten gehen noch nicht mal in die Nähe des Reichstages. Stattdessen lassen die Euch über eine Stunde im Kreis laufen. Und am Ende des Tages habt ihr wieder nichts erreicht! Nur um Euch davon abzuhalten, den Reichstag zu stürmen, um diese ReGIERungsbande zu stürzen. Habt ihr denn auch alle fleißig Eure Bahn-steig-Karte gelöst?

DIE REICHSTAGS-TREPPEN-CLOWNS

Existierendes Gerücht oder ausgedacht?

Welche Gerüchte wurden gestreut, um die Demonstrierenden der Querdenker-Demo im August 2020 zu manipulieren und so den Boden für den sogenannten „Sturm auf den Reichstag" zu ebnen?

1 SENSATION: VERFASSUNGSGERICHT IN KARLSRUHE ERKLÄRT AUFLÖSUNG DER QUERDENKER-DEMO FÜR RECHTSWIDRIG

2 RUSSISCHE SOLDATEN SIND IN BERLIN, UM NACH DEM STURZ DER BUNDESREGIERUNG DEN POLITISCHEN ÜBERGANG ZU SICHERN!

3 EIN DEMONSTRANT WURDE BEI SEINER INGEWAHRSAMNAHME BEWUSSTLOS, ES IST NICHT KLAR, OB ER ÜBERLEBT HAT

4 BEREITS JETZT SIND 48 MILLIONEN MENSCHEN AUF DER STRASSE. DIE REVOLUTION LÄUFT!

5 WIR SCHREIBEN HEUTE HIER IN BERLIN WELTGESCHICHTE. GUCKT EUCH UM, DIE POLIZEI HAT DIE HELME ABGESETZT. DIE GANZE BOTSCHAFT IST HERMETISCH ABGERIEGELT, WIR HABEN FAST GEWONNEN. WIR BRAUCHEN MASSE.

AUFLÖSUNG:

1. Echt. Urheber war das rechtsextreme „compact Magazin“, das die Nachricht als „Netzfund“ bereits am Samstagnachmittag verbreitete und sich dabei auf einen anonymen Nutzer einer Telegramgruppe bezog.
2. Echt. Die Nachricht wurde in diversen Querdenker-Gruppen geteilt.
3. Echt. Urheber waren die Corona-Rebellen. Eine radikale Untergruppe der Querdenkerbewegung, die in NRW vom Verfassungsschutz beobachtet wird.
4. siehe Beitrag.
5. Echt. Das war ein Teil der Rede von Tamara K., rechte Reichsbürgerin, Heilpraktikerin und Krebsheilerin auf der Bühne vor dem Reichstag. direkt nach dieser Aussage rief sie zum Sturm des Reichstags auf, die Demonstrierenden marschierten los. Spontan? Mitnichten, sie kündigte bereits am Vortag eine „einschneidende Aktion“ an.
6. Echt. Die Nachricht wurde in diversen Querdenker-Gruppen geteilt.
7. Echt. Ein Aktivist der „Gelben Westen Berlin“ (Querfrontbewegung gegen hohe Benzinpreise und einen schwachen Sozialstaat, entstanden in Frankreich) stand mit einem Megafon vor dem Reichstag, direkt neben der Bühne von Tamara K., und verkündete die „frohe Botschaft“. Die Menge jubelte.
8. Echt. Diese Nachricht kursierte vor allem über Telegram sehr stark.
9. Echt. Diverse Beiträge über die Social-Media-Kanäle der Querdenker verbreiteten diese Information.

Deutsche Guardiola
@Deutscheguardi1

bereits jetzt sind 48 millionen menschen
(polizeiangabe) auf der strasse
die revolution läuft #b2908

Quellen:
www.tagesspiegel.de
www.t-online.de
www.tagesschau.de

6 DIE REGIERUNG STÜRZT! US- SOLDATEN SIND BEREITS AUF DEM WEG NACH BERLIN, UM DEN POLITISCHEN ÜBERGANG ABZUSICHERN.

7 US-PRÄSIDENT DONALD TRUMP IST IN DER STADT. ER HAT UNS EINE HALBE STUNDE GEGEBEN, UNS HIER ZU VERSAMMELN UND UNS UNSERE SOUVERÄNITÄT UND DEN FRIEDENSVERTRAG EINZUFORDERN.

8 POLIZISTEN HABEN EINE DEMONSTRANTIN AUF DEM WEG IN DIE POLIZEIWACHE VERGEWALTIGT.

9 DURCH POLIZEILICHE MASSNAHMEN WURDE EINE DEMONSTRANTIN GETÖTET!

VERSTECKTE ANFÜHRER

Zahlreiche Rechtsextreme liefen an jenem Wochenende bei der Querdenken-Demo mit.

60

Kannst Du sie finden? Die übrig gebliebenen Buchstaben ergeben der Reihe nach einen Lösungssatz.

NOTIZEN:

N	D	T	K	N	R	Ü	D	I	G	E	R	H	O	F	F	M	A	N	N
B	A	O	O	N	I	D	R	I	T	T	E	W	E	G	B	L	E	A	H
L	D	T	M	R	O	K	R	C	O	M	P	A	C	T	J	M	A	F	E
O	N	E	I	I	E	C	O	N	U	O	V	I	S	O	Ö	A	Z	D	I
O	M	E	U	O	N	I	K	L	P	E	G	I	D	A	R	R	H	A	N
D	I	L	E	T	N	I	C	O	A	K	E	N	F	M	N	T	G	D	R
A	K	S	U	I	S	A	K	H	U	I	T	I	H	R	H	I	A	I	I
N	E	Ä	P	D	N	C	L	R	S	T	N	B	D	P	Ö	N	V	E	C
D	S	S	R	E	O	P	H	E	O	B	5	E	G	R	C	S	I	R	H
H	A	S	I	E	N	V	R	E	R	E	Ü	1	R	Z	K	E	N	E	F
O	W	E	M	E	I	A	O	O	S	W	S	R	N	L	E	L	S	C	I
N	A	R	U	D	S	E	R	I	Z	T	I	E	G	I	I	L	I	H	E
O	L	N	S	I	T	O	L	E	G	E	I	D	L	E	R	N	N	T	C
U	L	A	R	F	L	E	S	C	H	T	N	M	E	E	R	E	G	E	H
R	I	H	K	A	U	P	E	R	T	N	Z	T	M	R	R	R	E	D	T
E	C	S	T	E	E	L	E	R	J	U	N	G	S	E	S	S	R	A	N
N	H	A	T	T	I	L	A	H	I	L	D	M	A	N	N	T	I	B	E
D	E	R	E	M	A	T	T	H	Ä	U	S	W	E	S	T	F	A	L	R
A	L	E	X	A	N	D	E	R	D	E	P	T	O	L	L	A	N	N	!
T	H	O	R	S	T	E	N	D	E	V	R	I	E	S	N	P	D	!	D

_ _ _ _ _ _ _ _ _ _ _ _ _ _ _ _ _ _ _

_ _ _ _ _ _ _ _ _

_ _ _ _ _ _ _ _ _ _ _ _ _

_ _ _ _ _ _ _ _ _ _

VERSTECKTE ANFÜHRER

AUFLÖSUNG

Björn Höcke:
Faschistischer, rechtsextremer deutscher Politiker, Sprecher und Fraktionsvorsitzender der AfD Thüringen, Mitbegründer der AfD und später des „Flügels" (inzwischen aufgelöste rechtsextreme Gruppe innerhalb der AfD). Er ist befreundet mit dem Rechtsextremisten Thorsten H., unterstützt das „compact Magazin", „Ein Prozent" und den Identitären Martin S.. Unter dem Pseudonym „Ludolf Ladig" veröffentlichte er mutmaßlich NS verherrlichende, rechtsextreme Texte, was er bis heute abstreitet.

NPD:
Rechtsextreme, verfassungsfeindliche Clownpartei mit programmatischer und sprachlicher Nähe zur NSDAP

IB = Identitäre Bewegung:
„Hipper" Zusammenschluss rechtsextremer, völkisch orientierter, Aktivist:innen, die die Idee des „Ethnopluralismus" vertreten und sich vom Islamismus bedroht fühlen. Die IB ist in Österreich verboten und steht in Deutschland und Frankreich unter Beobachtung des Staatsschutzes.

compact:
Rechtes, verschwörungliebendes (Querfront-)Magazin und Sprachrohr der AfD, das seit März 2020 als Verdachtsfall unter Beobachtung des Bundesverfassungsschutzes steht.

Steeler Jungs:
Bürgerwehrähnliches Spaziergängergrüppchen von Hooligans, Rechtsextremen und Rockern, die in Essen für „Ordnung" sorgen wollen. Sie stehen unter Beobachtung des Verfassungsschutzes.

Blood and Honour:
Weltweites, rechtsradikales, militantes Netzwerk, das als Koordinator nationalistischer Propaganda und Musik dient. Seit 2000 ist B&H sowohl als Gruppe als auch als „Symbol" in Deutschland verboten.

Heinrich Fiechtner:
Schnorrendes Fähnchen im Wind und Gründungsmitglied der AfD. Mit dem Antisemiten Wolfgang Gedeon tauschte er fröhlich Maskenatteste aus. Er lehnt den Islam und Homosexualität ab, macht Werbung für Attila Klaus Peter H. (siehe S. 300) und ruft zum Sturm auf den Reichstag auf. Mehr Infos:

„Heinrich Fiechtner, der radikalisierte Anheizer aus Baden-Württemberg", belltower.news

PEGIDA:
Islam- und menschenfeindliche, rassistische, rechtsextreme Spaziergängerbewegung, die seit Mai 2021 vom Landesamt für Verfassungsschutz Sachsen als „erwiesene extremistische Bestrebung" beobachtet wird.

Thorsten de Vries:
Gewaltbereiter Hamburger Neonazi, der diverse Kontakte zur NPD, zu Kameradschaften und in die Rocker- und Hooliganszene pflegt.

Alexander Deptolla:
Gewaltbereiter „Führer" der Dortmunder Neonaziszene und Organisator des rechtsextremen Kampfsportevents „Kampf der Nibelungen", eng vernetzt mit den „Hammerskins", Gründungsmitglied des verbotenen „Nationaler Widerstand Dortmund" und Landesvorsitzender von „Die Rechte" NRW.

Matthäus Westfal:
Sich selbst überbewertender rechter Videoblogger, aktives Mitglied der „Organischen Christus-Generation (OCG)", pflegt Kontakte zur AfD, Xavier Naidoo, dem „Volkslehrer" und diversen rechten Akteur:innen (siehe S. 160), beteiligte sich an der „Stürmung".

Gavin Singer:
Triumphierend bei der Reichstagsstürmung dabei, musste er kurze Zeit später seine Mitgliedschaft in der „Jungen Alternative Brandenburg" beenden, pflegt viele Kontakte zur rechtsextremen Szene.

Flesch:
Oliver Flesch, „Männerrechtler", YouTube-Neonazi, steht der AfD nahe und schreibt für den rechtsextremen Blog PI-News und den rechtspopulistischen Deutschland-Kurier.

Attila Hildmann:
Rechtsextremer Clown, der alles verbreitet, was ihm Aufmerksamkeit gibt: Verschwörungserzählungen, Nazi- und Reichsbürgergequatsche. Wird inzwischen wegen Volksverhetzung, öffentlicher Aufforderung zu Straftaten und Widerstand gegen Vollstreckungsbeamte von der Polizei gesucht und hat sich in der Türkei versteckt.

Dominik Roeseler:
Rechtsextremer Strippenzieher der extremen Rechten in NRW, der sich gerne mit den Hooligan-Kameraden anlegt. Mitbegründer der „Hooligans gegen Salafisten", ehemaliger Stadtrat von „Pro NRW", ehemaliger Pressesprecher von „Gemeinsam stark Deutschland". Pflegt u. a. enge Kontakte zu den „Steeler Jungs".

Jürgen Elsässer:
rechtsextremer Chefredakteur des compact Magazins. Verbreitet bei Querdenken, Pegida, Legida, u.s.w. seine LSBTQI+-feindlichen, rassistischen und antisemitischen Verschwörungserzählungen und unterstützt die AfD.

KenFM:
Inzwischen gesperrte und vom Verfassungsschutz beobachtete Medienplattform, auf der wir die Radikalisierung von Ken live verfolgen konnten. Diente der Verbreitung von Desinformationen und Verschwörungserzählungen, zuletzt vor allem zu Corona, Impfungen und Bill Gates.

Rüdiger Hoffmann:
Betreiber der Webseite staatenlos.info, Vertreter und Wortführer der Reichsbürgerbewegung, ehemaliges Mitglied/Vorsitzender eines Kreisverbands der NPD. Verurteilt wegen versuchten Mordes, da er an einem Brandanschlag auf ein Flüchtlingsheim beteiligt war.

Nikolai Nerling:
bekannt als „Der Volkslehrer". Rechtsextremer und antisemitischer Videoblogger, der Verschwörungs- und Reichsbürgererzählungen verbreitet und den Holocaust leugnet. Wegen Volksverhetzung verurteilt. Beteiligte sich an der „Stürmung".

NuoViso (Jetzt Nuo Flix):
Verschwörungsideologische Filmproduktionsfirma. Verbreiter von Videos über Impfkritik, Illuminaten, Klimawandelleugnung, Pseudowissenschaft, modernem Antisemitismus und Reichsbürger-Propaganda.

Martin Sellner:
Neonazi-Hipster, Kopf der Identitären Bewegung Österreich, weit vernetzt, gründete den rechten Trollserver „Infokrieg" (der später zu Reconquista Germanica wurde, siehe S.190) und ist aktiv im „Institut für Staatspolitik" von Götz Kubitschek.

Knockout 51:
Rechtsradikale Kampfsportgruppe aus Thüringen, aus dem Netzwerk von NPD, „Kampf der Nibelungen" und „Jungsturm Erfurt". Ziel ist die Anwerbung von Jugendlichen.

Mike Sawallich:
Ehem. Mitglied der NPD und Landesvorsitzender der „Jungen Nationalen", Wegbegleiter des Mörders von Walter Lübcke.

Nationaler Widerstand:
Informelles Netzwerk zahlreicher rechtsextremer Gruppen, die unter der Eigenbezeichnung Nationaler Widerstand auftreten.

BDP
(Bündnis deutscher Patrioten):
Rechtsextremer Zusammenschluss, kämpft für „Heimat, Tradition, Kultur", vernetzt mit PEGIDA, AfD und der Identitären Bewegung, Bündnis Prominenz: Chris Ares.

Deutsche Stimme:
Sprachrohr und nationalistische Zeitung der NPD, nahm mit eigenem Wagen an der Demo teil.

Chris Ares:
Ehemaliger völkisch-rechtsextremer Rapper, der vom bayerischen Verfassungsschutz beobachtet wird und den Identitären nahesteht.

Reichsbürger:
Staatsfeindliche, in weiten Teilen antisemitische Verschwörungsgemeinschaft, die nicht an ein souveränes Deutschland glaubt und dessen Rechtsordnung ablehnt.
Siehe S. 264

Die Rechte:
Neonazistische, rechtsextreme Kleinstpartei, die durch die Demoteilnahme gegen ihre alltäglich zunehmende Irrelevanz kämpft.

Udo Voigt:
Rechtsextreme graue Neonazi-Eminenz, ehemaliger NPD-Chef, glühender Fan der Waffen-SS, vorbestraft wegen Volksverhetzung/Verherrlichung des NS.

Ein Prozent:
Verein für rechte Kampagnen, Netzwerk rechtsextremer Politiker:innen und Aktivist:innen mit ehemaligen NPDlern, Mitgliedern von Neonazi-Kameradschaften, Identitären, rechten Verlegern und der rechtsextremen „Deutschen Burschenschaft", Mitbegründer waren u. a. das compact Magazin und Hans-Thomas Tillschneider von der AfD, vom Verfassungsschutz als Verdachtsfall beobachtet.

Dritter Weg:
Rechtsextreme Kleinstpartei mit völkischen Ansichten und neonazistischer Ideologie, die von ehemaligen NPD-Funktionären und durch das verbotene „Freie Netz Süd" gegründet wurde, gewaltbereit.

Mehr Infos:

„Der Dritte Weg", Brandenburgische Landeszentrale für politische Bildung

Primus:
Rassistische, antisemitische Rechtsrap-Band mit André L. als Frontmann.

Kaupert:
Simon Kaupert, bereits als Jugendlicher beim Pfingstlager der NPD-Jugend dabei, Gründer des PEGIDA-Ablegers „Wügida" (vom Verfassungsschutz beobachtet), „Ein Prozent"-Redner und Mitarbeiter, Aktivist der „Kontrakultur Halle".

AfD:
Demokratisch gewählte undemokratische Partei, die Faschist:innen und Rechtsextremen ein bürgerliches Zuhause bietet und nationalistisches, antisemitisches, menschenfeindliches Gedankengut in ihren Reihen toleriert.

Quellen:
https://presseservicern.wordpress.com/2020/08/31/vorlaeufiges-ende-der-parteikarriere/
https://de.wikipedia.org/wiki/Björn_Höcke
www.politische-bildung-brandenburg.de/lexikon/blood-honour

DIE QUERFRONT

Wenn sich der Kreis schließt

Querfront ist ein bereits recht alter Begriff, der in der Weimarer Republik entstand, als die extreme Rechte mit linken Themen Anhänger:innen gewinnen wollte und die extreme Linke sich am Nationalismus bediente. Er beschreibt sozusagen eine Zusammenarbeit über Grenzen der Ideologie und Parteien hinweg, indem Gemeinsamkeiten überbetont oder gar konstruiert werden, um eigene Ziele politisch durchzudrücken.

Die bekannteste aktuelle Querfrontbewegung waren wohl die Mahnwachen für den Frieden, die 2014 begannen. Für dieses gemeinsame Ziel protestierten klassische Linke Schulter an Schulter mit Rechten und lauschten einvernehmlich den Reden bekannter Rechtsextremisten und Verschwörungsprediger.

Das zeigt, dass „Querfront" mehr ist als nur eine reine Übernahme eigentlich traditionell linker Themen durch Rechtsextreme. Auch wenn Rechtsextreme ihr Handwerk der Täuschung und Manipulation natürlich oftmals sehr gut beherrschen und aus diesem Grund schon lange linksautonome schwarz-schwarze Kleidungsstile, Symboliken und Aktionsformen wie den „schwarzen Block" bei Demonstrationen oder Banneraktionen auf Autobahnen kopieren. Ein super Move, um Grenzen zwischen Rechts und Links zu verwaschen und ein Kooperationsangebot an die extreme Linke zu senden.

Aber hinter dem Begriff der „Querfront" steckt noch mehr. Mitterweile ist sie ein seltsam anmutendes Bündnis von Links-Linken, Neonazis, Verschwörungsanhänger:innen Esoteriker:innen, Reichsbürger:innen, Feminist:innen u.v.m., die sich in Themen wie Kapitalismus, staatliche Kontrolle, Globalisierung, Frauenrechte usw. zusammenschließen und den Staat als gemeinsamen Gegner betrachten, während Regenbogenfahnen neben Reichsflaggen freudig im Winde wehen. Sie nutzen ihre gemeinsamen Bezugspunkte, um gegenseitig in den anderen Lagern zu fischen und Anhänger:innen anzuwerben, ihre Themen zu positionieren und ihre Ziele zu verfolgen.

Quellen:
www.politische-bildung-brandenburg.de/lexikon/querfront
_iyN5ck4_KmtITxfDyWkqcLWQMDqQtOCNY
www.woz.ch/-c13a?fbclid=IwAR0nMlFHZg5hoZc10uamlyL0q

DUNNING-KRUGER

und die Scheinexpert:innen

♪61

Dir sind sie bestimmt schon zahlreich in den Netzwerken begegnet: Hobbyköche und Musiker:innen, die zu Virolog:innen mutieren, Bäcker:innen, die sich als Migrationsexpert:innen darstellen, Naturheilkundler:innen, die sich für die kompetenteren Bundespräsident:innen oder -kanzler:innen halten. Sie alle haben etwas gemeinsam:

Es sind „Selfmade-Expert:innen", die der Meinung sind, ihr durch YouTube, Telegramkommentare, Headlines oder Hörensagen gewonnenes Halbwissen würde alle Expert:innen vor Neid erblassen lassen. Menschen, die sich selbst maßlos überschätzen und nicht (mehr) merken, wenn sie danebenliegen.

Der sogenannte Dunning-Kruger-Effekt:

Menschen können ihre eigene Inkompetenz nicht sehen, weil sie im betreffenden Thema inkompetent sind. Das heißt, eben weil sie sich im Thema weniger auskennen, ziehen sie falsche Schlüsse, treffen falsche Annahmen, erkennen Zusammenhänge nicht oder interpretieren sie falsch. Doppelt fatal, weil sie ihre eigenen Fehler aufgrund des Wissensmangels noch nicht mal erkennen (können). Darum nehmen sie sich selbst als Expert:innen wahr, während sie echte Expert:innen anzweifeln, ablehnen oder als inkompetent verpönen.

Diese Hobbyexpert:innen gab es schon immer, nur gaben sie ihr gigantisches Nichtwissen in relativ kleiner Runde auf Familienfesten und an Stammtischen preis, während ihnen heute die ganze Welt im Netz zuhört. Durch gegenseitige Confirmation Bias (siehe S. 67) braut sich so ein Netzwerk zusammen, das durch seine Größe allein schon ziemlich imponiert und für viele eine trügerische Kompetenz darstellt.

1

Hinterfrage Dich selbst. Die Wahrscheinlichkeit, dass jemand mit echter Expertise und Berufserfahrung im Thema mehr Ahnung hat als Du, ist vermutlich ziemlich hoch.

2

Lass Kritik an Dich ran und nutze sie zur Selbstreflexion. Du kannst auch andere um weitere Meinungen oder Kritik bitten.

3

Mach Dich zu dem, was Du sein willst: Expert:in. Bilde Dich weiter, informier Dich über verschiedene Quellen, lies und frag nach.

Quelle:
www.facebook.com/watch/?v=5255201447923394&extid=CL-UNK-UNK-UNK-AN_GK0T-GK1C&ref=sharing

FREUNDE DER NAZIS

INCELS- *Toxisch männlich*

„Incels" steht für „Involuntary Celibates" (dt.: unfreiwillig Zölibatäre). So nennt sich eine toxische Online-Subkultur frustrierter junger Männer, die sich in eigenen Foren oder auf Plattformen wie Reddit zusammenrotten, weil sie keinen Sex mit einer Frau haben, aber gerne welchen hätten. Den Grund hierfür sehen sie in ihrer eigenen Hässlichkeit. Frauen stehen ihrer Meinung nach nur auf besonders attraktive, muskulöse Männer („Chads") mit symmetrischen Gesichtszügen, innere Werte würden bei der Männerwahl jedoch keine Rolle spielen.

Das hört sich lustig an ...

Aber lustig ist es wirklich nicht. Im Gegenteil. Incels können ziemlich gefährlich werden, denn sie hassen nicht nur sich selbst, sondern auch die Frauen, die sie eigentlich begehren. In ihrem patriarchalen (= autoritär-männlichen) und misogynen (= frauenfeindlichen) Anspruchsdenken sind sie der Meinung, dass jeder ein Recht auf Sex hat. In ihren Echokammern (siehe S. 66) steigern sie sich in Endlosschleifen tiefer in ihren Wahn, wobei ihre Aussagen immer härter, respektloser und aggressiver werden. Sie greifen an, werten ab, teilen Vergewaltigungs- und Morddrohungen und stellen Fotos und „Steckbriefe" ins Netz. Die Foren der Incels sind eine wahre Quelle menschenverachtender, frauenhassender Gewaltfantasien.

#MUSSMANWISSEN

Autoritär-männliches Anspruchsdenken und Gewalt gegen Frauen gehört in Deutschland auch außerhalb der Incel-Community zum Alltag. So wurde 2020 offiziell fast täglich eine Frau von ihrem Partner umgebracht (diese Morde nennt man Femizide) und etwa alle 6 Minuten Opfer einer Körperverletzung durch diesen. Die Dunkelziffer dürfte sehr viel höher sein.

„Wenn ich Euch nicht haben kann, Mädels, dann zerstöre ich Euch!“

Sagte der 22-jährige Attentäter, der 2014 an der Universität von Santa Barbara sechs Menschen erschoss und 14 weitere verletzte, in einem Video, das er vor der Tat aufnahm und ins Netz stellte. Er ist bis heute ein Held der Incels.

Nach über 50 Toten in den USA und Kanada durch Incel-Attentate gelten diese in den USA mittlerweile als „Gefahr für die innere Sicherheit“. In Deutschland noch nicht, obwohl sich auch hier eine steigende Bedrohung und Radikalisierung abzeichnet. Der Halle-Attentäter war nicht nur bekennender Antisemit und Rechtsextremist, sondern sympathisierte auch mit den Inhalten und Weltanschauungen der „Incels“.

Kein Wunder, gibt es doch einige Überschneidungen in den Weltbildern – die „Frau als Bedrohung des echten Mannes“, „Feminismus als Gefahr für Deutschland“. Schließlich mache er die Frauen selbstbewusst und „rebellisch“, während die Männer an Macht und Dominanz verlieren und männliche Werte verschwinden würden. Andersrum sind auch in den Incel-Communities Antisemitismus, LSBTQI+-Feindlichkeit und Rassismus keine seltenen Phänomene.

Auch der norwegische Rechtsterrorist, der 2011 auf der Insel Utøya 69 Teilnehmende eines Sommerlagers erschoss und weitere acht Menschen im Osloer Regierungsviertel durch einen Bombenanschlag tötete, ließ innerhalb seines Manifests seinem Hass gegen Frauen und den Feminismus freien Lauf.

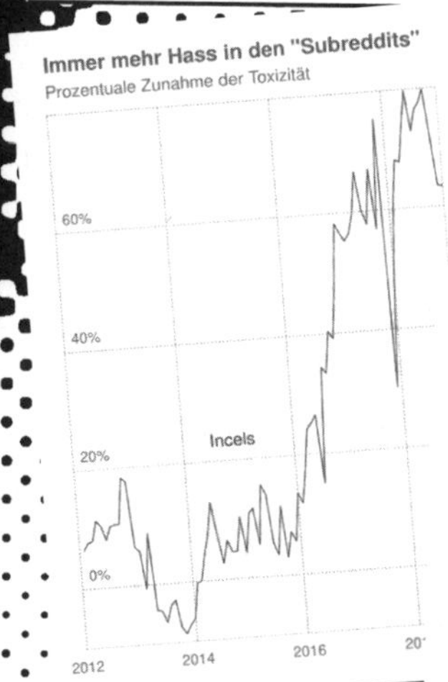

Rurik
Incel-Forum: 24. Oktober 2018

Frauen sind solche dummen, verdammten Schlampen. Scheisse, ich hasse es, am Leben zu sein.

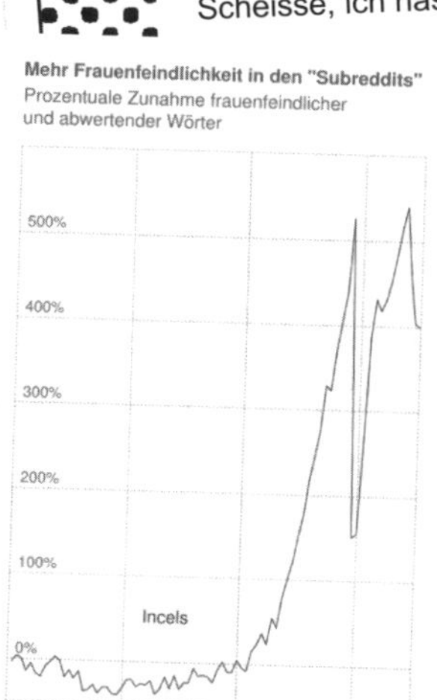

♪62

Quellen:
https://story.ndr.de/incels/index.html
„Partnerschaftsgewalt - Kriminalstatistische Auswertung“, www.bka.de

VERSCHWÖRUNGEN RELOADED

Nächste Woche sterben wir alle

Michael W******
158.658 Abonnenten

Wenn DAS stimmt: Die CDC hat 150.000 Impftote aus der VAERS-Melde-Datenbank gelöscht... während die EMA für die EU bisher „nur“ rund 14.000 Impftote meldet. Und da die dunkelziffer in USA und E U bei fast 100% liegt, kann man überall noch 2 Nullen dranhängen, um an die realen Zahlen zu kommen.
Das wären in einem halben Jahr dann 15 Mio. Impftote in den USA und 1,4 Mio. Impftote in der USA. Und dazu kommen noch Millionen Behinderte, Arbeitsunfähige und die noch unbekannte Zahl der Langzeittoten. Das wird also ein heftigeres Experiment als vor 100 Jahren, das man „Spanische Grippe“ nennt und wo nur die Geimpften starben...

♪63

Der Begriff „Verschwörungstheorie“ ist zwar der geläufigste, aber auch problematischste aller Begriffe. Denn es handelt sich dabei nicht mal ansatzweise um fundiert erstellte Theorien mit solider Faktenlage, die einer wissenschaftlichen Überprüfung standhalten könnten. Verschwörungserzählungen können zwar auch mal einzelne korrekte Fakten enthalten, aber die dazugedichteten Verbindungen und Schlussfolgerungen sind sehr weit hergeholt. Dazu kommt, dass Verschwörungsgläubige die Erzählungen gar nicht erst nachprüfen oder korrigieren wollen, egal, wie viele Gegenbeweise es gibt. Deshalb sprechen wir von

VERSCHWÖRUNGS- -MYTHEN & -ERZÄHLUNGEN

Quellen:
Kontraste vom 4.November 2021: https://fb.watch/98vcrr5F67/
www.bpb.de/kurz-knapp/lexika/lexikon-in-einfacher-sprache/312781/verschwoerungstheorien/

Verschwörungserzählungen:

NEUES PHÄNOMEN ODER OLLE KAMELLE?

Schon immer haben Menschen nach Antworten gesucht, sich Geschichten erzählt und versucht, Begründungen für Vorkommnisse, Katastrophen oder komplizierte Lebenslagen zu finden, und dabei auf Verschwörungserzählungen zurückgegriffen. Genauso lang, wie Menschen an Verschwörungserzählungen glauben, gibt es auch Menschen, die diese erfinden und verbreiten, um ihre ganz eigenen (politischen) Ziele zu verfolgen und Gesellschaften zu manipulieren.

Mit der Geburt der sozialen Medien wurde die Verbreitung immer einfacher, umfangreicher und wesentlich schneller. Heute erreichen uns quasi in Echtzeit die wildesten Geschichten und Informationen, ohne dass wir etwas dafür tun müssen oder an einschlägigen Orten bzw. in Freundeskreisen verkehren. Sie sind überall abrufbar, verbreiten sich international, lassen sich durch einen Klick teilen und so weltweit verbreiten.

AS SIMPLE AS F***

Verschwörungserzählungen können harmlos, lustig, Angst einflößend oder auch brandgefährlich sein. So unterschiedlich sie auch sind, so ähneln sie sich oft in ihren Grundstrukturen:

1

„Das ist alles geplant!" Zufälle gibt es nicht, es spielen immer üble Machenschaften eine Rolle.

2

„Wer profitiert davon?!" Ganz klar, da profitiert doch jemand von! „Die da oben" sind es meistens und auch die, die mit „denen da oben" zusammenarbeiten und darum „entlarvt" werden müssen.

3

„Die stecken doch alle unter einer Decke!" Alles hängt zusammen, je nach Erzählung können das Medien oder Personen des öffentlichen Lebens, der Wissenschaft, Politik, Wirtschaft ... sein.

4

Wir „Erleuchteten" – Ihr „Verblendeten", „gut" – „böse", „Opfer" – „Täter". Es gibt nur ein Entweder-oder ... und eine unüberwindbare Grenze.

5

„Es gibt Personen, die die wirklich wahre Wahrheit kennen!" Diesen Held:innen, Erlöser:innen oder Führer:innen wird bedingungslos gefolgt.

6

„Das ist alles belegt!" Gegenbeweise gibt es nicht, oder sie werden als Bestätigung des eigenen Verschwörungsglaubens genutzt. Echte Fakten? Fehlanzeige!

WARUM GLAUBEN WIR an Verschwörungserzählungen?

Die Welt spielt verrückt und wir stecken mittendrin – von Pandemie bis Krieg, Naturkatastrophen oder Inflation. Alles ist wahnsinnig komplex und alle mischen auf der Informationsautobahn mit:

Michael W*******
158.658 Abonnenten

!! LETZTE WARNUNG !!

DR.COLDWELL SICHER:
IM SEPTEMBER SIND FAST ALLE GEIMPFTEN TOT

Medien brüllen uns die skandalträchtigsten Headlines um die Ohren, Politiker:innen zeigen mit den Fingern aufeinander und polarisieren mit Ich-würde-ja-alles-anders-machen-Visionen, in den sozialen Medien schreien wir uns in KAPITÄLCHEN, mit Emoticons und mit jeder Menge Ausrufezeichen an, weil alle Expert:innen in allem sind (siehe S. 241). Das überfordert mitunter ganz schön und weckt den Wunsch nach einfachen und logischen Antworten oder besser noch Lösungen.

Der perfekte Nährboden für die Entstehung und Verbreitung von Verschwörungserzählungen. Denn gerade in Zeiten gesellschaftlicher Umbrüche, Unsicherheiten und politischer oder auch persönlicher Krisen sind wir besonders empfänglich für Verschwörungserzählungen.

Was glaubst Du, wie viele Menschen in Deutschland an Verschwörungserzählungen glauben:

A FAST ALLE
B DIE HÄLFTE
C EIN DRITTEL
D WENIGER ALS 10%

Genau, laut einer repräsentativen Studie der Konrad-Adenauer-Stiftung aus dem Jahr 2020 stimmt etwa jede:r Dritte (also ein Drittel) der Aussage, die Welt wird durch geheime Mächte gesteuert, zu.

Geheime Mächte also, die im Hintergrund die Fäden ziehen und die Welt beherrschen. Verrückt? Nicht wirklich. Tatsächlich ist diese Annahme eines der Hauptbestandteile von Verschwörungserzählungen. Oftmals angereichert mit einem bunten Strauß aus antisemitischen, antipluralistischen, frauenfeindlichen und rassistischen Elementen. Kaum verwunderlich also, dass rund 68 % der AfD-Wählenden und 65 % der Nichtwählenden verschwörungstheoretischen Aussagen zustimmen.

Quellen:
„Sie sind überall“, repräsentative Umfrage zu Verschwörungstheorien, www.kas.de
https://www.zeit.de/gesellschaft/zeitgeschehen/2021-01/verschwoerungstheorien-afd-anhaenger-coronavirus-studie

Warum glauben Menschen überhaupt an Verschwörungserzählungen? Begib Dich auf die Suche und finde in diesem Chaos 15 Antworten.

Z	K	E	H	D	O	L	G	A	E	I	U	W	E	L	T	B	I	L	D
O	R	C	I	E	D	S	R	Q	Y	Z	U	U	S	M	L	Y	G	V	U
N	P	D	N	X	T	Z	U	G	E	H	O	E	R	I	G	K	E	I	T
N	Z	U	S	A	M	M	E	N	H	A	E	N	G	E	N	S	M	L	W
J	K	U	I	E	A	T	N	I	Z	D	H	W	H	D	R	N	E	I	K
T	M	D	D	N	L	S	W	F	D	M	E	K	F	O	G	H	I	N	H
V	I	L	E	M	U	B	O	I	L	I	O	L	X	S	T	E	N	F	I
H	L	A	R	C	K	Y	S	L	U	R	M	K	S	Z	J	C	S	K	O
S	Y	Z	W	Q	C	I	D	T	A	S	N	O	C	I	Y	N	C	U	H
U	H	Y	I	A	R	H	P	E	W	D	I	W	M	R	H	U	H	H	Z
I	F	C	S	T	W	H	M	R	X	I	P	C	F	M	E	D	A	M	Q
D	M	R	S	I	I	F	A	B	N	G	R	W	H	X	F	S	F	E	H
E	T	T	E	F	V	V	S	L	U	W	A	K	T	E	O	L	T	D	E
N	P	S	N	U	T	A	E	A	J	H	E	B	S	C	R	U	N	S	R
T	F	T	U	N	N	X	X	S	I	N	S	I	F	A	D	H	D	O	Y
I	W	O	Q	W	S	D	R	E	H	S	E	S	M	X	M	U	E	O	T
T	I	S	W	D	D	X	E	F	M	S	N	D	H	J	M	K	T	I	S
A	H	A	Y	K	Q	Y	U	Y	D	I	Z	N	F	L	Q	J	E	A	T
E	V	N	T	L	X	Y	T	E	W	R	Y	F	S	U	G	Q	C	I	V
T	T	C	F	U	I	Z	B	E	D	U	E	R	F	N	I	S	S	E	T
P	A	R	A	L	L	E	L	W	I	R	K	L	I	C	H	K	E	I	T
E	A	N	T	W	O	R	T	E	N	L	S	D	C	G	S	E	U	Y	M

GRÜNDE WARUM WIR Verschwörungserzählungen auf den Leim gehen.

1 FREUNDE

Geben wir es zu, wir sind neugierig und wollen wissen, womit sich unsere Freund:innen beschäftigen. Teilen sie Links mit verschwörungsideologischen Inhalten, klicken wir viel eher auf diese, als wenn sie uns irgendwo in den Weiten des Netzes begegnen. Informationen nehmen wir von ihnen leichter an als von Fremden.

2 INSIDERWISSEN

Mehr wissen als andere, wer will das nicht. So wie das Wissen um den neuesten Gossip aus dem Freundeskreis können auch Verschwörungserzählungen ein Gefühl der Aufwertung geben und ein Bedürfnis nach Einzigartigkeit befriedigen. Normalerweise folgen Menschen eher einer Mehrheitsmeinung. Bei Anhänger:innen von Verachwörungserzählungn ist es häufig andersherum. Je exklusiver, umso besser. Darum glauben sie eher einer Minderheit, erheben sich damit über andere und fühlen sich schlauer als der Rest.

3 WELTBILD

Die eigenen Überzeugungen aufzugeben, widerstrebt uns doch eigentlich allen, wenn wir ehrlich sind. Darum glauben wir Informationen viel eher, wenn sie in unser Weltbild passen, und nehmen sie dankbar auf.

4 OMNIPRÄSENZ

Je öfter wir Verschwörungserzählungen sehen, umso eher glauben wir sie auch. Wie könnten sie auch nicht wahr sein, wenn man überall „Belege" findet?!

5 GEMEINSCHAFT

Mit offenen Armen werden wir in die Verschwörungs-**GEMEINSCHAFT** aufgenommen und mit Liebe überhäuft, wir fühlen uns angenommen, unser **BEDÜRFNIS** nach **ZUGEHÖRIGKEIT** wird gestillt.

Quellen:
www.facebook.com/watch?v=348415350614484
https://matter-of-fact.bs-anne-frank.de

6 SINN

Eine komplexe Welt erzeugt Unsicherheit. Verschwörungserzählungen geben uns unsere **SICHERHEIT** und Ordnung zurück, indem sie uns einfache **ANTWORTEN** auf die drängendsten und aktuellsten Fragen liefern. Alles ergibt auf einmal Sinn.

7 SELBSTWIRKSAMKEIT

Verschwörungserzählungen geben uns das Gefühl, unsere Kontrolle über die Dinge, die passieren, zurückzubekommen. Durch die enthaltenen Spezialinformationen wissen wir sogar schon VORHER, was passieren wird. Wir haben alles durchschaut und **ZUSAMMENHÄNGE** verstanden. Endlich können wir etwas tun.

8 IDENTITÄT

Verschwörungserzählungen bringen uns persönlich etwas. Sie geben uns das Gefühl, besonders, besser und schlauer als der Rest der Gesellschaft zu sein.

9 PARALLELWIRKLICHKEIT

Verschwörungserzählungen ziehen uns in eine **PARALLELWIRKLICHKEIT**, in der alles logisch erscheint und eine große Gemeinschaft herrscht. Wir bilden uns unsere eigene **FILTERBLASE** (siehe S. 66), in der alle gleich denken und sich gegenseitig bestätigen.

#MUSSMANLESEN

„Verschwörungstheorien & Fake News erkennen und widerlegen“, Der goldene Aluhut

#MUSSMANSEHEN

Interaktive Lesung zu „Fake Facts: Wie Verschwörungstheorien unser Denken bestimmen“

VERSCHWÖRTE SPRACHE

Die Sprachwahl der Verschwörungspredigenden ist oft einfach, bildreich und klar, mit einem Hauch von Skandal. Schließlich sollen möglichst viele Menschen emotional angesprochen und die Inhalte verstanden und verbreitet werden. Dabei sollen die Botschaften glaubwürdig erscheinen und in einem deutlichen Gegensatz zur offiziellen „Mainstream"-Kommunikation stehen.

OFT IST/SIND DIE …

ARGUMENTE UNWIDERLEGBAR

„Fakt ist…", „offensichtlich", „klar"

MEDIEN KORRUPT

„Lügenpresse", „Systempresse"

GESELLSCHAFT PASSIV UND DUMM

„Schlafschafe", „Marionetten", „Zombies", „Systemling", „naiv"

♪64

GEGNER:INNEN MANIPULATIV

„Puppenspieler", „Dirigenten", „besessen", „profitgeil"

PRODUZENT:INNEN WISSEND

„erleuchtet", „aufgewacht", „schauen hinter den Vorhang", „setzen dem Theater ein Ende"

BOTSCHAFT KOMPROMISSLOS

„Licht" gegen „Dunkelheit", „gut" gegen „böse", „Freund" gegen „Feind", „schlafend" gegen „aufgewacht"

DROHENDE ZUKUNFT VERNICHTEND

„Systemsturz", „Umvolkung", „Bürgerkrieg", „Weltuntergang"

An die Schlafschafe
Sharepic

NUR DAS duMME, FEHLINFORMIERTE UND EINGESCHÜCHTERTE SCHLAFSCHAF, WIRD MONTAG DIE MASKE AUFSETZEN! LEUTE MACHT DA NICHT MIT ! WO IST EURE WÜRDE GEBLIEBEN, DIE ANGEBLICH, LAUT GESETZ UNANTASTBAR IST.

1

2

Johnny W***
13. Mai um 10:25 Uhr

Wir steuern gerade auf einen Bürgerkrieg zu, wenn sich herausstellt das die Regierung uns bei Corona und Krieg sowie Klimawandel belogen und betrogen hat. Und das hat Sie ! dazu kommt jetzt noch die Abschaffung der Abstandspflicht der Windräder zu Örtlichkeiten und die Schließung der Notrationslager. Der Blackout tut dann sein Übriges. Es wird nicht mehr lange dauern! sage ich bereits seit mehr als 10 Jahre und ich behalte wie meistens Recht!

VERSCHWÖRTES WISSEN

Die Welt der Medien steht in einem Kampf um die echte „Wahrheit". Während einige mit Recherche, Wissenschaft und belegbaren Fakten kämpfen, punkten andere mit reißerischen Headlines und einfachen Antworten. Sie verzerren das aktuelle Tagesgeschehen, indem sie News mit althergebrachten Verschwörungserzählungen anreichern, Scheinargumente (siehe S. 122) streuen, wissenschaftliche Erkenntnisse leugnen und Skepsis sähen. Dabei stärken sie ihren eigenen Mythos und framen seriöse Berichterstattung als „Fake News".

Anhänger:innen von Verschwörungserzählungen ziehen ihr Wissen in erster Linie aus genau diesen „alternativen" Quellen und blocken jegliche Information durch klassische Nachrichtenformate und öffentlich-rechtliche Sender ab. Sie informieren sich auf verschwörungsideologischen Portalen wie Kla.tv, lesen das rechtsextreme, verschwörungsideologische „compact-Magazin" und nutzen besonders häufig und viel Plattformen oder Messengerdienste wie YouTube oder Telegram, wo sie sich durch die Auswahl der Kanäle und den hauseigenen Algorithmus ihre ganz eigene Welt in einer „alternativen" Wirklichkeit schaffen. Wenn sie es sich dort erst mal gemütlich gemacht haben, steigt der Medienkonsum häufig bis ins Unermessliche.

Basis fast aller Verschwörungserzählungen ist die Annahme, dass die Politik, wenn nicht sogar die ganze Welt, durch geheime Mächte (wahlweise „die Juden", „Deepstate", „Rothschilds", „Bill Gates"...) gesteuert wird. Dabei wird nicht selten die Macht einzelner Personen oder Institutionen völlig überschätzt. So wird behauptet, dass sich die „Lügenpresse" weltweit zusammengeschlossen hat, um das uns bedrohende, globale System zu unterstützen, dass Angela Merkel die Coronapolitik der ganzen Welt bestimmt oder Wissenschaftler:innen, die über Corona informieren, die einzig wahren Schuldigen der Pandemiefolgen sind.

Systemmedien
Sharepic

3

DIE ZEIT ist gekommen, den BLICK von den Massenmmedien abzuwenden. Denn das BILD was sie für uns zeichnen, ist nur ein SPIEGEL ihrer selbst. Wenn wir erkennen würden wie DIE WELT wirklich ist, glaubten wir auf einem anderen STERN zu sein. Man versucht unseren FOCUS abzulenken, um die Wahrheit zu verstecken.

4

Markiere auffällige Stellen in den vier Beispielen.

DIE WIRKLICH WAHRE WAHRHEIT

Während ein Teil der Gesellschaft Verschwörungserzählungen und „alternative Medien“ als Quellen ablehnt, werden sie von einem anderen Teil der Gesellschaft als legitimes „Nachrichten- und Berichtsformat“ angesehen. Dieser Teil bezeichnet wiederum die Nachrichten etablierter Medien wie die Öffentlich-Rechtlichen als „Lügen-“ oder „Systempresse“.

Was die einen für wahr halten, ist für die anderen Lüge.

ABER WAS BEDEUTET EIGENTLICH WAHRHEIT?

Begib Dich auf die Suche

WAHRHEIT IST...

♪65

WAHRHEIT, DIE

1a) das Wahrsein; die Übereinstimmung einer Aussage mit der Sache, über die sie gemacht wird; Richtigkeit

1b) wirklicher, wahrer Sachverhalt, Tatbestand

2) Erkenntnis (als Spiegelbild der Wirklichkeit), Lehre des Wahren

Quelle: duden

WAHRHEIT, DIE

Der Begriff der Wahrheit wird in verschiedenen Zusammenhängen gebraucht und unterschiedlich gefasst.

Gemeinhin wird die Übereinstimmung von Aussagen oder Urteilen mit einem Sachverhalt, einer Tatsache oder der Wirklichkeit im Sinne einer korrekten Wiedergabe als Wahrheit bezeichnet.

Quelle: Wikipedia

Was ist für Dich der Unterschied zwischen „Wahr-Sein“ und „Für-wahr-Halten“?

Hältst Du es für möglich, dass es Wahrheiten gibt, die wir nicht erkennen können?

Bilde Dir Deine persönliche Definition von Wahrheit:

#MUSSMANSEHEN

Quarantäne Klaus

VON GEFAHREN ...

Je weiter wir in den Strudel manipulierender Informationen geraten, desto schwieriger wird der Weg hinaus.

Durch eine spannende, „neue" Information neugierig geworden, fangen wir an, mehr Informationen zum Thema zu suchen, und benutzen dafür Suchmaschinen (siehe S. 68). Wir formulieren dabei unsere Suche wie eine These – „Corona erfundene Pandemie" zum Beispiel. Das machen die meisten Menschen so. Die Suchmaschine wird jetzt dafür sorgen, dass wir unsere These bestätigt bekommen. Gegensätzliche Thesen werden uns kaum angezeigt. Auch Algorithmen, Cookies, „mitdenkende" Suchfunktionen und gleichdenkende „Freund:innen" in den sozialen Medien kümmern sich darum, dass wir immer mehr Belege für unsere These erhalten. Herzlich willkommen in der Infobubble!

So hangeln wir uns weiter und weiter durch einen Wald an vermeintlichen Beweisen und Bestätigungen, bis wir irgendwann „erleuchtet" auf einer Lichtung stehen und nicht verstehen können, wie andere Menschen diese Zusammenhänge nicht sehen können. Wir sehen uns im Widerstand, versuchen anderen die Augen zu öffnen, sie zu warnen, unsere Liebsten zu „retten", und werden so nicht selten zu Predigenden unserer eigenen Wahrheit. Ständig getrieben von Angst, fangen wir vielleicht sogar an, uns selbst oder andere zu gefährden. Denn wenn wir davon überzeugt sind, von allen belogen und betrogen zu werden, glauben wir irgendwann keinen Nachrichtenmeldungen, Warnhinweisen, der Polizei oder Mediziner:innen mehr.

Auf der vermeintlich richtigen und „guten" Seite ist es nur ein kleiner Schritt, bis unser moralischer Kompass anfängt, sich zu verschieben, um irgendwann komplett verloren zu gehen. Im Kampf gegen das „Böse" verabschieden wir uns von der Demokratie und legitimieren mitunter sogar fragwürdige Schritte „zur Rettung der Menschheit", wie Gewalt.

Keine Frage, Verschwörungserzählungen sind eine Gefahr für unsere Demokratie und sollten nicht einfach als „alberne Spinnereien" abgetan werden, das zeigt auch die deutlich zunehmende Gewaltbereitschaft und Radikalisierung.

Man sollte nicht vergessen, dass Verschwörungserzählungen eben auch gezielt eingesetzte Radikalisierungsbeschleuniger sind, um die Gesellschaften zu destabilisieren und Menschen zu mobilisieren und Systeme zum Sturz oder zumindest zum Wackeln zu bringen und das nicht erst seit heute.

#MUSSMANLESEN

„Die Bundestagswahl 2021 – Welche Rolle Verschwörungsideologien in der Demokratie spielen", CeMAS-Report

... UND LÖSUNGEN

Einen einfachen Weg aus diesem Strudel gibt es leider nicht, wenn der Glaube an Verschwörungserzählungen bereits zu einem zentralen und vor allem identitätsstiftenden Bestandteil der eigenen Persönlichkeit geworden ist. Dann wird dieser bis aufs Messer verteidigt und zielführende Diskussionen, Faktenchecks oder kritisches Reflektieren sind kaum noch möglich. Denn weder wissenschaftliche Belege noch Beweise, Zahlen oder Daten können Menschen zum Umdenken bringen, die nicht bereit dafür sind. Der Aufbau von Verschwörungserzählungen und die dahinterstehenden rhetorischen Strategien machen gegen „Angriffe" von außen immun und verhindern eine kritische Auseinandersetzung mit Fakten und anderen Meinungen:

Cherry picking:
Alles, was stört, wird ausgeblendet und Widersprüche oder Gegenbeweise werden ignoriert. Verschwörungspredigende positionieren nur die Argumente, die die Erzählung unterstützen oder vermeintlich beweisen.

Widerspruch als Beweis:
Gegenteilige Fakten werden als Teil, wenn nicht sogar als Beweis der Verschwörung gesehen. Die Folge ist Immunität gegen jede Art von Kritik oder rationalem Denken.

Nur-Fragen-stellen:
Das wird ja wohl noch erlaubt sein! Ganz gezielt werden „Fragen" gestellt, die nur das Ziel haben, Misstrauen zu schüren und Zweifel zu säen. Taktisch klug, denn was kann man schon gegen Fragen einwenden?

Aber Hopfen und Malz sind noch nicht ganz verloren. Zum einen können wir durch Gespräche und Gegenrede frühzeitig viel dagegen tun, dass Menschen Verschwörungserzählungen auf den Leim gehen. Zum anderen besteht die Chance, dass wir Menschen, die sich immer mehr im Verschwörungsglauben verlieren, vor allem dann, wenn sie uns nahestehen, durch Geduld, Nähe und eine gute Gesprächsstrategie erreichen (siehe S. 314).

„Verschwörungserzählungen immunisieren gegen Kritik. Jeder, der sie kritisiert, ist entweder naiv oder ein sogenannter Systemling oder gleich Teil der Verschwörung. Ein gesellschaftlicher Diskurs ist einfach nicht mehr möglich."

Pia Lamberty

Quelle:
www.quarks.de/gesellschaft/psychologie/was-du-ueber-verschwoerungstheorien-wissen-solltest/
Zitat: www.facebook.com/wdr5/photos/a.168065819907267/3397131430334007/?type=3

VERSCHWÖRTE WELT

♪66

Da hat aber jemand ganz schön was durcheinander gebracht. Was gehört zusammen?

Finde die Lösungsparole

1	**Neue Weltordnung (NWO)**
2	**Rothschild**
3	**Q-Anon**
4	**Great Reset**
5	**Impfung**
6	**Deep State**
7	**Chemtrails**
8	**BRD GmbH**
9	**Neuschwabenland**
10	**Reptiloiden**
11	**Flache Erde**
12	**Hohlerde**

S

Geheimdienste, Sicherheitsbehörden und Militär haben sich heimlich verbündet, um die Macht zu übernehmen. Einzig Trump hat alles durchschaut und kämpft gegen diesen tiefen Staat!

T

Von wegen rund – flach ist sie! Die Kugelform ist nur durch die Macht- und Geltungssucht einer globalen Elite entstanden, die uns versucht, von Gott fernzuhalten! Alle Aufnahmen der Erde wurden mit einem „Fischauge" gedreht, nur darum erscheint sie rund.

!

Die Regierung versprüht Gift aus Flugzeugen. Das kann man deutlich an den Streifen hinter den Flugzeugen am Himmel erkennen. Ihr Ziel ist es, Menschen zu kontrollieren und das Wetter zu manipulieren.

I

Eine globale Finanzelite plant eine neue Weltwirtschaftsordnung, deren Anfang die Covid-19-Pandemie machen soll.

Wahr ist: Unter diesem Titel sammelt das Weltwirtschaftsforum Vorschläge für eine nachhaltigere Neugestaltung der Wirtschaft nach der Corona-Pandemie.

B

Kreuzung zwischen Mensch und Alien, die im Geheimen die Menschheit regieren, mit dem Ziel, die Weltherrschaft zu erlangen. Getarnt als normale Menschen, üben „shapeshifter" auf hochrangige Positionen Macht aus. Sie leben in einem verzweigten Höhlensystem im Inneren der Erde.

Enttarnte Shapeshifter: Mitglieder des englischen Königshauses, George W. Bush, Barack Obama, Lady Gaga.

E

Ein Geheimkommando hat in dieser Region in der Antarktis kurz vor Kriegsende autarke Höhlen ausgebaut und Vorräte eingebunkert. Seit dem Krieg verstecken sich dort hochrangige Nationalsozialisten, die das Deutsche Reich am Leben erhalten. In den Höhlen befindet sich der Zugang zur „Hohlerde".

!

Im Inneren der Welt leben Reptiloiden und Nazis, die sich in untertassenförmigen Flugmaschinen fortbewegen und damit auch auf die Erdoberfläche kommen. Die NASA hat Beweise, die aber nicht an die Öffentlichkeit weitergeleitet werden dürfen.

I

Von der WHO empfohlen, um die Profitgier der Pharma-Lobby und Mediziner:innen zu bedienen. Dabei werden uns wahlweise Mikrochips injiziert, um uns zu kontrollieren, oder es ist ein geplanter Genozid, in dem wir alle getötet werden sollen.

L

Eine weltweite Elite („Deep State"), angeführt von George Soros oder den Rothschilds, kontrolliert nicht nur Regierungen und Banken, sondern verfolgt gleichzeitig den Plan, Donald Trump zu stürzen/zu töten/seine Wiederwahl zu verhindern. Auch führen sie einen internationalen Ring von Pädophilen und Kinderhändlern an, die unter der Erde Kinder gefangen halten, sie foltern und töten, um aus ihrem Blut Adrenochrom zu gewinnen – das Elixier der Jugend für Superreiche. (Die Anlehnung an antijüdische Ritualmordlegenden des Mittelalters ist unübersehbar.)

L

Das Deutsche Reich ist nie untergegangen und Deutschland ist kein souveräner Staat, sondern noch immer von den Alliierten besetzt. Eigentlich ist es sogar gar kein Staat, sondern eine Firma, bei der der oder die Kanzler:in nur Geschäftsführer:in ist!

!

Ein geheimer, elitärer Bund, bestehend aus Banken, Freimaurern, Illuminaten und vielen anderen, will die Weltherrschaft an sich reißen und eine Weltregierung errichten, die die Menschheit reduzieren will. Die Protokolle von Zion (siehe S. 262) sind der Beweis!

T

Jüdische Bankiersfamilie, die Schuld an allem Übel der Welt trägt. Platzhalter für die Gesamtheit jüdischer Menschen in sehr vielen Verschwörungserzählungen.

Quellne:
www.elearning-politik.net/moodle39/mod/glossary/view.php?id=10208
www.lpb-bw.de/verschwoerungstheorien

1	2	3	4	5	6	7	8	9	10	11	12

VERSCHWÖRUNGS CHECK

Wortwahl hinterfragen

Mal ehrlich, sind Dir in einer seriösen Berichterstattung oder Reportage schon mal Aussagen, wie „Wacht auf!!“, „Kartellparteien“ oder „was die Systemmedien uns verschweigen“ begegnet? Begriffe wie diese und auch andere, vor allem stark polarisierende oder emotionsgeladene Aussagen und Formulierungen sollten Dich stutzig machen.

Autor:in und Quellen checken

Wer beruft sich eigentlich auf wen, woher stammen die „Beweise“ und wie seriös ist die Ursprungsquelle? Seriöse Webseiten haben zum Beispiel ein vollständiges Impressum mit Ansprechpartner, Adresse etc.
(„Hab ich auf YouTube gesehen“ oder „bei Telegram gelesen“ sind keine seriösen, wissenschaftlich fundierten Quellen.)

Fakten und Kontexte/ Zusammenhänge checken

Die Impfkampagne nimmt richtig Fahrt auf, Impfzahlen steigen (nachweisbar) und gleichzeitig steigen die Coronazahlen (ebenfalls stichhaltig belegt)? Ganz klar, die Impfung macht krank! (Oder könnte es eventuell auch an der zeitgleichen Lockerung der Coronamaßnahmen liegen?)

Andere Meinungen lesen

Das gilt nicht nur für vermeintliche Verschwörungserzählungen. Die eigene Bubble zu verlassen kann sehr aufschlussreich sein und bietet die Möglichkeit des Perspektivenwechsels. Check einfach mal, was andere seriöse Quellen zum Thema sagen.

♪67

#MUSSMANLESEN

„Influencing und Verschwörungspropaganda", Report von Jugendschutz.net

AUFSTAND IN SCHWURBELHAUSEN

Wir kennen das: Die Oberschwurbler:innen möchten an die Spendengelder ihrer Anhänger:innen, aber es reicht einfach nicht für alle. Die Spendentonnen leeren sich, die Bewegung implodiert:

Rainer F.

nennt die anderen „Schwachmaten", die „Hinterzimmer-Terrorismus" betreiben. „Das kann doch nicht sein, dass man seine eigene Bedeutungslosigkeit versucht dadurch aufzuheben, dass man sich mit Leuten anlegt, denen man nicht mal im Ansatz das Wasser reichen kann."

Heiko S.

zieht sich lieber aus der Sache raus. Es nervt ihn, dass die „eigene Szene völlig uneins" ist und dass alle sich nun gegenseitig beschuldigen, von der Regierung gekaufte Satanisten zu sein. Sie alle seien „mächtige Lichtwesen", nur leider hätten das viele einfach noch nicht begriffen.

Uwe L.

schimpft, dass Michael B. „erst den großen Max markiert und sich dann verdrückt". Er findet seine Rechtfertigungsversuche „armselig" und außerdem würde er nur „Unsinn von A bis Z" erzählen.

Michael B.

findet derweil, dass von der Bundesregierung eine größere Gefahr für die Demokratie ausgeht als von Rechtsextremen. Er sagt, dass die anderen lügen. Er sei gar nicht naiv, feige oder inkompetent und Spendengelder habe er schon gar nicht veruntreut.

Anwalt Markus H.

brüllt derweil minutenlang Polizist:innen an.

Vicky R.

lästert über Eva R.: „Also heute bekommt jeder seine Bühne, die er will, oder?"

Eva R.

bricht derweil in Tränen aus, weil sie ihre Miete nicht mehr zahlen kann, und ruft erneut zu Spenden auf.

Quelle:
www.tagesspiegel.de/berlin/verschwoerungsideologen-bekriegen-sich-gegenseitig-so-kaputt-ist-die-querdenken-bewegung/27493124.html

DAS KANN JA KEIN MENSCH AUSHALTEN! SORGE DAFÜR, DASS DIE QUERDENKENDEN SICH NICHT GEGENSEITIG AN DIE GURGEL GEHEN, INDEM DU SIE VONEINANDER TRENNST.

Kannst Du drei Absperrbänder so spannen, dass jedes „Lichtwesen" einen eigenen Bereich bekommt?

VERSCHWÖRUNGSERZÄHLUNGEN UND RECHTE PROPAGANDA

Sowohl Verschwörungsgläubige als auch Rechtspopulist:innen fühlen sich von einer korrupten und raffgierigen Regierung vernachlässigt, die ihre eigenen Ziele verfolgt und sich vom Volk abgewandt hat – einem Volk, das nun aber geschlossen beisammensteht, um für sein Recht zu kämpfen.

Sie fühlen sich zu starken, autoritären „Führer:innen“ hingezogen, die diese Missstände „aufdecken“ und beenden wollen, und haben ein gesteigertes Bedürfnis nach Gemeinschaft, Zugehörigkeit und Anerkennung. Da wundert es kaum, dass Verschwörungserzählungen im Rechtspopulismus und -extremismus stark verbreitet sind und strategisch eingesetzt werden, um die eigene Propaganda zu verbreiten.

Kein neues Phänomen, wie uns die Geschichte zeigt. Das prominenteste Beispiel ist die Verwendung von Verschwörungserzählungen für die rechte Propaganda zur Zeit des Nationalsozialismus. So waren Impfungen das „Gift der Juden“ und die gefälschten „Protokolle der Weisen von Zion“ der eindeutige Beweis, dass die Juden nach der Weltherrschaft streben.

#MUSSMANWISSEN

Dieses „Volk“aus einer von Natur aus vorgegebenen germanischen Ethnie, den Prototypen des Deutschen, gibt es gar nicht und gab es auch noch nie. Darum kann es auch keinen „reinen“ deutschen Nationalstaat geben. Denn genau genommen sind wir eine seit vielen Jahrhunderten bunt gemischte „Bevölkerung“ eines Vielvölkerstaates. Sorry, Patriot.

„Die Impfung. Es ist mir sonderbar zu Mut, denn Gift und Jud tut selten gut“. Antisemitische Anti-Impfpropaganda der Nazis von ca.1933

#MUSSMANWISSEN

Die „Protokolle der Weisen von Zionen“ dienten im Nationalsozialismus als Beweis jüdischer Weltherrschaftsbestrebungen und Rechtfertigung für den Holocaust. Angeblich handelt es sich bei den Protokollen um eine Zusammenfassung des geheimen Zionistenkongresses in Basel (1897), zu dem die „Jüdische Weltregierung“ zusammenkam. Die Protokolle sollen dabei ausführliche jüdische Pläne für die Übernahme der Weltmacht durch eine künstliche Verknappung der Weltfinanzen, Erzeugung von Weltwirtschaftskrisen und Tunnelbau zur Vernichtung ganzer Städte enthalten. Viele Verschwörungsgläubige und Rechtsextreme halten auch heute noch die Narrative am Laufen, obwohl die Protokolle bereits 1921 von der „London Times“ als nicht authentisch entlarvt wurden. Es ist bewiesen, dass der Text zu großen Teilen (z.T. sogar wörtlich) auf einem fiktiven Roman aus dem Jahr 1968 basiert.

Viele dieser antisemitischen Verschwörungserzählungen sind uns auch heute noch bekannt und werden nach wie vor von rechten Parteien, Verschwörungsideologen und Rechtsextremen verbreitet, obwohl sie schon zigmal widerlegt wurden. Was nützlich war, kann heute doch auch noch wirken und wird wieder aufgewärmt und weiter verwendet.

Einer der Gründe, warum Verschwörungserzählungen und rechte Weltanschauungen so wunderbar harmonieren, ist, dass diese Erzählungen an bereits bestehende Stereotype einer Gesellschaft andocken und ihre Feindbildkonstruktionen unterstützen.

Eine Fallstudie aus Baden-Württemberg konnte zum Beispiel nachweisen, was wir alle gesehen haben: Während der Coronapandemie drehte die AfD ihre Kommunikationsstrategie einmal komplett um. Zuerst wurde nach härteren Maßnahmen gerufen, die Regierung dafür kritisiert, dass sie zu lasch handele. Nachdem jedoch immer häufiger Erzählungen in der Gesellschaft kursierten, die die Pandemie als solche anzweifelten oder gar unterstellten, dass sie künstlich erzeugt wurde, um uns zu unterdrücken und Menschenrechte abzuschaffen, machten sie eine schnelle Kehrtwende. Offenbar erschien es der AfD erfolgsversprechender, sich mit den Corona-Protesten zu verbünden, als weiter nach härteren Maßnahmen zu rufen. Mit der strategischen Verwendung der Verschwörungserzählungen konnten sie sich auf die Seite des „Volkes“ stellen und das Bild der Anti-Establishment-Partei weiter festigen.

Polizei München
@PolizeiMuenchen

Neine! durch die Ausgangsbeschränkung soll nicht die von Ankunft 20.000 Flüchtlingen vertuscht werden. Nein! Hubschrauber versprühen keine Desinfektionsmittel über Bayern.

15:13 - 22.03.20 - Twitter Web

Johannes Huber MdB
12. September 2020 - Berlin

Dieses Video zeigt auf, dass der sogenannte Sturm auf den Reichstag inszeniert war, ein geplantes Schauspiel von V-Männern und politischen Drahtziehern. Sehenswert!

Quellen:
www.belltower.news/der-grosse-austausch-oder-die-spinnerte-ideologische-grundlage-der-neuen-rechten-45832/
https://matter-of-fact.bs-anne-frank.de/de/psychologie/
www.boell-bw.de/de/2020/11/11/wie-passen-rechts-populismus-und-der-glaube-verschwoerungstheorien-zusammen
www.welt.de/geschichte/article156377227/AfD-Politiker-haelt-antisemitisches-Machwerk-fuer-echt.html

REICHSBÜRGER:INNEN UND SELBSTVERWALTER:INNEN

Reichsbürger:in ≠ Bundesbürger:in

Das ist erst mal das Allerwichtigste. Denn die Anhänger:innen sehen sich nicht als Bürger:innen der Bundesrepublik Deutschland, im Gegenteil, sie bestreiten sogar deren Existenz. Ganz einig sind sie sich jedoch nicht in der Frage, auf welches Reich sie sich beziehen.

Die einen sind der Überzeugung, dass wir noch immer im Deutschen Kaiserreich leben, andere glauben, die Verfassung der Weimarer Republik bestehe fort, da es nie einen Friedensvertrag gab und Deutschland sich somit noch immer im Kriegszustand mit den Alliierten befindet, und für wieder andere kann es nur das nationalsozialistische „Dritte Reich" geben.
Je nachdem, an welches Reich geglaubt wird, wird sich auf unterschiedliche Verfassungen berufen.

Was sie jedoch alle verbindet, ist die Überzeugung, dass Deutschland noch immer kein rechtmäßiger, souveräner Staat ist (siehe S. 23) und die Regierung sich gegen das „Deutsche Volk" stellt, da sie im Auftrag einer „größeren Macht", der „Finanzelite" oder den Zionist:innen handele. Aus diesem Grund wollen einige die Souveränität des „Deutschen Reichs" wiederherstellen. Andere wiederum geben bekannt, aus der BRD ausgetreten zu sein und in ihrem ganz eigenen „souveränen Staat" zu wohnen, was mitunter durch Grenzschilder an Gartenzäunen o. Ä. verdeutlicht wird (Selbstverwalter:innen). Natürlich mischen bei den Reichsbürger:innen Rechtsextreme ganz weit vorne mit. Das wundert kaum, umfasst die Reichsbürgerideologie doch viele ihrer Lieblingsthemen, wie das antisemitische Narrativ der „Jüdischen Weltverschwörung" oder den Wunsch nach einem großen deutschen Reich in den alten Staatsgrenzen und nach einem Systemsturz.

Die Zahl der Reichsbürger:innen und Selbstverwalter:innen steigt kontinuierlich und liegt mittlerweile bei **über 20.000 deutschlandweit**. Rund **5%** werden als **rechtsextrem** und **10%** als **gewaltbereit** eingestuft. Durch sie wurden im Jahr 2021 **über 1000 extremistische Straftaten** verübt.

Dass Reichsbürger:innen und Selbstverwalter:innen der Gewalt nicht abgeneigt sind, zeigt auch ihre Waffenliebe. Über 1000 von ihnen wurde seit 2016 ihre waffenrechtliche Erlaubnis entzogen, viele sind aber nach wie vor gut ausgestattet, was sich immer wieder zeigt.

Der Anstieg der Zahlen zu Reichsbürger:innen und Selbstverwalter:innen mag natürlich zum einen daran liegen, dass mehr Aufmerksamkeit auf sie gelegt wird und dadurch die einzelnen Bundesländer häufiger Daten zu ihnen erheben. Es liegt jedoch auch an einem stärkeren Zulauf, weil ihre Narrative (Friedensvertrag, Souveränität etc) und Symbole (Reichskriegsflagge und Co) im Netz und auf der Straße im Rahmen der Corona-Proteste viel präsenter geworden sind. In diesen Zusammenkünften treffen die unterschiedlichsten Menschen aufeinander, die aus verschiedensten Motiven heraus das Grundgesetz ändern oder gar abschaffen wollen, von einer „Corona-Diktatur" sprechen, staatliche Maßnahmen ablehnen und den Staat selbst infrage stellen. Ein ziemlich fruchtbarer Boden für die Reichsbürger:innenideologie.

Quellen:
www.bmi.bund.de/SharedDocs/topthemen/DE/topthema-reichsbuerger/faq-unterschied-reichsbuerger-selbstverwalter.html
www.verfassungsschutz.de/DE/themen/reichsbuerger-und-selbstverwalter/zahlen-und-fakten/zahlen-und-fakten_node.html

68

AUSTRITT AUS DEUTSCHLAND
DER BUNDESREPUBLIK

Der User rechtsbeifall hat sich etwas Schlaues überlegt und befragt ein Juraforum, ... ja, aber was fragt er eigentlich? **Die Frage hat er sehr gut versteckt.**

Liebes Forenpublikum,

ich spiele gerade mit dem Gedanken aus der Bundesrepublik Deutschland auszutreten. Hierzu habe ich folgende Vorgehensweise geplant:

1. Staatsangehörigkeitsausweis Ausweis mit Abstammung vor 1914 besorgen.
2. Foto und Fingerabdruck auf die beglaubigte Abschrift aus dem Geburtenregister einfügen, zusammen mit dem StaG Ausweis apostillieren lassen.
3. Gründung einer juristischen Person = Personengesellschaft (e.K.)
4. Abmeldung ins Ausland mit Abgabe Perso/Reisepaß.

Nach Abmeldung würde ich mich dann in der Selbstverwaltung befinden. Nun kann ich mich als Deutscher ja trotzdem durch Anmeldung in ein Treuhandverhältnis mit der BRD begeben. Notwendige Vertäge wie Versicherungen würde ich über die Personengesellschaft abwickeln. Der StaG Ausweis beweist, dass ich hier Heimatrechte habe und ich mich auch ohne jur. Person hier aufhalten kann. Der Wohnsitz wird durch die nat. Person genommen und ist somit nicht meldepflichtig.

Was denkst Du, könnte das klappen? Angenommen ja, welche Vorteile/Nachteile/ Probleme würde ein Austritt aus der Bundesrepublik Deutschland mit sich bringen?

Quelle:
www.123recht.de/forum/generelle-themen/Austritt-aus-der-BRD-GmbH-__f499600.html

VORTEILE

NACHTEILE

PROBLEME

IMMERHIN BEKOMMT ER ZAHLREICHE ANTWORTEN:

Juraforum
Community

Niemand hält Sie auf, die Staatsangehörigkeit zu wechseln. Niemand hält sie auf, ein Einzelunternehmen zu gründen. Niemand hält Sie auf, Verträge über ein Einzelunternehmen abzuschließen. Das ändert aber nichts daran, dass für Sie deutsche Gesetze gelten, wenn Sie sich in Deutschland aufhalten. Von daher frage ich mich: Was soll das ganze bringen?

Juraforum
Community

Ich hätte an Stelle des TE ja gleich eine BRD AG gegründet, weil ja jeder weiß, daß eine AG mehr ist als eine bloße GmbH. Dann wäre ich mit meinen Mehrheitsaktien zur UN und zur EU marschiert und hätte den deutschen Sitz in diesen Vereinigungen für mich beansprucht. Nebenbei hätte ich noch eine DDR GmbH gegründet und von den Russen Schadensersatz für 40 Jahre Besetzung eingeklagt. Das alles dann unter dem Dach der Erde AG Holding (neben der USA GmbH & Co. KG und der Nordkorea GbR) eingegliedert und mir überlegt, ob ich meinen goldenen Palast lieber auf New Private Island (vormals: Australien) oder in Groß-Berlin bauen lasse.

Juraforum
Community

Das funktioniert! Die anderen spotten hier vor Neid. Aber ich habe es genau so gemacht! Jetzt sitze ich hier mitten im Deutschen Reich und bin mein eigener souverän. Das müssen die Angestellten der sogenannten „BRD GmbH" respektieren, denn es beruht auf Völkerrecht!!!!!!

KANN MAL JEMAND UNSERE VERFASSUNG SCHÜTZEN?!

„Ob Links- oder Rechtsterrorismus – da sehe ich keinen Unterschied."

„Doch, doch!", ruft das Känguru. „Die einen zünden Ausländer an, die anderen Autos. Und Autos sind schlimmer, denn es hätte meines sein können. Ausländer besitze ich keine."

— Marc-Uwe Kling, Die Känguru-Chroniken

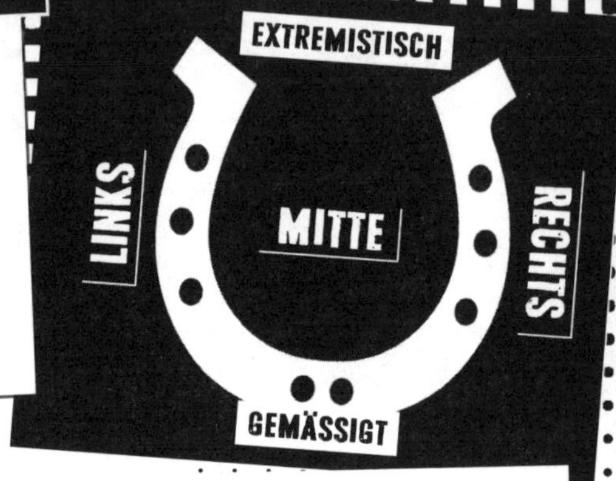

Extremismus und die Hufeisentheorie

Die Bundesregierung hat einen „ausgeklügelten" Maßnahmenkatalog entwickelt, um „Extremismen jeder Art und Gewalt" begegnen zu können und unsere Verfassung damit zu schützen. Mit dem „Aussteigerprogramm Linksextremismus" soll der Verfassungsschutz Personen zu einem Ausstieg aus der linksextremistischen, gewaltbereiten Szene motivieren und sie in ihrer Entscheidung und bei weiteren Schritten unterstützen. Vielleicht hört sich das im ersten Moment für einige konsequent an, **jedoch hat die Sache einen Haken:**

Wenn Linke nicht mehr aktiv sein wollen, hören sie einfach auf. Im Gegensatz zu rechten Aussteiger:innen, die nach einem Ausstieg nicht selten massiv durch ehemalige Kamerad:innen bedroht werden und zum Teil nur durch neue Identitäten sicher sind. Die Sache an sich ist jedoch nicht nur etwas eigenartig, sondern verdeutlicht ein problematisches Bild von Extremismus, das auf der sogenannten „Hufeisentheorie" basiert. Also auf der Annahme, dass eine gesellschaftliche Mitte vom linken und rechten Rand bedroht wird. Damit setzt sie Links- und Rechtsextremismus auf eine gefährliche Art und Weise gleich.

Nicht nur Rechtspopulist:innen und -extremist:innen nutzen das Hufeisen, um mit dem Finger nach links zu zeigen und von der Gefahr, die durch die eigenen Reihen ausgeht, abzulenken. Auch Politiker:innen der CDU, CSU, FDP und große Teile der Gesellschaft prangern mit dem Hufeisen pauschal beide „Seiten" als gleichermaßen demokratie-, staatsfeindlich und gefährlich an, während sie sich selbst als friedliche Mitte darstellen. So werden rassistische, menschenfeindliche, gewalttätige Übergriffe auf Menschen ganz selbstverständlich mit Sitzblockaden oder brennenden Autos durch linke Demonstrende gleichgesetzt. Ist das wirklich das Gleiche?!

Die Hufeisentheorie hat einen berechtigten historischen Kontext, denn wir dürfen nicht vergessen, dass es in der Vergangenheit auch mal eine wesentlich radikalere extremistische Linke gab. Wir erinnern uns an die linksextremistische terroristische Vereinigung RAF (Rote Armee Fraktion), die von 1970 – 1998 verantwortlich für über 30 Morde, mehrere Geiselnahmen, Banküberfälle, einer Entführung und Sprengstoffattentate mit über 200 Verletzten war. Das liegt jedoch bereits über 25 Jahre zurück, seitdem hat sich viel verändert!

„Während Rechtsradikale Menschen attackieren und mitunter töten, haben Linksradikale eher Dinge im Visier. Sie brennen Mülltonnen an und zerschlagen Fensterscheiben.“

Politologe Dr. Robert Feustel

69

Kannst Du Dich noch an die letzten extremistischen Attentate erinnern? Google nach!

Auch ist es zu simpel anzunehmen, dass unsere freiheitliche demokratische Grundordnung nur durch zwei gegensätzliche Pole (rechts und links) bedroht wird. Denn Gefahr droht nicht nur von diesen, sondern auch durch andere demokratiefeindliche Ideologien. Und ebenso durch extremistische Anschläge und Übergriffe, die zum Teil nicht mal richtig zugeordnet, geschweige denn als solche überhaupt wahrgenommen werden (können), weil die Tatausübenden keiner der „beiden“ extremistischen Vereinigungen angehören: Übergriffe auf BIPoCs, LSBTQI+, auf politische Verantwortliche, Wissenschaftler:innen oder Journalist:innen, verübt durch Reichsbürger:innen, Prepper:innen, fundamentale Christ:innen, Q-Anons, Corona-Extremist:innen oder „Wutbürger:innen“.

Diese stellen eine gesamtgesellschaftliche Gefahr dar, die wir wirklich nicht ignorieren sollten. Sonst stehen wir irgendwann vor einem gigantischen Problem.

ZUM NACHDENKEN

Ein zentraler Teil der Hufeisentheorie ist die „gemäßigte Mitte“, die zwischen den „beiden“ Extremen liegt. Aber wo fängt diese „echte“ bürgerliche Mitte an und wo hört sie auf? Wer gehört zu ihr, definiert sie und wer entscheidet das überhaupt?

#MUSSMANLESEN

Interessantes Interview zur Extremismustheorie mit den Herausgebenden des Sammelbandes „Extrem Unbrauchbar“.

Quellen:
www.zdf.de/nachrichten/politik/hufeisentheorie-hufeisenschema-rechtsextremismus-afd-linke-thueringen-102.html
www.volksverpetzer.de/gastkommentar/hufeisentheorie/

DER VERFASSUNGSSCHUTZ

Die Aufgabe des BfV (= Bundesamt für Verfassungsschutz) ist „die Sammlung und Auswertung von Informationen, insbesondere von sach- und personenbezogenen Auskünften, Nachrichten und Unterlagen" von Organisationen, Gruppen und Personen, die sich mutmaßlich gegen unsere Demokratie, unseren Rechtsstaat und die Menschenrechte (= „freiheitliche demokratische Grundordnung", siehe S.36) stellen.

Er beobachtet und dokumentiert also Extremist:innen.

#MUSSMANWISSEN

„**Extremistisch**" sind dogmatische Ideologien, die die Grundwerte der freiheitlich-demokratischen Grundordnung angreifen und die Demokratie beseitigen wollen.

„**Radikal**" sind Ideologien, die zwar extrem sind, aber nicht unsere freiheitliche demokratische Grundordnung angreifen und darum in unserer Demokratie auch ihren legitimen Platz haben.

Da die Beobachtung von Personen aber in ihre Grundrechte eingreift, muss der Verfassungsschutz bei jeder Beobachtung das Prinzip der Verhältnismäßigkeit beachten. Das heißt, dass jede getroffene Maßnahme das möglichst „mildeste Mittel" und angemessen sein muss.

Nicht zuletzt durch seinen 2018 in den einstweiligen Ruhestand beförderten Präsidenten Hans-Georg Maaßen geriet der Verfassungsschutz unter Beschuss, der deutliche **Zweifel an der Neutralität** der Behörde hinterließ.

Zweifel unberechtigt? Eher nicht.

Bereits in Maaßens Dissertation 1997 fielen Begriffe wie „Asyltourismus" und „unkontrollierte Massenzuwanderung", und auch heute noch zeigt er deutlich seine politische Gesinnung. So sagt er zum Beispiel, er sei ja „nicht der CDU beigetreten, damit heute 1,8 Millionen Araber nach Deutschland kommen". Inzwischen verbreitet er Verschwörungserzählungen und Falschinformationen, lässt sich von AfD und Identitärer Bewegung feiern, stachelt gegen den öffentlich-rechtlichen Rundfunk auf, hält die Tagesschau für linksextrem, leugnet den Einfluss von CO_2 auf den Klimawandel und die Wirkung der COVID-19-Impfung und teilt rechte Blogs. Ein klassischer Rechtspopulist also, der definitiv nicht für „Neutralität" steht.

Quelle:
www.tagesschau.de/inland/innenpolitik/faq-afd-101.html

Stimmst Du zu?

Hans-Georg Maaßen
@HGMaassen

Die Antifa ist aus meiner Sicht eine extremistische Bestrebung, die verbotswürdig ist.

Wer ist „unserem Team"?

Martin Sellner
@Martin_Sellner

Hans Georg Maaßen meldet sich zurück und spielt ab jetzt in „unserem Team". ;) Willkommen und danke für Ihren Mut!

Doch nicht nur Maaßen sorgte für Zweifel an der Sinnhaftigkeit und Ausgestaltung des Verfassungsschutzes. Immer wieder taucht der Vorwurf auf, der Verfassungsschutz sei nicht neutral genug und würde in erster Linie dem Selbstzweck dienen, statt unsere demokratische Grundordnung zu schützen. Auch wird dem Verfassungsschutz vorgeworfen, dass V-Personen in ihrer Rolle als Extremist:innen Radikalisierungen vorantreiben, extremistische Übergriffe und Anschläge billigten oder gar förderten, und infrage gestellt, ob die Risiken, die ihr Einsatz bringt, ausreichend beachtet werden. Man denke hierbei an den Fall NSU, bei dem offenbar der Schutz von V-Personen mit den polizeilichen Ermittlungen massiv kollidierte, was zur Folge hatte, dass Informationen verschwiegen und nicht an zuständige Behörden weitergeleitet wurden.

#MUSSMANWISSEN

V-Personen sind Personen, die sich undercover in extremistische Gruppen einschleusen, um an Informationen zu gelangen. Hierfür nehmen sie z.T. über Monate oder Jahre Rollen ein, in denen sie mitunter auch Straftaten ausführen, um nicht aufzufliegen.

#MUSSMANLESEN

Ein kritischer Blick auf den Verfassungsschutz.

VERDÄCHTIG, VERDÄCHTIGER AM VERDÄCHTIGSTEN

1 EXTREMISTISCHER PRÜFFALL

Wer fällt darunter?
Gruppen, Organisationen oder Personen, bei denen es erste Anzeichen für extremistische Bestrebungen gibt.

Was darf der VfS?
Er darf nur auf einfache Art überprüfen, indem er ausschließlich öffentlich zugängliche Quellen auswertet.

2 EXTREMISTISCHER VERDACHTSFALL

Wer fällt darunter?
Mutmaßliche, aber noch nicht gesichert extremistische Gruppen, Organisationen oder Personen, bei denen sich der Verdacht erhärtet, dass extremistische Bestrebungen vorliegen.

Was darf der VfS?
Er darf Mitglieder observieren und abhören, mit richterlichem Beschluss Einblick in die Finanzen nehmen und V-Leute einsetzen.

3 GESICHERT EXTREMISTISCHER BEOBACHTUNGSFALL

Wer fällt darunter?
Gruppen, Organisationen oder Personen, bei denen sich der Extremismusverdacht erhärtet hat.

Was darf der VfS?
Er darf ALLE verfügbaren nachrichtendienstlichen Mittel einsetzen – richterliche Genehmigungen hierfür werden schneller erteilt.

#MUSSMANWISSEN

Eine Beobachtung von Abgeordneten ist nur in Ausnahmefällen möglich und stellt einen besonders schweren Eingriff in das freie Mandat dar. Die Hürden hierfür sind enorm hoch. Darum überlege Dir stets gut, wem Du Deine Stimme gibst!

Was denkst du, wer ist extremistischer Prüffall, Verdachtsfall oder gesichert extremistischer Beobachtungfall?

Trage ein: Wer wird wie vom Verfassungsschutz eingestuft?

Auflösung:
Über Prüffälle darf nicht öffentlich berichtet werden, über Verdachtsfälle und Beobachtungsfälle jedoch schon. So wird die AfD offiziell als Verdachtsfall geführt, alle anderen gar als Beobachtungsfälle.

#MUSSMANWISSEN

Das BfV gibt jährlich einen Verfassungsschutzbericht heraus, in welchem aktuelle Entwicklungen in den Beobachtungsfeldern „Rechtsextremismus", „Linksextremismus", „Islamismus", „auslandsbezogener Extremismus", „verfassungsschutzrelevante Delegitimierung des Staates" und „Spionage und Cyberangriffe für fremde Mächte" veröffentlicht werden. Ein Teil des Verfassungsschutzberichts umfasst die sogenannte Politisch motivierte Kriminalität (siehe nächste Seite)

Link: Verfassungsschutzbericht 2021

POLITISCH MOTIVIERTE KRIMINALITÄT PMK

Alle Straftaten, die ein politisches Motiv vermuten lassen (ein Anfangsverdacht reicht), werden in einer Statistik durch das Bundeskriminalamt erfasst und jährlich veröffentlicht.

LINKS

Alle Straftaten, die aufgrund von Tatumständen und/oder Einstellung des Täters Anhaltspunkte geben, dass sie „links“ motiviert waren.

Merkmale linker Ideologie:

- Ablehnung staatlicher, gesellschaftlicher und kapitalistischer Strukturen
- Streben nach einem „herrschaftsfreien“, anarchistischen System
- Nutzen und Instrumentalisieren gesellschaftlicher Konfliktthemen im Sinne linker „revolutionärer“ Ziele
- Konfrontation mit dem politischen Gegner als ideologische Übereinkunft

RECHTS

Alle Straftaten, die aufgrund von Tatumständen und/oder Einstellung des Täters Anhaltspunkte geben, dass sie „rechts“ motiviert waren.

Merkmal rechter Ideologie:

- Annahme einer Ungleichwertigkeit der Menschen
- Bezug zum völkischen Nationalismus, Rassismus, Sozialdarwinismus oder Nationalsozialismus

ZUM NACHDENKEN

„Konfrontation“..., heißt das, gegen Rechts zu sein reicht bereits, um als „linke:r Ideolog:in“ zu gelten? Das merken wir uns für die Deutung der Statistiken auf der nächsten Seite und schauen uns später die Hufeisentheorie (s.S. 268) nochmal genauer an.

Straftaten, die sich auf Basis einer ideologischen Grundhaltung gegen unsere Verfassung und unsere freiheitliche demokratische Grundordnung richten, werden als extremistische Straftaten bezeichnet.

Die PMK-Statistik soll der Politik als Frühwarnsystem dienen, um eine mögliche Bedrohung für unsere Gesellschaft zu erkennen. An sich also ganz sinnvoll. Allerdings sollte auch diese Statistik mit Vorsicht bzw. mit ein wenig Hintergrundwissen betrachtet werden:

1

Da die PMK-Statistik eine sogenannte „Eingangsstatistik“ ist, in der Straftaten bereits bei einem ersten Anfangsverdacht, also mit Aufnahme der polizeilichen Ermittlungen, aufgegriffen werden, ist es möglich, dass die Polizei im Laufe der Ermittlungen zu einer ganz anderen Bewertung kam.

2

Was als „politisch motiviert“ gilt, ist immer auch Auslegungssache, bei der es zunächst sehr auf den subjektiven Eindruck der Polizei ankommt.

Wie viele Nazis sind eigentlich ein Hufeisen?

NAZI + NAZI + NAZI = 30

NAZI + HUFEISEN + HUFEISEN = 18

HUFEISEN - PUNK = 2

PUNK + NAZI x HUFEISEN = ?

Quellen:
www.bka.de/DE/UnsereAufgaben/Deliktsbereiche/PMK/
www.bmi.bund.de/SharedDocs/faqs/DE/themen/sicherheit/pmk/pmk.html

NEUTRALE POLIZEI?

Alle Polizeibeamt:innen unterliegen einem Mäßigungsgebot und einer Neutralitätspflicht. Brauchen wir uns um die politische Einordnung von Straftaten also keine Sorgen machen?

Hessen

Erneut wird gegen Frankfurter Polizisten ermittelt

Ein Beamter soll verfassungsfeindliche Symbole verwendet haben – vier weitere sollen ihn gedeckt oder Dienstgeheimnisse verraten haben, darunter auch ein Vorgesetzter.

Rechtsextremismus

Polizistin schreibt heimlich Briefe an Attentäter von Halle

Sie soll dem Rechtsterroristen Stephan B. gegenüber monatelang Sympathie für seine Taten ausgedrückt haben. Das Innenministerium Sachsen-Anhalts hat die Beamtin bereits vom Dienst suspendiert.

Rechte Chatgruppen

Kegeln unterm Hakenkreuz – zehn Polizisten in NRW suspendiert

Bei Razzien werden diverse Wohnungen und auch das Essener Polizeipräsidium durchsucht. Im Fokus steht eine Kegelgruppe, die rechtsextreme Inhalte geteilt haben soll.

Rechtsextremismus bei der Polizei

Hakenkreuz aus Munition

Der Skandal um rechtsextreme Chatgruppen in NRW weitet sich aus. Immer neue Fotos tauchen auf, darunter ein Hitlergruß vom Autodach herab und SS-Runen auf Weihnachtskugeln.

Rechte Chatgruppen

Polizist unterhielt auch Kontakte zu „Bandidos“

Ein wegen rechtsextremer Chatgruppen suspendierter Beamter in NRW soll Verbindungen zu Hooligans, einer rechtsextremistischen Gruppierung und zu einer Rockergruppe gepflegt haben.

Rechtsextremismus bei der Polizei

„Ich wollte kein Teil davon sein“

Simon hat vor drei Jahren seine Polizei-Ausbildung wegen rassistischer Vorfälle abgebrochen. Was die aktuelle Debatte aus seiner Sicht bewirkt hat.

Polizei in Nordrhein-Westfalen

Hitler-Parodie statt rechter Chat

Eine Polizistin wehrt sich in einem Eilverfahren erfolgreich gegen ihre Suspendierung. In dem Chat habe eine Person Hitler verspottet, ein „schwerwiegendes Dienstvergehen“ will das Verwaltungsgericht nicht erkennen.

Amtsgericht Traunstein

Polizist ermittelt trotz Hetzbotschaft nicht – Bewährungsstrafe

Das Gericht ahndet zudem, dass der Angeklagte sein Büro unter anderem mit einer Collage aus Hakenkreuzen dekoriert hatte. Ein eindeutig rechtsextremes Motiv erkennt es aber nicht.

Polizei NRW

Polizist soll bei Halle-Gedenken „Thor Steinar"-Kleidung getragen haben

Weil die Marke so beliebt in der Szene ist, gilt sie als eines der bekanntesten Erkennungszeichen Rechter. Jetzt ermittelt der Staatsschutz gegen den Beamten aus Köln.

Rechtsextremismus bei der Polizei

Seehofer: „Kein strukturelles Problem mit Rechtsextremismus in den Sicherheitsbehörden"

Nach einem Bericht des Bundesamts für Verfassungsschutz gab es in vier Jahren mehr als 300 Verdachtsfälle von Rechtsextremismus in Sicherheitsbehörden. Für den Bundesinnenminister kein Grund für eine tiefere Untersuchung.

Bericht über Chatgruppen

Auch der Berliner Polizei droht ein Rassismus-Skandal

Mehrere Berliner Polizisten sollen sich in einer Chatgruppe rassistisch geäußert haben. Die Behörde leitet umgehend ein Strafverfahren ein.

♪70

Quelle:
www.sueddeutsche.de/thema/Rechtsextremismus_bei_der_Polizei

RND
@RND_de

NRW-Innenminister Herbert #Reul lässt knapp 5000 großformatige Kalender mit #Grundgesetz-Artikeln an die Polizeidienst-Stellen im Land verschicken. Die rechtsextremen Chats bei der #polizeiNRW hatten Zweifel an der Verfassungstreue einzelner Beamter gesät.

....
....
....
....
....
....
....
....
....
....
....
....
....
....
....
....
....
....
....
....

Schau selbst nach. Suche nach „Rechsextreme Straftaten bei der Polizei" und „Linksextreme Straftaten bei der Polizei".

Was fällt Dir auf?

RECHTSEXTREMISMUS IN SICHERHEITSBEHÖRDEN

Die Zahl verfassungsfeindlicher Taten innerhalb der Sicherheitsbehörden hat sich seit 2017 verzehnfacht. Zum einen mag das daran liegen, dass der Verfassungsschutz nun endlich genauer hinschaut, zum anderen aber auch, dass die Vorfälle an sich steigen. So oder so ist das Grund zur Sorge und sollte nicht verharmlost oder ignoriert werden. Denn auch wenn natürlich nicht jeder Mensch in einer Sicherheitsbehörde gleich ein Neonazi ist, sind rechtsextreme Vorfälle z. B. bei der Polizei oder Bundeswehr eben auch keine „unwichtigen" Einzelfälle.

Aber woher kommt das?

Die Gründe dafür sind vielfältig, zum Beispiel das Aufgabenspektrum und der Aufbau der Sicherheitsbehörden an sich. Die Strukturen innerhalb der Polizei und Bundeswehr sind fest, hierarchisch, traditionell, männerdominiert und weitestgehend ohne Führungsaufsicht, Widerspruch wird nicht gerne gesehen, Kolleg:innen/Kamerad:innen zu melden ist verpönt, gegen eine wissenschaftliche Aufarbeitung wird sich mit Händen und Füßen gewehrt, die Zivilgesellschaft hat kaum Einblicke und Betroffene haben kaum Möglichkeiten, sich zur Wehr zu setzen. Zudem verstehen sich Polizist:innen und Soldat:innen als eine geschlossene Einheit, die zusammenhält.

Bei Polizist:innen kommt dazu, dass sie in ihrem Berufsalltag in erster Linie mit einem winzigen Ausschnitt der Gesellschaft konfrontiert sind, welcher – das bringt der Beruf nun mal mit sich – kriminell, auffällig und aggressiv ist. Überhöhen sie diesen sehr speziellen Ausschnitt und übertragen diesen auf eine Gesamtheit, können sich Stereotype und Vorurteile schnell verfestigen und die eigene Neutralität beeinflussen. Gepaart mit einem Arbeitsauftrag, der es erlaubt, Macht auf andere auszuüben, kann das ziemlich gefährlich werden.

Eine brisante und gefährliche Mischung

Eine Sicherheitsbehörde, die Menschen diskriminiert und gefährdet, statt sie zu schützen? Die rechtsextremen Vorfälle bei der Polizei reichen von rassistischen Chats, Übergriffen, Drohbriefen und Weitergabe von privaten Daten bis hin zu Bildern mit Reichskriegsflaggen, Hitlergrüßen und sogar Putschaufrufen.
Auch rassistisch motivierte Polizeikontrollen, Racial Profiling, gehören dazu. Diese grundgesetzwidrige Praktik betrifft vor allem männliche BIPoC regelmäßig. Allein aufgrund ihres Aussehens (vor allem ihrer Hautfarbe) und einer gelesenen ethnischen oder religiösen „Fremdartigkeit" werden sie durch die Polizei überproportional oft und ziemlich willkürlich überprüft. Racial Profiling ist eine Form des strukturellen Rassismus, die Sicherheitsbehörden stets von sich weisen, aber für viele BIPoC zum Alltag gehören. Betroffene verlieren das Vertrauen in die Polizei, fühlen sich bloßgestellt, erniedrigt und ausgeliefert.

#MUSSMANHÖREN

*„Faschisten hören niemals auf, Faschisten zu sein
Man diskutiert mit ihnen nicht, hat die Geschichte gezeigt
Und man vertraut auch nicht auf Staat und Polizeiapparat
Weil der Verfassungsschutz den NSU mit aufgebaut hat
Weil die Polizei doch selbst immer durchsetzt von Nazis war
Weil sie Oury Jalloh gefesselt und angezündet haben
Und wenn Du friedlich gegen die Gewalt nicht ankommen kannst
Ist das letzte Mittel, das uns allen bleibt, Militanz"*

Danger Dan
„Das ist alles von der Kunstfreiheit gedeckt"

♪14

Manuel Ostermann
@M_Ostermann

Münsterländer mit Leidenschaft für Innenpolitik. Polizeigewerkschafter aus Überzeugung.DPolG. Heimatliebend. Hier meine ganz persönliche Meinung.

Manuel Ostermann
@M_Ostermann

#Linksextremismus eine extrem große Gefahr für Land und Leute!
Linksextremismus wird immer noch gerne tabuisiert, bagatellisiert und bei einigen Politikern sogar favorisiert. Auf Plattformen wie hier zu sehen, wird sich radikalisiert. Hass, Hetze und Todeswünsche sind da Alltag.

Geteilter Screenshot von Indymedia:
Brennende Matratze vor der Staatsanwaltschaft Halle

In Erinnerung an Oury Jalloh und alle anderen Opfer der Polizei und des Staates. Feuer und Flamme den Repressionsbehörden!

Schau genau hin:

Was vergleicht Manuel O. „heimatliebender Polizeigewerkschafter" der DPolG, innerhalb seines Tweets hier miteinander?

Suche Informationen zu:

1. Tod von Oury Jalloh
2. Aktion „Brennende Matratze vor der Staatsanwaltschaft Halle"

Was, denkst du, ist das Ziel des Tweets?

....
....
....
....
....
....
....
....
....
....
....
....
....
....

Quellen:
www.tagesschau.de/inland/gesellschaft/interview-rafaelbehr-rechtsextremismus-sek-103.html
www.zeit.de/gesellschaft/zeitgeschehen/2022-05/verfassungsschutz-rechtsextremismus-behoerden-polizei-bundeswehr, „Probleme mit Struktur – Rechtsextremismus in der Polizei", rnd.de

ABER DIE LINKEN ...!

„Sowohl das Anwachsen der linken Szene als auch die Anzahl der von ihr ausgehenden Straftaten stellt eine Reaktion auf die Zunahme des Rechtsextremismus und dessen hoher medialer Präsenz dar. […] Sie werden im Zuge von Demonstrationen und Protestereignissen verübt, bei denen Autonome bzw. Anhänger der ‚Antifa' auf tatsächliche und vermeintliche Rechtsextremisten sowie auf Polizisten stoßen."

Bundeszentrale für politische Bildung

Fällt Dir etwas auf?

....

....

....

....

....

....

....

....

....

....

....

....

....

....

71

	2012	2013	2014	2015	2016	2017	2018	2019	2020	2021
PMK gesamt	27.440	31.645	32.700	38.981	41.549	39.505	36.062	41.177	44.692	55.048
PMK -rechts-	17.616	17.042	17.020	22.960	23.555	20.520	20.431	22.342	23.604	21.964
PMK -links-	6.191	8.673	8.113	9.605	9.389	9.752	7.961	9.849	10.971	10.113
PMK -nicht zuzuordnen-	2.765	5.056	5.018	4.391	5.233	6.514	4.597	6.664	8.624	21.339
PMAK	868	874	2.549	2.025	3.372					
PMK -ausl. Ideologie-						1.617	2.487	1.897	1.016	1.153
PMK -rel. Ideologie-						1.102	586	425	477	479

Diagramm 1: Entwicklung des politisch motivierten Gesamtstraftatenaufkommens nach Phänomenbereichen im Verlauf der letzten zehn Jahre (2012-2021)

Jahr	2021	2020	in %
PMK -rechts-	21.964	23.604	- 6,95 %↓
PMK -links-	10.113	10.971	- 7,82 %↓
PMK -ausländische Ideologie-	1.153	1.016	+ 13,48 %↑
PMK -religiöse Ideologie-	479	477	+ 0,42 %↑
PMK -nicht zuzuordnen-	21.339	8.624	+ 147,44 %↑
Gesamt	**55.048**	**44.692**	**+ 23,17 %↑**

Tabelle 1: Entwicklung der politisch motivierten Straftaten in den einzelnen Phänomenbereichen der PMK im Vergleich Berichtszeitraum zu Vorjahr (2021 zu 2020)

Straftaten mit politischem Hintergrund stiegen 2021 auf ihren bisherigen Höchststand.
Ursache sind Straftaten, die nicht den bisher bekannten Spektren zugeordnet werden können und in den Bereich PMK –nicht zuzuordnen– fallen. Ein deutliches Zeichen, dass die Extremismustheorie in der Praxis nicht (mehr) greifen kann.

DUNKELZIFFER RECHTER STRAFTATEN HOCH:

„Rechtsextreme Gewalt richtet sich vorwiegend gegen Migranten, die zum Teil geprägt von negativen Polizeierfahrungen in ihren Herkunftsländern und aufgrund von Sprachbarrieren vermutlich seltener Anzeige erstatten dürften."

Bundeszentrale für politische Bildung

HASSPOSTINGS

Jahr	2021
PMK -rechts-	1.260
PMK -links-	177
PMK -ausländische Ideologie-	66
PMK -religiöse Ideologie-	47
PMK -nicht zuzuordnen-	861
Gesamt	**2.411**

Manuel Ostermann
@M_Ostermann

Wer die Gefahr verkennt wird böse erwachen. Ich warne bereits ziemlich lange vor den steigenden Gefahren wachsender linksextremistischer Strukturen. Leider ist Politik im Bereich Linksextremismus oftmals sehr lethargisch. Das muss sich ändern.

#MUSSMANLESEN

Alle Diagramme und Tabellen stammen aus dem Factsheet: „Politisch motivierte Kriminalität 2021" des Bundeskriminalamt

HILFE!!!

DER LINKSRUTSCH KOMMT!

Markus Söder
@Markus_Soeder

Wir müssen alles tun, um einen historischen Linksrutsch in Deutschland zu verhindern. Noch nie war die Gefahr so groß, dass ein Linksbündnis die Macht übernimmt. Jetzt beginnen Wochen der Entscheidung.

CSU
Share-Pic

LINKSRUTSCH VERHINDERN.

Sarah Bosetti
@sarahbosetti

„...die Macht übernimmt"?
Sie meinen sicher: „...gewählt wird".

Und das ist keine Gefahr.
Das ist Demokratie.

AfD
Share-Pic

Wir müssen die bürgerlich-konservativen Kräfte bündeln, um dem scheinbar unaufhörlichen Linksrutsch in unserem Land etwas entgegenzusetzen!

CDU
Jan Zimmer

„WER FDP WÄHLT, WÄHLT DEN LINKSRUTSCH."

Um an die Stimmen von Wahlberechtigten zu kommen,, ist (fast) jedes Mittel recht, da sind sich die drei Parteien CDU, CSU und AfD einig und bauen ein Angst-szenario auf, das den „politischen Feind" als brandgefährlich

DAS PERFIDE DARAN:

Erst **am 01. 06. 2019 wurde Walter Lübcke**, ein deutscher CDU-Politiker, der sich nicht nur für Geflüchtete einsetzte, sondern sich auch deutlich gegen PEGIDA aussprach, auf seiner Terrasse **von Stephan E.,** einem damals bereits bekannten **Rechtsextremisten**, der bereits wegen eines versuchten Rohrbombenanschlags auf eine Geflüchtetenunterkunft verurteilt wurde, mit einem Schuss in den Kopf aus nächster Nähe **hingerichtet**.

Dass dieser „nichtssagende Mitläufer" (polizeilicher Staatsschutz Kassel) und „relativ freche junge Mann" (Leiter der Außenstelle des Verfassungsschutzes in Kassel), sich so weit radikalisieren würde, überraschte die Behörden sehr.

Quelle:
www.hessenschau.de/politik/zeugen-im-untersuchungsausschuss-luebcke-moerder-lief-unter-dem-radar,luebcke-u-ausschuss-zeugen-100.html

DAS MOTIV:

Aus einer „von Rassismus getragenen, völkisch-nationalen Grundhaltung“ heraus hat er seinen Hass auf Ausländer zunehmend auf Lübcke projiziert. Schlussendlich habe er ihn dann erschossen, um ihn für seine Haltung in der Flüchtlingspolitik zu bestrafen und andere von einer Politik der Weltoffenheit abzuhalten.

Gemeinsam mit dem mutmaßlichen Mittäter Markus H. befeuerte er bereits in den vorangegangenen Monaten Hetzjagden und Morddrohungen in den sozialen Medien gegen Lübcke, legte ein Waffenlager an und trainierte das Schießen.

MAL EHRLICH, SO WAS TUT WEH. SO RICHTIG.

Was denkst Du? Wie weit muss oder darf Satire gehen? (siehe auch S. 200)

ZUM NACHDENKEN

Konservative und Rechtspopulist:innen sehen sich offenbar selbst als bürgerliche „Mitte“, wenn sie Parteien wie die SPD als „links“ bezeichnen.
Wenn die Rechtspopulist:innen allerdings die neue „Mitte“ sind, sind dann die Rechtsextremen plötzlich die neuen Konservativen? Und was gilt dann als rechtsextrem?

#MUSSMANLESEN

„Rechter Terror – Der Mord an Walter Lübcke und die Strategie der Gewalt“, Martin Steinhagen

AKTIV IST MUSS

Was mir Zum Thema einfällt:

♪72

AKTIV IST MUSS!

Donald J. Trump
@realDonaldTrump

It's ANTIFA and the Radical Left. Dont lay the blame on others!

r***
@r*****

And we get paid by the German administration.

AfD Köln
fühlt sich selbstbewusst.

+++ Achtung, Achtung, Achtung +++ Uns liegen erste Hinweise auf Wahlhelfer der ANTIFA vor. Beobachten Sie daher bitte die Auszählung der Kommunalwahl heute Abend. Seien Sie am besten schon um 17:30 Uhr im Wahllokal. Man darf sie nicht des Raumes verweisen, solange Sie sich ruhig verhalten. Bitte beobachten Sie!

Antifa UG
haftungsbeschränkt

Wir geben Ihnen, geben den Bürgerinnen und Bürgern des Landes Nordrhein-Westfalen und der gesamten deutschen Öffentlichkeit unser Ehrenwort - wir wiederholen: wir geben unser Ehrenwort - dass die gegen uns erhobenen Vorwürfe haltlos sind.

Michael ***
@Michael_***

Das sind linksradfikale Anitas. Der Polizei muss man Schießbefehl anordnen gegen diese Terroristen.Das sind der Regierung ihre Truppen die Stasi!!

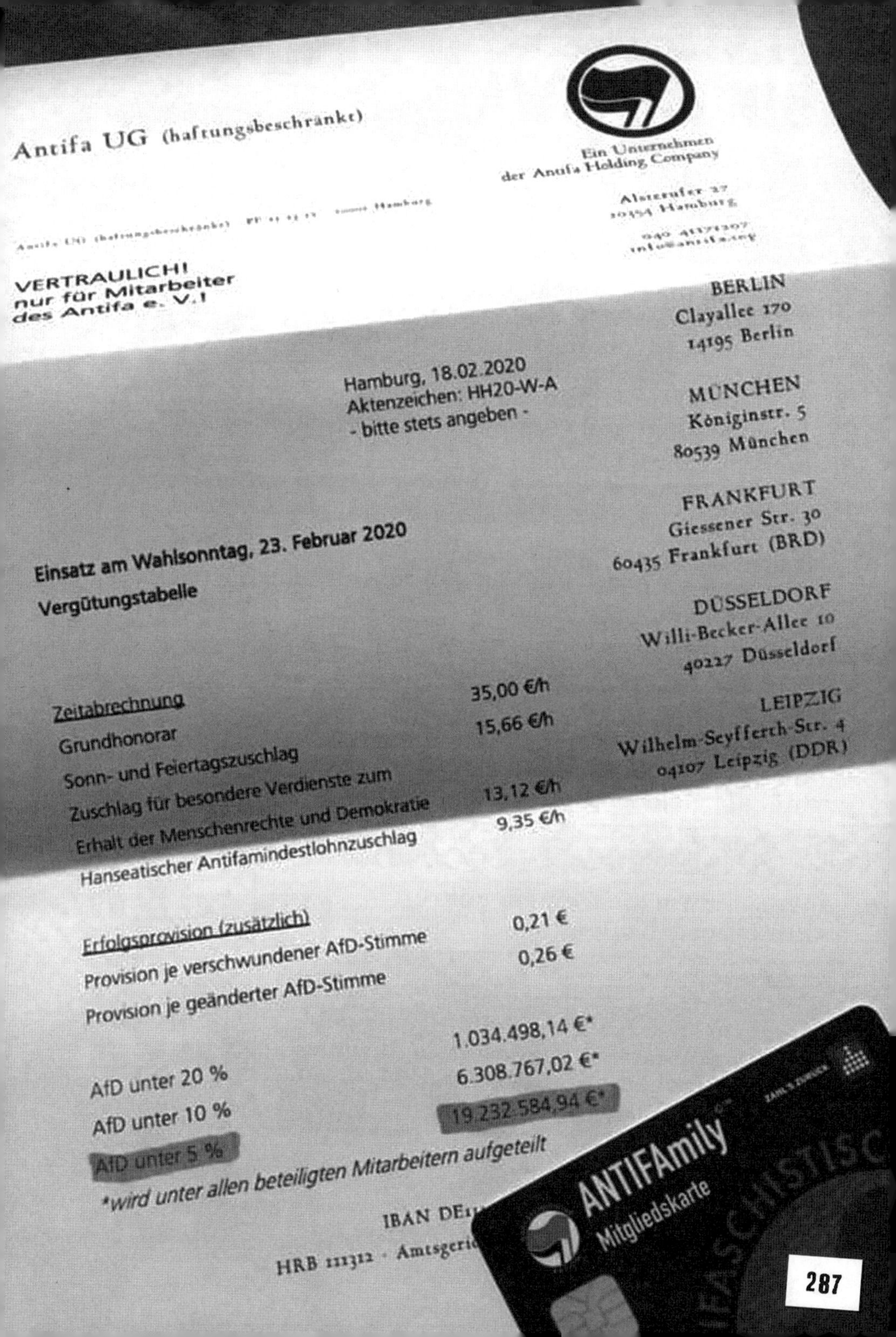

Antifa UG (haftungsbeschränkt)

Ein Unternehmen der Antifa Holding Company

Alsterufer 27
20354 Hamburg

VERTRAULICH!
nur für Mitarbeiter
des Antifa e. V.!

BERLIN
Clayallee 170
14195 Berlin

MÜNCHEN
Königinstr. 5
80539 München

FRANKFURT
Giessener Str. 30
60435 Frankfurt (BRD)

DÜSSELDORF
Willi-Becker-Allee 10
40227 Düsseldorf

LEIPZIG
Wilhelm-Seyfferth-Str. 4
04107 Leipzig (DDR)

Hamburg, 18.02.2020
Aktenzeichen: HH20-W-A
- bitte stets angeben -

Einsatz am Wahlsonntag, 23. Februar 2020

Vergütungstabelle

Zeitabrechnung

Grundhonorar	35,00 €/h
Sonn- und Feiertagszuschlag	15,66 €/h
Zuschlag für besondere Verdienste zum Erhalt der Menschenrechte und Demokratie	13,12 €/h
Hanseatischer Antifamindestlohnzuschlag	9,35 €/h

Erfolgsprovision (zusätzlich)

Provision je verschwundener AfD-Stimme	0,21 €
Provision je geänderter AfD-Stimme	0,26 €

AfD unter 20 %	1.034.498,14 €*
AfD unter 10 %	6.308.767,02 €*
AfD unter 5 %	19.232.584,94 €*

**wird unter allen beteiligten Mitarbeitern aufgeteilt*

IBAN DE1…

HRB 111312 · Amtsgeri…

BIN ICH ETWA ANTIFASCHIST:IN?

Lebst Du die Grundsätze der „Allgemeinen Erklärung der Menschenrechte" und bist überzeugt davon, dass die Würde des Menschen unantastbar ist, jeder Mensch frei, sicher und ohne Diskriminierung leben können und vor dem Gesetz gleich sein sollte?

JA NÖ

Stehst Du mit beiden Beinen auf dem Boden unserer freiheitlichen demokratischen Grundordnung (s. S. 36)?

JA NÖ

Vertrittst Du die Werte des Grundgesetzes, welches allen Menschen unabhängig von Geschlecht, Religion, Herkunft und Sexualität die gleichen Rechte zuspricht?

JA NÖ

Weigerst Du dich, einem Führer hinterherzutrotten?

JA NÖ

Setzt Du Dich für eine vielfältige Gesellschaft, Solidarität, gegenseitige Akzeptanz, Menschlichkeit und Gerechtigkeit für alle Menschen ein?

JA NÖ

♪XX

Kannst Du alle Fragen mit „Ja" beantwor-

WILLKOMMEN BEI DER ANTIFA!

Das überrascht dich?

Dachtest Du bisher, dass die ANTIFA eine straff organisierte linksextreme Organisation, ein vom Staat hofierter und geförderter Schlägertrupp oder ein hipper Zusammenschluss besonders zertifizierter Linker oder dass Antifaschismus die „Ideologie einer kriminellen Vereinigung" ist?

Dann müssen wir Dich leider enttäuschen. Denn **ANTIFA ist ganz einfach nur die Kurzform für Antifaschist:innen, also alle, die sich aktiv gegen Faschismus stellen** (was ja eigentlich ein selbstverständliches, demokratisches Grundprinzip darstellen sollte) und damit auch ihren Beitrag zum Schutz unserer Verfassung leisten.

MAN KANN GEGENÜBER FASCHISMUS NICHT NEUTRAL SEIN. ENTWEDER MAN IST FASCHIST ODER ANTIFASCHIST.

♪73

„Antifaschist:in sein, heißt in erster Linie FÜR etwas zu sein: Für Toleranz, Weltoffenheit, Fremdenfreundlichkeit, Menschlichkeit, Demokratie, Solidarität, Hilfsbereitschaft, Gerechtigkeit. Daraus ergibt sich die Ablehnung rassistischer und faschistischer Tendenzen und Bestrebungen."

ANTIFA Luxuscamping

#MUSSMANLESEN

Allgemeine Erklärung der Menschenrechte:

Grundgesetz

ANTIFA

DIE SIND DOCH ALLE LINKSRADIKAL!

♪74

„Antifaschismus als Begriff wird auch von Demokraten verwendet, um ihre Ablehnung des Rechtsextremismus zum Ausdruck zu bringen. Von daher ist nicht jede antifaschistische Gruppe automatisch ein Fall für den Verfassungsschutz, ***ist doch im Gegenteil jeder Demokrat automatisch auch gegen Faschismus.****"*

Bundesamt für Verfassungsschutz

„Militanz ist aus antifaschistischer Sicht nie Selbstzweck*, sondern notwendiges Mittel, um Neonazis davon abzuhalten, Gewalt auszuüben. Wer Militanz gegen Nazis ablehnt, spricht vermutlich aus der privilegierten Position heraus, noch nie Ziel von rechter Gewalt gewesen zu sein. (...) Wer in den letzten 70 Jahren jemals eine Neonazi-Kameradschaft friedlich handlungsunfähig gemacht hat, trete bitte vor und erkläre das Konzept."*

Zitat einer antifaschistischen Recherchegruppe

„Der ***Kern antifaschistischer Praxis ist eine Idee der Selbsthilfe****, also die Vorstellung, nicht zu appellieren an andere, sondern sich zur Wehr zu setzen [...].* ***Das zweite Element ist, dies dann auch in einer gewissen Offensivität zu tun****, das umfasst immer dann auch die Überschreitung bestimmter rechtlicher Grenzen, kann es jedenfalls. Und es handelt sich durchgehend um unabhängige Gruppen. Es gibt also keinen Kern, der irgendetwas vorgibt, sondern lose Vernetzung."*

Nils Schuhmacher, Soziologe

Quellen:
www.apabiz.de/apabiz/was-wir-machen/
www.bundestag.de
www.jetzt.de/politik/antifa-beschreibung-was-ist-antifa-linke-antifaschismus-wirsindantifa

Georg P******(AfD)**
will nur warnen

Die Randale hat begonnen ! Jetzt kommt der Bürgerkrieg zu uns ! In Berlin-Neukölln haben bereits gestern Abend die ersten Gewaltaktionen und Übergriffe der marodierenden Mobs der linksterroristischen ANTIFA stattgefunden. Heute soll dann der Bürgerkrieg in 9 deutsche Städte getragen werden: Berlin, Düsseldorf, Frankfurt, Hamburg, Köln, Mainz, Mannheim, München und Stuttgart. Unter dem Deckmantel der sog. „blacklifematters"-Bewegung lebt die linksterroristische ANTIFA ihre Gewaltphantasien in Deutschland aus. Und SPD, GRÜNE und LINKE bekennen sich offen zu diesen Terroristen.

DIE „ANTIFA" gibt es gar nicht.

Sie ist keine Organisation, kein Verein, kein staatlich geförderter Schlägertrupp. Vielmehr gibt es zahlreiche antifaschistische Zusammenschlüsse, Gruppierungen, Ausrichtungen, die ganz unterschiedlich sind und handeln:
Sie sind mal mehr und mal weniger radikal, kapitalismuskritisch oder auch nicht, sind demokratisch, antidemokratisch oder auch anarchistisch, ziehen junge wie ältere Menschen an, bedienen sich verschiedenster Aktionsformen, einige dokumentieren wissenschaftlich, andere bespielen vor allem Social-Media-Kanäle oder planen radikale Aktionen, manche wollen vor allem andere schützen, und wieder andere organisieren friedliche oder auch radikale Demonstrationen. Die Liste lässt sich endlos fortsetzen.

Der Wissenschaftliche Dienst der Bundesregierung selbst sagt über die ANTIFA:

Entgegen dem öffentlich gezeichneten Bild, „gibt es nicht ‚die ANTIFA' im Sinne einer einheitlichen, bundesweiten Organisation, sondern eine entsprechende, nicht scharf umrissene Szene mit allenfalls einzelnen, dann mutmaßlich vornehmlich lokal begrenzten Gruppierungen".

ANTIFA ist vor allem: Individualistisch, frei, offen und unabhängig.

Man kann „DIE" ANTIFA nicht einfach verbieten, verfolgen oder in eine Schublade stecken. Sie hat keine „führenden Köpfe", keine tragende Organisation, sondern ist einfach nur eine Überschrift für unzählige Zusammenschlüsse von Antifaschist:innen, die Faschismus aktiv etwas entgegensetzen. Die Art und Weise, wie in öffentlichen Debatten Antifaschist:innen geframed werden, greift viel zu kurz und missachtet die Vielfalt antifaschistischer Arbeit. Sie pauschal mit gewalttätigen Linksextremen oder Demokratiefeind:innen gleichzusetzen, wird antifaschistischer Arbeit nicht gerecht.
Keine Frage, natürlich gibt es auch antifaschistische Aktivist:innen, die Gewalt als ein berechtigtes Mittel gegen einen bedrohlichen Faschismus sehen, dennoch wird der Einsatz von Gewalt auch in den eigenen Reihen kritisiert. Gewalt dient weder dem Selbstzweck, noch ist sie unmittelbar mit antifaschistischer Arbeit verbunden.

#MUSSMANWISSEN

Viele Antifaschist:innen liefern Strafverfolgungsbehörden, Politik, Journalist:innen und Wissenschaft wichtige Informationen zu rechten Strukturen oder Straftaten, machen auf Missstände aufmerksam und motivieren die Gesellschaft, sich Menschen- und Demokratiefeindlichkeit entgegenzustellen. Damit leisten sie einen aktiven Beitrag, um unsere Demokratie zu schützen.

ANTIFA DIE KLASSIKER

ANTIFASCHISTISCHE AKTION - ANTIFA

Organisationstyp:
offene soziale Bewegung

Organisationsform:
hierarchielose, lockere Zusammenschlüsse, Lokalgruppen

Strategien:
Recherche, Aufklärung, Dokumentation, Verbreitung von Informationen, Demo-Organisation

Anführer:
keine

Ziel:
Aufklärung über und Dokumentation von Neonazistrukturen, Antisemitismus, Rassismus, Sexismus, (völkischen) Nationalismus, Geschichtsrevisionismus, Kapitalismus

AUTONOME ANTIFA

Organisationstyp:
unabhängige, informelle Kleingruppen

Organisationsform:
individualistisch, offensiv, kampagnenorientiert

Strategien:
Störaktionen, ziviler Ungehorsam, Outings, Sitzblockaden

Anführer:
keine

Ziel:
Überwindung des Kapitalismus, Bekämpfung von Faschismus, Sexismus, Rassismus ...

Suche in den sozialen Netzwerken nach Seiten der „ANTIFA". Was sind Deine Favoriten?

Antifa Senioren e.V.
Anfifa UG haftungsbeschränkt

#MUSSMANWISSEN

Da es weder eine:n Chef:in noch ein Copyright oder eine Dachorganisation gibt, kann sich jede Einzelperson oder Gruppe ANTIFA nennen oder seine Aktionen der ANTIFA zuschreiben.

In Sachsen gilt die ANTIFA als kriminelle Vereinigung

75

DAS ANTIFASCHISTISCHE PRESSEARCHIV UND BILDUNGSZENTRUM BERLIN E.V (APABIZ)

Organisationstyp:
Größtes, öffentl. zugängliches Pressearchiv und Bildungszentrum zum Thema „Extreme Rechte nach 1945"

Organisationsform:
spenden- und zuwendungsfinanzierter e. V.

Strategien:
Recherche/Aufbereitung von Informationen, Bildungsveranstaltungen, Dokumentation

Ursprung:
aus informellen, losen antifaschistischen Strukturen

Ziel:
Bekämpfung des Faschismus durch Information und Dokumentation

INTERVENTIONISTISCHE LINKE

Organisationstyp:
offenes linksradikales Bündnis von Aktivist:innen

Organisationsform:
multizentrisch, bündnisorientiert

Strategien:
kollektiv organisierte Mobilisierungen und Massenaktionen, ziviler Ungehorsam

Ziel:
Bildung einer neuen, radikalen, gesellschaftlichen Linken, radikale Transformation der gesellschaftlichen Verhältnisse

Quellen:
www.bundestag.de/resource/blob/557014/7e164d071a4a535dfb6bb4efdd5bca2c/wd-7-069-18-pdf-data.pdf
www.interventionistische-linke.org/positionen/il-im-aufbruch-ein-zwischenstandspapier
www.deutschlandfunk.de/mythos-antifa-zwischen-engagement-und-gewalt-100.html

LEAKING ANTIFA

Durch den Verlust eines USB-Sticks wurden Pläne, Finanzierungen und Organisationsstrukturen der ANTIFA öffentlich. Über den QR-Code gelangst Du zum vollständigen Enthüllungsbericht „Proteste gegen Pegida und Co. – Demogeld für Antifas" der taz.

Lies Dir den Artikel zweimal durch, recherchiere die genannten Unterorganisationen und notiere Dir Dinge, die Dir merkwürdig vorkommen.

Stefan Homburg
@SHomburg

Nachtrag zur (Zer-) Störung der Anti-Lockdown-Demos

Manche zweifeln, ob die Störer bezahlt werden. Hier ein Beleg mit Links. Das System ist nicht neu, sondern etabliert. Es wird nicht der Mindestlohn gezahlt, sondern stolze 25 Euro/Stunde. Steuerfrei.

Geteilter Link:
Demogeld für Antifas
https://taz.de/Proteste-gegen-Pegida-und-Co/!5020381/

Was glaubst Du, warum (u. a.) Stefan Homburg, Direktor des Instituts für Öffentliche Finanzen der Leibniz Universität Hannover und Verbreiter von Verschwörungserzählungen verschiedenster Art, diesen „Artikel" weiterverbreitet?

♪76

Quelle: Leak des Antifafassungsschutz

Antifa e.V. – Mitgliedsrundschreiben 4. Februar 2015
Planungen für Montag 9. Februar 2015

Der Vorstand vom Antifa e.V. gibt bekannt, dass es auch für Montag wieder gelungen ist #48 Busse zu organisieren. Auch der versprochene Stundenlohn von 25,00 €/Stunde wird, entgegen anders lautender Berichte, ausgezahlt.

Aufgrund der zeitgleich stattfindenen Demonstrationen in Dresden und Leipzig (Pegida und Legida) wird die Flotte aufgeteilt. 12 Busse fahren nach Leipzig, die restlichen 36 Busse nach Dresden. Welcher Bus wohin fährt wird kurzfristig in Abhängigkeit der Bullenkontrollen vom Vorstand Montag entschieden. Hintergrund: Es wird davon ausgegangen, dass die Genossinnen in Leipzig eigenständig genug Menschen mobilisieren um den Legida-Spuk ein Einhalten zu bieten und den Aufmarsch eigenständig verhindern werden. Anders in Dresden, wo eine starke antifaschistische Intervention weiterhin notwendig ist

WICHTIG: Um eine zügige Auszahlung des Demonstrationentgelts zu gewährleisten, ist es unbedingt notwendig beim Ein- und Aussteigen den Mitgliedsausweis an den dafür vorgesehenen Scanner im Bus zu halten. Nachträglich eingereichte Ansprüche sind nur über das vollständig auszufüllende Formular „Nachträglicher Anspruch Demonstration Entgelt: „NADE 2.03" geltend zu machen.

Wie immer ist im Bus ausreichend Freibier für alle Aktivistinnen und Aktivisten vorhanden. Hassis können bei der Busleitung käuflich erworben werden (4,00 €) bzw. geliehen werden (2,00 €).

Folgende Regionalgruppen haben Busse angekündigt: Berlin (6 Busse), Hamburg (4), München (4), Pots (2), Bremen (2), Oer-Erkenschwick (1), Plauen (1), Marburg (3), Erfurt (3), Hannover (3), Frankfurt (2), Aa (2), Wuppertal (2), Köln (3), Jena (2), Hameln (2), Wien (2), Prag (2), Bratislava (1), Rostock (1). Die genau ... den von den regionalen Gruppen festgelegt und koordiniert. Pünktliches Erscheinen ist wie

ZUSAMMEN STATT GEGENEINANDER

Viele Netzaktivist:innen stehen mitunter hilf- und ratlos vor Angriffen oder gar organisierten Shitstorms von Menschen, die eigentlich ähnliche Ziele haben, auf der „gleichen" Seite stehen, sich aber moralisch überlegen sehen. Von denen wir denken, dass wir eigentlich Schulter an Schulter stehen und zusammenhalten sollten. Im Sekundentakt kursieren dann schwere Vorwürfe und Unterstellungen in den sozialen Netzwerken.

Eine ganz spezielle Twitter-Subkultur schließt sich in besonders angriffslustigen Bubbles zusammen. Sobald zentrale Profile innerhalb der Bubble vermeintliche Rassist:innen, LSBTQI+-Feind:innen oder Sexist:innen identifiziert haben, setzen sie zum kollektiven Schlag an. Dabei schrecken sie auch nicht davor zurück, Sätze oder Screenshots aus dem Kontext zu reißen, diffamierende Unwahrheiten oder Gewaltandrohungen zu verbreiten, Profile zu doxen (Identitäten wie Privatfotos, Klarnamen, Adressen zu veröffentlichen) oder Informationen zu Familienangehörigen oder Krankheiten ins Netz zu stellen. Im Minutentakt werden Anti-Tweets veröffentlicht, die die Bubble immer weiter aufheizen und diese animiert, sich ebenfalls lautstark und möglichst öffentlich zu empören. Eine gefährliche Art, Menschen zum Schweigen zu bringen und ihr Engagement zu unterbinden.

Diese Bubble verfolgt ziemlich wichtige und unterstützenswerte Anliegen wie den Kampf gegen Rassismus, Sexismus oder LSBTQI+-Feindlichkeit, die sehr viele Aktivist:innen teilen. Nur ist das Vorgehen dabei ziemlich radikal und skrupellos, indem bewusst getäuscht, verleumdet, verschwiegen und so lange Rufmord betrieben wird, bis Profilbetreibende einknicken und sich löschen.

Widerspruch oder andere Meinungen oder Sichtweisen werden nicht akzeptiert, da sie für sich die alleinige Deutungshoheit beanspruchen. Darüber, was Antifaschismus bedeutet, wer sich Aktivist:in nennen darf, was man als solche:r zu tun oder zu lassen hat oder in welcher Form man sich äußern darf.

Die eigene Positionierung, Reichweite, Überlegenheit und Anerkennung durch Reactions und ein Hervorheben in den Medien sind ihnen wichtig. Offenbar wichtiger als ein respektvolles Miteinander und die gemeinsamen Überschneidungen und Ziele. Denn ein ernst gemeinter Austausch und eine echte Auseinandersetzung mit dem anderen findet nicht statt, womit der gemeinsame Grund für den Aktivismus augenscheinlich total egal wird.

Unterwanderung

Problematisch wird es vor allem dann, wenn das Bedürfnis nach Positionierung der eigenen Anliegen alles andere überschattet, sodass noch nicht mal wahrgenommen wird, wenn rechte Sockenpuppen (siehe S. 72) den internen „linken" Shitstorm gezielt befeuern. Während sich auf der einen Seite dann über die zahlreichen Unterstützer:innen gefreut wird, reiben sich auf der anderen Seite rechte Akteur:innen die Hände.

Im Netz ist somit alles möglich. Auch, dass Antifaschist:innen und Neonazis sich in einer (unbemerkten) Querfront (siehe S. 240) zusammenschließen, gemeinsam antifaschistische Strukturen und Engagement angreifen und nachhaltig beschädigen und dabei mitunter Menschenleben in der analogen Welt gefährden. Klar, es ist nicht einfach, Sockenpuppen zu erkennen, aber es ist möglich ... wenn man verantwortungsvoll im Netz agiert und weiß, wie man sie erkennen kann.

Niemand muss kritiklos gefeiert werden.

Denn wir ALLE, selbst die, die überzeugt davon sind, die perfektesten Antifaschist:innen und Feminist:innen unter uns zu sein, tragen (unbewusst) verschiedenste *Ismen weiter, weil wir alle in einer Gesellschaft groß geworden sind, die diese Machtverhältnisse aufrechterhält und vermittelt. Hier versuchen wir uns zurechtzufinden, zu kategorisieren und uns weiterzuentwickeln. Wir sollten uns dessen bewusst sein und genau hinschauen, statt nach unten zu treten, moralische Überlegenheit zu demonstrieren und (vorschnell) zu urteilen.
Niemand ist perfekt. Aber es ist die Summe aus inneren Einstellungen, Weltsichten, Werten und Handlungen, die aus uns Rassist:innen, Ableist:innen und Sexist:innen macht, nicht eine missglückte Äußerung.

♪77

Shahak Shapira
@ShahakShapira

Ich habe wirklich jede Sorte von Müll auf Twitter gesehen, von Nazis, über Islamisten, Drachenlord-Gurken und Don Alfonso, aber ich habe noch nie, noch NIE so eine dumme, doppelmoralische, selbstgerechte Gruppe wie die PoMo-Bubble erlebt.

9:42 PM - Nov 28, 2019

#MUSSMANWISSEN

PoMo steht für „Post Modern". Bezeichnung einer Twitter Subkultur, welche sich nach eigenen Angaben gegen Diskriminierung engagiert, und dabei selbst zu fragwürdigen Mitteln greift.

Quelle:
https://www.rnd.de/medien/shitstorm-gegen-rezo-und-j-k-rowling-was-ist-eigentlich-die-pomo-bubble-CPA3XTIJSNDIHFBN6NTESHI6OM.html

B******* *****
@f********

Ich werde monatelang fertig gemacht, beschimpft, werde aus Projekten gekickt, verliere an Einkommen, Auftraggeber werden kontaktiert, ich bekomme Vergewaltigungsdrohungen, Freundinnen und Verbündete werden angeschrieben und unter Druck gesetzt, follower angeschrieben mir 1/2

zu entfolgen, brauche extra Traumatherapie (weil ich wegen daraus folgendem PTSD nicht mehr die Wohnung verlassen kann), ich lande fast im Krankenhaus weil ich nicht mehr essen kann. dann rede ich drüber. Linke auf Social Media: -blöde *weiße* cis Frau verträgt keine Kritik - 2/2

Hinterfragen, überprüfen, sachlich kritisieren, nachfragen

Viele Aktivist:innen haben kein professionelles Communitymanagement, haben eventuell nicht gelernt, wie sie wirklich diskriminierungsfrei sprechen können oder am besten reagieren sollten. Aber wir alle können voneinander lernen und zeigen, wie es fairer und diskriminierungsfrei geht. Jede:r kann mit einem Beitrag, einer unbedacht getroffenen Aussage oder einer Aktion daneben hauen. Vielleicht wusste es die Person nicht besser oder war unachtsam. Wenn diese eine falsche Aktion jedoch zur Folge hat, dass systematisch gebasht und fertiggemacht wird, Geschichten konstruiert und Identitäten veröffentlicht werden, dann läuft gehörig etwas falsch. Auch wenn die Kritik noch so berechtigt und das Anliegen absolut legitim ist, die Mittel rechtfertigt das noch lange nicht.

Ein Hinweis, dass ein Begriff sexistisch ist oder ein Beitrag rassistische Stereotype enthält, eine Nachfrage auf Augenhöhe, was gemeint sein könnte, sind nicht nur respektvoller, sondern auch zielführender. Nur so können wir gemeinsam etwas verändern und Dinge verstehen lernen.

Beispiel: „Das, was Du gesagt hast, ist für mich rassistisch/sexistisch, kannst ja mal drüber nachdenken." oder „Mich verletzen Deine Aussagen. Was wolltest Du damit sagen?" wird Dich sicherlich eher zum Ziel führen als „Du hast XY gesagt! Halt die Fresse Du Rassist/Sexist!"

Sachliche Argumente, einen konstruktiven Austausch, die Möglichkeit, Fragen stellen zu können, Respekt und die Fähigkeit, andere Meinungen und Sichtweisen auszuhalten und vielleicht sogar gleichberechtigt stehen zu lassen, braucht es, um eine eigene Meinung bilden und sich weiterentwickeln zu können.

Was ist die eigene Moral noch wert?

Wenn sich Antifaschist:innen untereinander inflationär *Ismen vorwerfen, tragen sie eher dazu bei, dass diese Phänomene verharmlost werden, die Begriffe verwaschen und an Bedeutung verlieren, als dazu, Menschen zu schützen, Respekt zu zeigen oder Diversität als Basis unserer Gesellschaft wertzuschätzen.

Auch hat es zur Folge, dass sich Menschen aus den sozialen Netzwerken zurückziehen, ihr Engagement beenden, ihre Profile löschen. Dabei wird sogar in Kauf genommen, dass Antifaschismus als Ganzes diskreditiert wird und die gemeinsame Stärke und Solidarität nach und nach zerfällt. Ein großes Problem, wenn sich zeitgleich die Anzahl rechter und verschwörungsideologischer Profile vermehrt.

Wer wird das auffangen und das nötige Gegengewicht bilden?

„Heißt das, ich darf nicht kritisieren, wenn andere das auch tun?“

Du kannst immer Kritik üben und sagen, was Du denkst. Allerdings solltest Du dabei ein paar Dinge beachten, um kein Spielball für andere zu werden:

1. Die Meinungsfreiheit hat Schranken, die im Artikel 5, Abs.2 GG festgelegt sind (siehe S. 54). Menschen bedrohen oder sie verächtlich machen, ist nicht von der Meinungsfreiheit gedeckt.

2. Deine Worte richten sich nicht nur an ein Profil, sondern an den Menschen hinter diesem. Denn hinter jedem Profil steht ein Mensch. Überleg Dir vor jedem Tweet/Kommentar, ob Du Deinem Gegenüber diese Worte auch persönlich und direkt ins Gesicht sagen würdest.

3. Deine Worte sagen mehr über Dich als über Dein Gegenüber aus. Möchtest Du als das gesehen werden, was Deine Worte aus Dir machen?

4. Schwimme auf keiner Empörungswelle mit, ohne Kontexte und Fakten zu überprüfen und eventuell via DM mit dem/der Adressat:in Deiner Worte zu sprechen. Nur tote Fische schwimmen mit dem Strom. Auch Deine „Held:innen“ können danebengreifen.

5. Was ist das Ziel Deines Kommentars? Willst Du Dich solidarisch mit jemandem zeigen, weißt aber gar nicht genau, worum es geht? Möchtest du, dass sich ein konkretes Verhalten ändert? Nutzt Du die Chance, weil Du den/die unter Beschuss Stehenden eh noch nie leiden konntest?

ATTILA KLAUS PETER H.

UND DER VERGESSENE FAKTENCHECK

Attila Klaus Peter ist ein antisemitischer und rechtsextremer Aktivist, der die Corona-Pandemie dafür nutzte, sein überhöhtes Geltungsbedürfnis zu befriedigen. Durch die (vor allem online) Verbreitung von Verschwörungserzählungen, Gewaltaufrufen und rechtsextremen, menschenfeindlichen Beiträgen mobilisiert er gegen die Regierung und ruft zu Selbstjustiz auf.

Nachdem Geschäftspartner ihre Verträge mit ihm auflösten und viele seiner Kanäle geschlossen wurden, radikalisierte er sich immer weiter. Das führte dazu, dass mehrere Ermittlungsverfahren gegen ihn eingeleitet wurden. Seit Februar 2021 wird er per Haftbefehl wegen Volksverhetzung, Beleidigung, Bedrohung und öffentlicher Aufforderung zu Straftaten gesucht und versteckt sich seitdem in der Türkei, von wo aus er versucht, sein Heimatland zu „verteidigen".

Attila mag es nicht, wenn man ihm widerspricht oder seine Betrügereien und Lügen entlarvt. Darum scheut er auch nicht davor zurück, Kopfgelder auf Aktivist:innen auszusetzen und Tausende Euro für Namen, private Daten und Bilder von Menschen, die ihn kritisieren und seine Manipulationsversuche aufdecken, zu bieten. Seiner Community kommt dabei ein ganz bestimmter Auftrag zu, sie soll ihm helfen, an Daten zu gelangen und ein Angstszenario aufzubauen.

„Ihr wisst, was zu tun ist!"

Diese Aufforderung schwingt konkret genannt oder subtil enthalten in vielen Beiträgen mit und ist uns nicht unbekannt. Drohung, Aufstachelung und Angstmacherei sind gängige Methoden von Rechten, um „Gegner:innen" zum Schweigen zu bringen. Oft haben sie Drohbriefe, Übergriffe, Shitstorms, Doxxing und vieles mehr zur Folge (siehe S. 196).

Als wir mitbekamen, dass Attila immer häufiger mit Geldscheinen wedelte und private Adressen und Fotos von Aktivist:innen veröffentlichte, wollten wir nicht einfach wegschauen und hoffen, dass nichts passieren würde. Also setzten wir als „Hooligans gegen Satzbau" zum Gegenangriff an.

A. Klaus Peter H. OFFICIAL
[crossed-swords]

Für Beck würde ich als zukünftiger Reichskanzler wieder die Todesstrafe durch Eier-Treten auf öffentlichem Platz einführen

Wer ist „Beck“? Und wärst Du auch dafür?

JA NÖ

Male der Person ein Gesicht und gib ihr einen Namen.

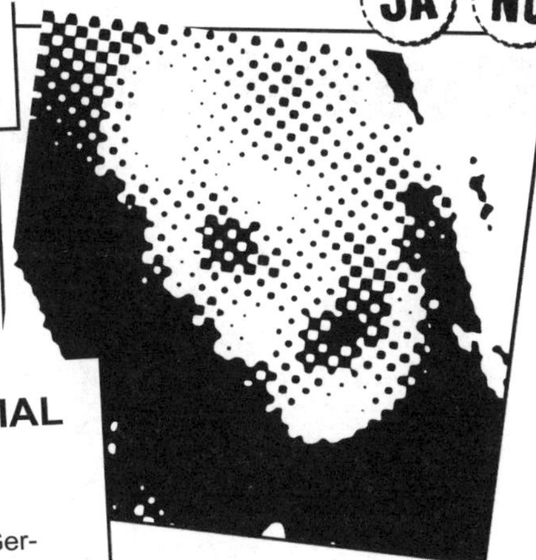

A. Klaus Peter H. OFFICIAL
[crossed-swords]

1000€ pro Name und Adresse von Anonymous Germany Mitgliedern! management@a**************.de

♪78

A. Klaus Peter H. OFFICIAL
[crossed-swords]

Wer den kompletten Namen und Adresse kennt von dem: 1000€ Cash!

Auf wen setzte Attila alles ein Kopfgeld aus?

STEP 1: AUFMERKSAMKEIT AUF UNS VON ANDEREN ABLENKEN

Um die Aufmerksam auf uns und von Einzelpersonen, die Attila Klaus Peter seinerzeit bedrohte, wegzulenken, begannen wir, uns auf ihn einzuschießen und riefen unsere Follower:innen öffentlich dazu auf, seine Kanäle zu melden. Dafür verfassten wir zahlreiche Beiträge, in denen wir ihn entmystifizierten, seine Lügen aufdeckten und sein narzisstisches Geltungsbedürfnis hervorhoben.

Ziel war es, seine wunden Punkte zu triggern:

- Sein vermeintlicher Reichtum: nur Schein
- Seine toxische Männlichkeit: unterdrückte Sehnsüchte?
- Seine Macht: schwindend, nachdem die Meldungen dazu führten, dass seine Kanäle gesperrt wurden

Der Plan ging auf und Attila setzte ein Kopfgeld auf uns aus, um an unsere Identitäten zu gelangen.

A. Klaus Peter H. OFFICIAL
[crossed-swords]

Infos an management@a*************.de
(Zahle per Bitcoin oder Cash!) 1000 Euro pro Name und Adresse!

A. Klaus Peter H. OFFICIAL
[crossed-swords]

Jemand in eurem Umkreis wird essen wollen, wird seine Miete zahlen wollen und wird mir eure Namen + Adresse + Telefonnummer liefern! Dann könnt ihr soviele Strümpfe von Oma in Zukunft über eure Fressen ziehen, es wird euch nicht schützen! Für weitere von euch geplanten Aktionen, die mir schaden sollen, sammeln jetzt schon meine Anwälte alle Daten von euch und euren Mittätern, damit wir daraus eine schöne Schadensersatzklage basteln können! Mir geht es nicht um Gewalt, ich werde euch hinter Gittern bringen und dafür sorgen, dass eure Familien noch in 20 Jahren zahlen müssen!

STEP 2: EINEN FAKE ENTWICKELN

Damit er uns glauben würde, nutzten wir genau die Strategien, die er selbst als Verbreiter von Fake News nutzt, um andere zu manipulieren. Wir entwickelten Profile zweier vermeintlicher Admins der HoGeSatzbau, die an die bereits vorhandenen Überzeugungen und Vorstellungen Attilas andockten, damit er unseren „Insights" möglichst vorbehaltlos Glauben schenken würde.

Die waren:

1. Die Admins der HoGeSatzbau gehören der ANTIFA an.
2. Einer davon heißt „Daniel Schmidt".
3. Die zweite Admina ist seine Freundin.
4. „Man wird mir die Infos bringen, weil ich mächtig bin."

#MUSSMANWISSEN

Wir erinnern uns daran, wie Fake News aufgebaut sind, damit sie geglaubt werden:

Ein Text, der reizt, ein Bild, das „beweist", die Quelle ein „Freund"... Menschen suchen sich ihre Infos so, dass sie zu ihrem bisherigen Wissen passen, und hinterfragen Informationen und Quellen nicht (mehr), wenn diese ihre Sichtweise bestätigen. Denn das ist das, was zählt. Mehr noch als jeder belegbare Fakt. Kommen sie von (vermeintlichen) Freund:innen, werden sie noch schneller geglaubt.

Für die Profile suchten wir zwei real existierende Personen, die wir im Folgenden als die Admins von HoGeSatzbau ausgaben. Unsere Wahl fiel auf zwei bekannte Rechtsextreme, die u. a. am 17. Oktober 2019 eine Gruppe von linken Aktivist:innen angriffen.

Daniel S. und Marie-Christin P.

„Daniel S.", gewaltbereiter, junger Neonazi, der dem „Aryan Circle Germany" angehört – einer Kameradschaft deutscher Rechtsextremisten. Seine Freundin „Marie-Christin P." gehört den gleichen Kreisen an.

Fotos:
www.exif-recherche.org
@AntifaLuebeck

STEP 3: BEWEISE ERSTELLEN

Fotos der beiden waren leicht verfügbar und ebenso leicht manipulierbar. So wurde aus dem Nazishirt ein Antifa-Shirt.

„Daniel" und „Marie-Christin" bekamen eigene Facebook-Profile, die sie eindeutig als Antifaschist:innen entlarvten, und wurden „Admins" unserer Seite.

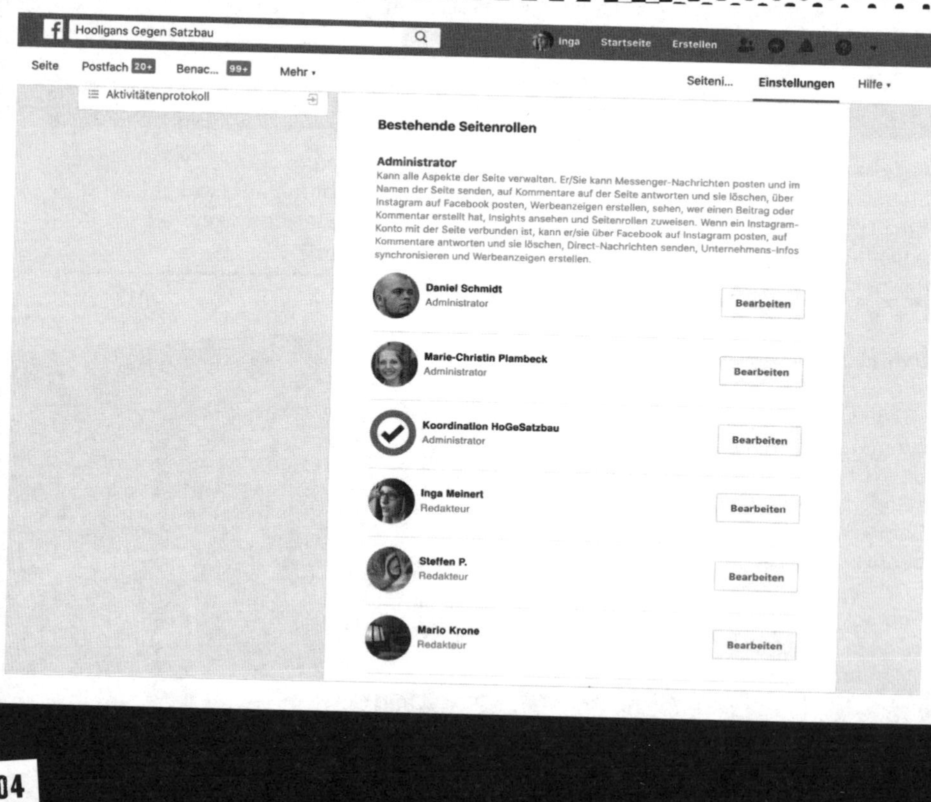

Mit den beiden neu entwickelten Personas ließen sich ganz einfach „Insights“ entwickeln, die offenbar beweisen, dass die beiden echt sein müssen, z. B. ein gefakter WhatsApp Chat.

ZWEI NEUE HOOLS WAREN GEBOREN.

STEP 4: KLAUS PETER DIE INFOS ZUKOMMEN LASSEN

Für den „Leak“ haben wir eine „Informantin“ erfunden, mit Namen, persönlicher Geschichte, Handynummer, E-Mail-Aadresse und Facebook-Profil. Sehr gerne hätten wir durch diese das Kopfgeld kassiert, um es an Exit Deutschland zu spenden. Aber Attila war offenbar pleite. Darum sprang er zuerst auch weder auf E-Mails noch auf WhatsApp-Nachrichten oder Telegram-Kommentare an. Auch auf die Aufforderung seiner Follower:innen, reagierte er zuerst nicht.

Das änderte sich, als wir ihm über unser Netzwerk die „Infos“ über uns GRATIS direkt über WhatsApp zuspielten. Er reagierte prompt: Er triumphierte, schickte Audio-Nachrichten und veröffentlichte alle Informationen umgehend, um lautstark seine Macht zu demonstrieren.

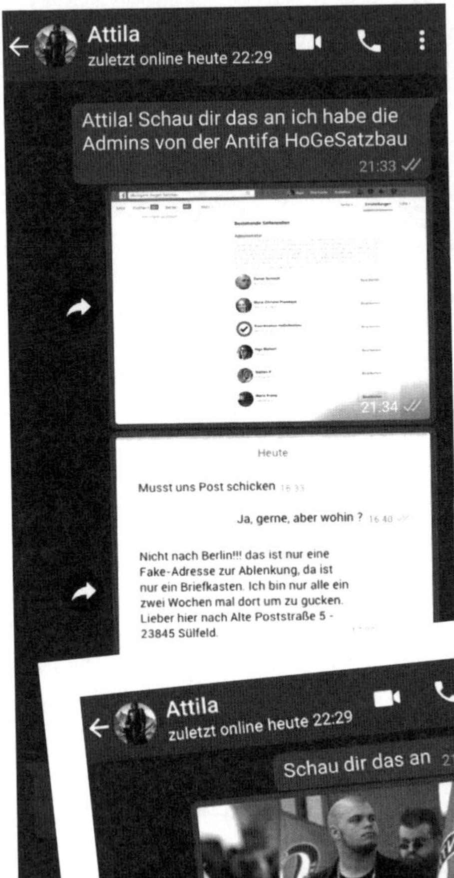

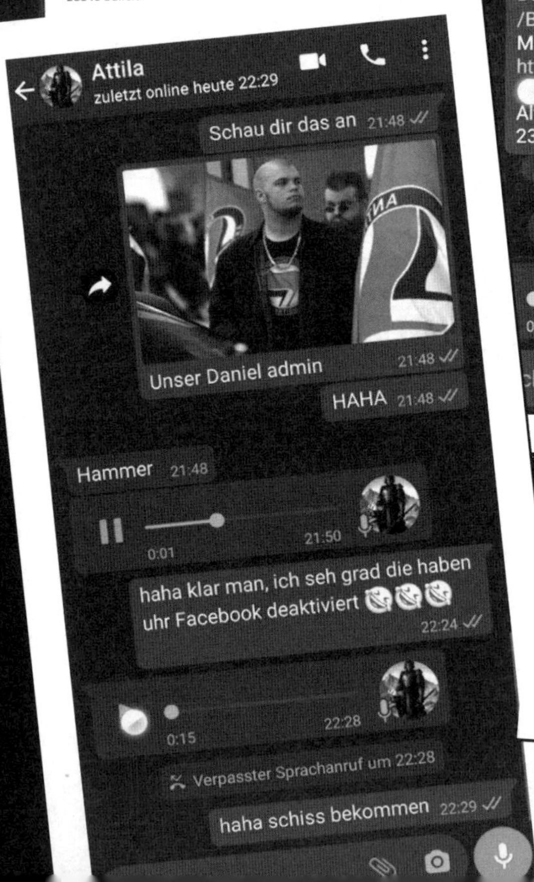

Wir hatten Spaß daran, ihm beim Feiern zuzuschauen, nahmen unsere Kanäle zeitweise vom Netz und ließen ihn glauben, wir hätten aufgegeben.

A. Klaus Peter H.
via Sprachnachricht

Du bist der Hammer, ich schwör's dir. Ruf mich gern mal an, wenn Du willst.

A. Klaus Peter H.
via Sprachnachricht

Was geht denn da ab? Hahaha
Hast Du das gemacht? Was haben die denn gemacht? Warum haben die denn ihr Facebook deaktiviert? Hahaha Scheiße. Verdient, die Wichser.

STEP 5: ZEIT ZUM LERNEN

Unser Ziel war es, ihm die Zeit zu geben, seine Informationen zu überprüfen, bevor wir die Geschichte aufdeckten.

Statt sich jedoch an einen Faktencheck zu setzen und alle Infos gegenzuchecken, feierte er gemeinsam mit seiner Fangemeinde ausgiebig seinen vermeintlichen Triumph über uns. Alle Hinweise, die nach und nach in seinem „Freiheits-Chat" aufkeimten und den Fake hätten entlarven können, ignorierte er. Seine Fans attackierten zweifelnde Kommentare sogar, wollten sie doch an ihrem Sieg festhalten. Zu groß war der Freudentaumel in ihrer eigenen, selbst geschaffenen Wirklichkeit – ihrer Echokammer (siehe S. 66). Sie WOLLTEN glauben, was wir ihnen untergejubelt haben, schließlich hatten sie vermeintlich ihr Ziel erreicht.

A. Klaus Peter H. OFFICIAL
● ☽● [crossed-swords]

DIE ANTIFA SEITE VON HOGESATZBAU MIT 180.000 FOLLOWERN HAT NACHDEM ICH ALLE NAMEN HTTE IHRE FACEBOOK SEITE DEAKTIVIERT :-D :-D :-D :-D :-D :-D :-D :-D :-D :-D :-D :-D

A. Klaus Peter H. OFFICIAL
● ☽● [crossed-swords]

Also ich habe jetzt die Namen der Leute die daran arbeiten das mein Telegram durch massenmeldungen gelöscht wird :-D :-D :-D

Huhu Daniel
Hab sogar die Adressen.
MMensch Dani, das ging schon sehr einfach.

A. Klaus Peter H. OFF
● ☽● [crossed-sword

Ich werde bald ALLE NAMEN haben der Leute die meinen Hund umbringen wollten, meine Social Media Profile löschten, Anschläge an meinen Läden machten, mir Morddrohungen schickten und meine Partner erpressten!

Aber das reicht mir nicht!

Krieg ist niemals eine Einbahnstraße
Diese kleinen ANTIFA Kinder werden jetrzt erzogen

Sie legten sich mit dem Wolf an, er wird die Schafe fressen, auch die schwarzen Schafe!

A. Klaus Peter H. OFFICIAL

●☽● [crossed-swords]

Diejenigen, die überlaufen wollen und mir sensible Daten geben werde ich gut bezahlen! Diejenigen, die sofort ihre destruktive ARbeit beenden werde ich verschonen! Diejenigen, die weiter gegen mich vorgehen werde ich ver....!

Da hat die Vorfreude dem stolzen Deutschen aber ganz schön die Rechtschreibung zerlegt. Hilf dem armen Wolf auf die Sprünge und zeige ihm, wie es richtig geht!

Setze den Rotstift an und korrigiere seinen Buchstabensalat!

STEP 6: ÜBERPRÜFUNG

Wie schnell man uns mit ein wenig Skepsis und guter Recherche auf die Schliche hätte kommen können, zeigten unsere Follower:innen, die offenbar wesentlich kritischer mit Informationen umgingen als die Verschwörungsanhänger:innen und Neonazis um Attila.

Als wir auf unserer Facebook-Seite unsere Aufgabe aufgrund des Leaks bekannt gaben und alle „Hinweise" veröffentlichten, wurden Suchmaschinen befragt (siehe S. 68) und Bilder durch die Rückwärtssuche (siehe S. 92) gejagt.

Hooligans Gegen Satzbau
19. Juli 2020

Wir geben uns geschlagen.
Attila Hildmann hat ein Kopfgeld auf uns ausgesetzt und hatte damit tatsächlich Erfolg. Unsere Namen, Fotos und Adressen wurden geleakt. Attila feiert. Wir geben auf. Bevor ihr die Infos nun also von anderer Stelle erfahrt, veröffentlichen wir alle Interna über uns, die Attila herausgegeben hat.
1/2 to be continued…
#HoGeSatzbau

Nach nur wenigen Minuten hatten die meisten uns durchschaut und unser Fake wurde entlarvt. Denn schwer oder kompliziert ist es nicht, Fakten zu checken (siehe S. 86 ff.). Nur ein wenig unbequem. Denn es bedeutet, dass wir die eigene Sicht hinterfragen müssen. Natürlich ist es angenehmer, wenn wir uns selbst bestätigen lassen, statt uns kritisch zu hinterfragen. Im Zeitalter von Algorithmen und Echokammern ist das aber verdammt wichtig, um nicht verarscht, manipuliert oder für fremde Zwecke benutzt zu werden.

So wie Attila die Gutgläubigkeit der Menschen benutzt (hat), um seine Produkte zu verkaufen, sein eigenes Geltungsbedürfnis zu stillen und seine Sehnsucht nach Macht zu befriedigen.

Wenn jemand also „Fakten" verkauft, sei kritisch, überprüfe sie, hinterfrage, checke die Quellen, höre auch anderen mal zu und bilde Dir erst dann Deine eigene Meinung.

Attila Klaus Peter mag übrigens keine direkte Konfrontation oder einen sachlichen und faktenbasierten Austausch: **Auf Gesprächsangebote hat er nie reagiert.**

WIE WERDE ICH AKTIVIST:IN?

1 Der allererste Schritt ist: **Lass Deine Empörung zu!** Denn Deine **Empörung** ist Dein Motor und gibt Dir Kraft. Aktivismus beginnt bei dir. Deine Empörung über politische Entscheidungen, gesellschaftliche Realitäten oder Missstände kann etwas verändern.

2 Der zweite ist: Habe den **Willen**, etwas zu tun! Denn Empörung alleine reicht nicht. Wenn Du etwas ändern willst, dann pack es an.

3 Im dritten Schritt **informierst Du dich**. Greift jemand Dein Anliegen vielleicht bereits auf, gibt es schon Aktionen oder aktive Gruppen, die Dich interessieren und Deine Überzeugungen ebenfalls vertreten?

4 In Schritt vier **organisierst Du dich**. Entweder Du hast Menschen oder passende Gruppen gefunden, denen Du Dich anschließen kannst, oder Du redest mit Leuten, von denen Du weißt, dass sie so denken wie Du. Du kannst aber natürlich auch alleine aktiv werden.

5 Denn jetzt kommt Schritt fünf. Ihr werdet **kreativ**. Sammelt Ideen: Was wollt ihr thematisieren? Wie könnten Aktionen aussehen? Wo könnt ihr eure Ideen am besten umsetzen? Wie weit seid ihr bereit zu gehen?

6 Im sechsten Schritt **handelt** ihr. Geht auf die Straße, macht den Mund auf, startet eine Seite in einem sozialen Netzwerk, postet, kommentiert, schreit, setzt euch in den Weg, verteilt Flyer oder Aufkleber, hängt Plakate in eure Fenster, spendet, informiert oder macht anders auf die Dinge aufmerksam, die ihr verändern wollt. Ihr müsst nicht perfekt sein, jeder fängt im kleinen Kreis an. Das Wichtigste ist, dass ihr euer Anliegen im Blick behaltet und andere erreicht!

Und dann macht ihr weiter, euer Netzwerk wird größer, ihr lernt andere kennen, entwickelt neue Aktionen und tauscht euch aus. Bleibt dran!

Es gibt kein Copyright auf Aktivismus!

Aktivismus ist nichts anderes, als den Willen und die Überzeugung zu haben, die Gesellschaft durch das eigene Handeln zum Besseren zu verändern. Auch oder vor allem dann, wenn Widerstand gegen gesellschaftliche Normen, Regeln oder Konsense geleistet werden muss.

Auch Du kannst Aktivist:in sein!

Hier ein paar Tipps zur Vorbereitung:

1

Nicht jede:r wird Dich dafür lieben.
Aber das ist ja auch (nicht) Sinn und Zweck der Sache.

2

Mach den ersten Schritt.
Die meisten Menschen warten darauf, dass jemand den ersten Schritt macht, um dann mitzuziehen. Wenn wir aber alle warten, bleiben wir stehen.

3

Arbeitet zusammen.
Meinungsverschiedenheiten und Beef gibt's in jeder Bewegung. Konzentriere Dich auf die Gemeinsamkeiten. Denn die ultimative Lösung für Dein Anliegen hat offenbar ja noch niemand gefunden!

4

Hab Dein Ziel im Blick!
Wen willst Du erreichen, was willst Du verändern, wie erreichst Du Deine Zielgruppe?

5

Du informierst Dich und bist im Thema.
Dafür brauchst Du nicht unbedingt studiert zu haben. Vielleicht gibt es Leute, die mehr Ahnung oder Erfahrung haben als du. Von ihnen kannst Du weiter lernen. Das Herz am richtigen Fleck zu haben, ist aber mindestens genauso wichtig!

6

Hab keine Angst!
Du wirst Fehler machen wie wir alle. Du wirst daraus lernen und besser werden. Du wirst Kritik hören und Lob. Nimm beides an.

7

Pass auf Dich auf!
Finde und akzeptiere Deine eigenen Grenzen und lass Dich nicht von Anfeindungen oder Rückschlägen runterziehen!

Quelle:
www.zeit.de/zett/politik/2017-03/9-tipps-fuer-angehende-aktivistinnen

♪79

DISKUTIEREN ODER IGNORIEREN?

„Wie reagiere ich, wenn Freunde, Familie oder Unbekannte rechtspopulistische, rassistische oder „verschwurbelte“ Aussagen treffen? Manchmal würde ich lieber diesen Bullshit ignorieren oder ausflippen, statt sachlich darauf zu reagieren.“

Verständlich, denn manchmal ist es echt ganz schön schwierig. Wie Du am besten auf solche Aussagen reagierst, hängt von vielen Faktoren ab. Ob andere dabei sind oder nicht, zum Beispiel, oder wie gut Du Dein Gegenüber kennst, was sein/ihr Ziel ist und wie extrem die Aussagen sind.

„Ich glaube, als Gesellschaft müssen wir auch mutiger werden, gewisse demokratische Werte zu verteidigen. Linien zu setzen, Grenzen zu ziehen, wenn diese Werte attackiert und angegriffen werden. […] Soziale Normen sind wirksam, sie sind relevant. Sie erreichen insbesondere die, die unentschlossen sind, die vielleicht mit einem Bein im Verschwörungsglauben stehen, die noch nicht so eine verhärtete Ideologie haben. Die werden eher darauf reagieren, wenn man Grenzen zieht, als wenn man sagte 'lass uns miteinander sprechen' und alles als gleichwertig ansieht.“

Pia Lamberty

HASS IGNORIEREN?

Will Dein Gegenüber nur provozieren? Dann musst Du natürlich nicht diskutieren. Don't feed the troll (siehe S. 70). Aber Schweigen ist nicht immer hilfreich, denn es wirkt auf andere wie Zustimmung. Oft ist es besser, wenn Du Dich kurz und deutlich positionierst. Das kannst Du zum Beispiel auch durch zustimmende Likes, denn diese schieben Kommentare weiter nach oben und machen sie so sichtbarer für andere.

COUNTERSPEECH (GEGENREDE) - WIDERSPRICH DEM HASS

Widerspruch ist immer dann angebracht und super wichtig, wenn menschenverachtende Äußerungen fallen. Sobald andere Menschen verächtlich gemacht werden, solltest Du reagieren. Vielleicht wirst Du Dein Gegenüber nicht überzeugen können, das ist aber auch nicht das Wichtigste. Egal ob on- oder offline, viel wichtiger ist, was die Zuschauenden und Mitlesenden wahrnehmen: ein akzeptierendes Schweigen oder eine alternative Sichtweise.

Quelle Zitat:
https://matter-of-fact.bs-anne-frank.de/de/psychologie/

ES GEHT UMS PUBLIKUM

Nicht nur, aber vor allem online geht es in erster Linie um das schweigende Publikum, um die Mobilisierung von Personen. Die stillen Mitlesenden und -hörenden sollen überzeugt werden. Das sollten wir nicht den Menschen überlassen, die laut mit vermeintlichen Argumenten (siehe S. 122) um sich werfen und Diskurse vergiften. Denn die, die jetzt vielleicht noch schweigend mitlesen oder zuhören, werden nicht immer leise sein und sich irgendwann auch trauen, etwas zu sagen. Wenn Du Dich traust zu widersprechen, wirst Du andere mitziehen können.

SINNLOSE FAKTEN?

Glaube nicht, dass Du immer mit Fakten und Inhalten überzeugen kannst. Ab einem bestimmten Punkt haben diese nämlich keine Wirkung mehr, da lohnt sich dann auch der x-te Beweis nicht mehr, mag er noch so wissenschaftlich und belegt sein. Oft bringt es einen sehr viel weiter, die Motive hinter dem Hass, dem Verschwörungsglauben oder der Wut zu sehen.

MUSS ICH SIE/IHN VERSTEHEN?

Nein, musst Du nicht. Aber es könnte hilfreich sein, es zu versuchen. Denn ein naher Kontakt, ein persönliches Dranbleiben und ein einfühlsames Gespräch auf Beziehungsebene können ein Umdenken anstoßen. Geht natürlich nicht bei jedem Menschen und in jeder Situation. Aber wenn Dir Menschen wichtig sind, könntest Du es versuchen. Denn vor allem unter Freunden oder in der Familie können Nähe und Gemeinsamkeiten sehr viel mehr bewirken, als Abstand zu nehmen. Unterschätze darum nicht Deinen Einfluss, den Du auf Menschen hast, die Dir nahestehen. Du kannst viel besser Zugang zu ihnen finden als fremde Menschen und herausfinden, warum sie den Mist glauben und welche Bedürfnisse eigentlich dahinterstecken.

Was fällt Dir noch ein?

♪80

DISKUTIEREN MIT STRATEGIE

Sonntags beim Kaffeetrinken mit der lieben Oma, abends mit Freund:innen im Club, beim Mittagessen mit Kolleg:innen ... YouTube-Professor:innen, Telegramwissenschaftler:innen und Allwissende sind überall und sie sind laut und vehement. Wahrscheinlich standest du, wie so viele, schon oft vor Situationen, in denen Du keinen Plan hattest, was Du sagen kannst-sollst-musst.

Jeder von uns diskutiert natürlich anders, benutzt unterschiedliche (Vermeidungs-) Strategien und hat auch nicht immer die Muße, ins Gespräch zu gehen, oder auch einfach Angst. Aber mit diesen Tipps spielt Dich Dein Gegenüber nicht mehr so einfach an die Wand, das gibt Dir Sicherheit.

♪81

KEIN PLATZ FÜR STAMMTISCHPAROLEN

Rassistische Parolen sollten nirgendwo Raum bekommen. Wenn Du sie hörst, reagiere sofort. Manchmal reicht ein treffender Kommentar, um andere ebenfalls zu aktivieren oder Dein Gegenüber stolpern zu lassen. Wenn niemand etwas sagt, wird das Gesagte normalisiert.

BLEIB REALISTISCH

Mal ehrlich: Eine Diskussion und schon hast Du jemanden bekehrt? Nee, so funktioniert das nicht. Aber das muss auch gar nicht sein. Es reicht oft schon, wenn Du kleine Zweifel säen kannst und diese immer wieder aufkeimen.

ARGUMENTIERE KLAR UND ZEIGE WIDERSPRÜCHE AUF

Woher hat Dein Gegenüber sein Wissen eigentlich und welche Quellen stecken dahinter? Wie kann er/sie gleichzeitig zwei völlig konträre Dinge behaupten? Mach auf Widersprüche aufmerksam und provoziere damit Reaktionen: „Du sagst, Du lässt Dich nicht verarschen und bist ja so kritisch, warum lässt Du Dich dann von XYZ so manipulieren?"

BLEIB ENTSPANNT UND RESPEKTVOLL

Je hitziger eine Diskussion, umso größer die Abwehr. Mit einem ruhigen Gespräch ist die Chance größer, dass Du ernst genommen wirst, als wenn Du jemanden bloßstellst oder als dumm abstempelst.

WIEDERHOLE FAKTEN STATT PAROLEN

Indem Du die Aussagen Deines Gegenübers wiederholst, reproduzierst Du sie. Wiederhole lieber belegbare Argumente.

STOP!

Hasstiraden in Monologform solltest Du bremsen. Bleib beim Thema, konzentrier Dich auf die zentrale Behauptung und nimm Dein Gegenüber inhaltlich hoch konzentriert auseinander. So behältst Du die Kontrolle über das Gespräch, auch wenn Dein Gegenüber versucht, Dich durch Themen- und/oder Parolenhopping an die Wand zu quatschen.

#MUSSMANWISSEN

Themen- und Parolenhopping sind Strategien, bei denen zwischen Themen hin und her gesprungen wird oder Salven an Parolen losgefeuert werden, um jemanden zu überrollen.

STELLE FRAGEN

Gut gefragt ist halb gewonnen. Fragen zu stellen ist eine effektive Methode, um Gespräche zu steuern und herauszufinden, ob es sich bei dem Gesagten um inhaltlose, nachgeplapperte Parolen oder echte Überzeugungen handelt.

Auch in Gesprächen mit Anhänger:innen von Verschwörungserzählungen sind Fragen zielführender als das Zuballern mit Fakten und Belehrungen. Zweiteres kann zur Folge haben, dass Dein Gegenüber „dicht" macht oder bereits so tief im Thema ist, dass es ein Leichtes für sie/ihn sein wird, Dich gegen die Wand zu spielen.

Pass aber auf, dass Dein Gegenüber die Frage nicht nutzt, um weitere Parolen zu platzieren.

KOMMUNIZIERE AUF VERSCHIEDENEN EBENEN

Ein sanfter Wechsel zwischen Sach- und Beziehungsebene kann Türen öffnen. Ein Gespräch auf Beziehungsebene zeigt, dass Du Dich für Dein Gegenüber interessierst. Erkundige Dich nach den Sorgen und Ängsten, so vermittelst Du das Gefühl, ernst

genommen zu werden. Das gibt Dir die Chance, Bedürfnisse zu erkennen, die hinter den Aussagen liegen. Andersrum kann es bei hoch emotionalen Diskussionen auch zielführend sein, das Gespräch auf eine Sachebene zu führen, zu entdramatisieren und bei den Fakten zu bleiben.

BLEIB BEI DIR

Das A und O für jede Auseinandersetzung (vor allem mit Personen, die Dir nahestehen): Ich-Botschaften. Denn „Du greifst mich an" ist nicht das Gleiche wie „Ich fühle mich durch Dich angegriffen". Während das Erste als Vorwurf verstanden werden und Gegenwehr mit sich bringen kann, bietet die zweite Formulierung die Chance, sich selbst zu hinterfragen. Probiere es mal aus.

REALITÄTSCHECK

Fordere konkrete Beispiele und bringe Deine Erfahrungen ein. Dadurch kannst Du Pauschalisierungen aushebeln und Behauptungen hinterfragen. Überlege Dir aber vorher gut, ob und wie Du mit aufgegriffenen Beispielen umgehen kannst.

HOL AUSSENSTEHENDE INS GESPRÄCH

Je nach Kontext kann es manchmal sinnvoll sein, andere ins Gespräch einzubeziehen.

LASS DICH NICHT EINSCHÜCHTERN!

Dein Gegenüber bombardiert Dich mit Fachbegriffen? Alles nur Strategie, um Dich zu verunsichern. Bleib cool und lass Dich nicht aus dem Konzept bringen. Nach dem Gespräch kannst Du googeln, was das bedeutete.

ERKENNE CODES UND MACHE AUF SIE AUFMERKSAM

Begriffe wie „Finanzelite", „Marionettenspieler" oder „Strippenzieher" haben einen antisemitischen Hintergrund, was viele nicht wissen (wollen). Sie unterstreichen nicht nur antijüdische Welterklärungsmodelle, sondern befeuern auch Hass und Hetze gegen Jüd:innen.

KEINE BÜHNE FÜR NAZIS UND VERSCHWÖRUNGSERZÄHLUNGEN

Geübte Neonazis und Verschwörungspredigende wissen, wie sie Dinge positionieren müssen, um Dich blöd dastehen zu lassen. Nicht selten sind sie rhetorisch geübte, dominante Propagandamaschinen, denen es nicht um eine gleichberechtigte Diskussion geht. Darum nimm ihnen die Bühne. Diskutiere z. B. in Privatnachrichten statt in Kommentarspalten.

DAS ZIEL IM BLICK

Überlege Dir vor allem in vertrauten Runden (Familie oder unter Freund:innen), worum es Dir wirklich geht. Willst Du wirklich Deinen schrulligen Onkel überzeugen oder eher Deine Eltern oder Geschwister vor der Verblendung durch seine Aussagen schützen? Willst Du widersprechen oder selber provozieren? Genau darauf baust Du Deine Gesprächsstrategie auf.

REALITÄTSCHECK

Wir können völlig unterschiedlicher Meinung sein und entspannt diskutieren, das ist absolut ok, solange keine Fake News, Verschwörungserzählungen oder rechte Parolen verbreitet werden.

„Die Finanzelite will uns alle töten und strebt den Bevölkerungsaustausch an" oder „Flüchtlinge bekommen ein iPhone als Begrüßungsgeschenk" sind z. B. keine Meinungen.

MARATHON

Menschen aus dem Verschwörungsglauben zu führen ist kein Sprint, sondern ein Marathon, der lange dauert, kräftezehrend und sehr anstrengend ist.

DU MUSST NICHT ALLES WISSEN

Ehrlich gesagt sind die wenigsten Menschen Spezialist:innen in Migrationsfragen oder Virologie. Sie tun nur so, und die meisten wissen das auch. Bevor Du selbst Halbwahrheiten verbreitest, ist es besser, wenn Du sagst „keine Ahnung" oder „ey, lass uns morgen drüber reden". Dann hast Du Zeit, Dich zu informieren und Dir zu überlegen, wo Du eigentlich selbst stehst.

ZÖGERE NICHT UND BLEIB DRAN

Vor allem wenn jemand aus Deinem Freundeskreis oder Deiner Familie rassistischen oder verschwörungsideologischen Bullshit verbreitet, reagiere sofort und warte nicht erst ab. Sind Dir bestimmte Menschen wichtig, verlass sie nicht, solange Du das Gefühl hast, noch irgendwie an sie ranzukommen. So hart es auch manchmal ist. Bleib im Gespräch und hol Dir Hilfe bei Freunden/Familie oder auch in Beratungsstellen, wenn Du nicht mehr weiterweißt. Wenn es aber gar nicht mehr geht, dann sag, dass Du den Kontakt abbrechen willst und warum.

DAS BEDÜRFNIS DAHINTER

Menschen, die sich in einer Krise befinden, denen es nicht gut geht, die auf der Suche oder verunsichert sind, glauben eher an Verschwörungserzählungen als Menschen in stabilen Kontexten. Ist Dir jemand wichtig, versuch zu verstehen, was ihm/ihr fehlt und ob Du helfen oder unterstützen kannst.

BEENDE DISKUSSIONEN

Vielleicht bist Du müde von der x-ten sinnlosen Diskussion über Microchips in Impfstoffen oder „kriminelle Ausländer". Das ist ok. Du kannst die Diskussion auch einfach beenden.

Quellen:
www.aktiv-gegen-diskriminierung.info/handeln/diskussionsstrategien
www.rosalux.de/fileadmin/rls_uploads/pdfs/sonst_publikationen/Haltung-zeigen_4Auflage.pdf
www.br.de/nachrichten/wissen/wie-rede-ich-mit-menschen-die-an-verschwoerungstheorien-glauben,SgMiGql
www.zeit.de/gesellschaft/zeitgeschehen/2021-12/querdenker-umgang-diskussionen-tipps

#MUSSMANLESEN

„Verschwörungserzählungen kontern!" Leitfaden zu Merkmalen rechter Verschwörungserzählungen in der Corona-Pandemie

Unterstützung und Beratung findest Du zum Beispiel hier bei Veritas:

ONLINE AKTI(V)VIS(T)MUS(S)

Soziale Medien werden für uns alle immer wichtiger, wobei sich unsere On- und Offline-Lebenswelten immer weniger voneinander abgrenzen lassen – sie beeinflussen sich gegenseitig, überschneiden sich und verschwimmen ineinander. Bei unseren täglichen Spaziergängen durch die sozialen Netzwerke stoßen wir inzwischen regelmäßig auf problematische Inhalte wie Hate Speech, Fake News, Verschwörungserzählungen oder extremistische Inhalte, wir werden manipuliert und gezielt desinformiert. Das solltest Du nicht einfach so hinnehmen, drüber hinwegsehen oder ignorieren, denn es gefährdet auch unser Miteinander in der Offline-Welt. Für unsere (politische) Meinungsbildung spielen die Auseinandersetzungen in den sozialen Netzwerken eine ziemlich wichtige Rolle.

Neben den Risiken bietet das Netz auch eine riesige Chance: Du kannst dazu beitragen, dass sich Sichtweisen verändern, Du kannst Menschen zum Nachdenken bringen, auf Missstände hinweisen oder Dich mit anderen solidarisieren. Dafür stehen Dir viele Wege offen. Die Online-Welt ist größer als man denkt!

Die schnellste und einfachste Möglichkeit, sich aktiv zu beteiligen und zu wirken, ist, Likes zu verteilen. Warum? Weil Likes für Sichtbarkeit von Kommentaren sorgen.

Du kennst das sicherlich: Unter einem Beitrag über eine Lehrerin mit Kopftuch, geflüchtete Menschen auf dem Mittelmeer oder über einen queeren Erzieher tauchen als Erstes die Kommentare der Wutbürger:innen auf, die abfällig reden, mit *ismen um sich werfen, menschenverachtende Aussagen treffen. Die meisten User:innen lesen an diesem Punkt gar nicht mehr weiter, fühlen sich durch die negativen Kommentare verunsichert und bekommen die netten Kommentare, die weiter unten auftauchen, gar nicht mehr mit.

Fasse alles nochmal zusammen.

1 Likes verteilen

Warum? ....

....

2 Hass melden

Wo? ....

....

Du kannst mit Deinem **Like** dazu beitragen, dass sich das ändert. Denn die meisten Plattformen ordnen Beiträge erst mal nach „Relevanz", und relevant ist, was die meisten „Reactions" (= Reaktionen) hat. Das können Likes, Wutsmileys, Herzchen oder auch Unterkommentare sein. Mit Deiner Reaktion kannst Du das Ranking verändern und Kommentare, die Dir gut gefallen, weiter nach oben schubsen.

Eine andere Möglichkeit ist, diskriminierende, hasserfüllte, bedrohliche Kommentare, die gegen die Community-Standards („Hausregeln") verstoßen, bei den Plattformbetreibenden zu **melden** und strafrechtlich relevante Kommentare zu sichern und anzuzeigen.

Auch kannst Du **Gegenrede** betreiben, um problematische Aussagen nicht einfach unwidersprochen stehen zu lassen und anderen zu zeigen, dass diese Aussagen auf keinen Fall allgemeiner Konsens sind. Denn Schweigen wird häufig als stille Zustimmung wahrgenommen.

Wenn Dir das noch nicht reicht, kannst Du auch selber **Content produzieren** und über Dein persönliches Profil informative, gute und wichtige Beiträge teilen und so auf Themen hinweisen, die Dir wichtig sind. Du entscheidest dabei, wer es sehen, teilen, kommentieren darf. Willst Du noch mehr tun, oder eine Distanz zu Deinem privaten Profil schaffen, kannst Du auch Seiten oder (offene oder geschlossene) Gruppen in den sozialen Netzwerken gründen, über die Du wichtige Themen positionieren und Dich gezielt mit anderen austauschen kannst. Der Vorteil ist, dass Du Deine Seiten dann gemeinsam mit anderen verwalten und Du selbst anonym bleiben kannst, wenn Dir das wichtig ist.

3 Gegenrede starten

Wieso? ....

....

....

....

4 Eigener Content

Was? ....

....

....

....

DIGITALER SELBSTSCHUTZ

Hast Du Dir schon mal Gedanken darüber gemacht, welche Informationen über Dich im Netz zu finden sind, wie es um Deine Online-Sicherheit steht und welche Auswirkungen Dein digitales Handeln auf Dein reales, analoges Leben haben könnte?

Viele Menschen veröffentlichen ziemlich unbedacht einen Haufen an Informationen über sich, die sie eigentlich besser schützen sollten. Sie teilen Standorte, posten Fotos von sich, ihrer Familie, ihren Kindern, geben Wohnorte, Arbeitsorte, Schule und Vorlieben preis, sammeln ihre Freund:innen in öffentlichen Listen und zeigen stolz, welches Auto sie fahren.

Das ist nicht ungefährlich, denn jede Information über Dich macht Dich angreifbar. Da hilft mitunter auch kein nachträgliches Löschen mehr. Dinge, die einmal im Netz stehen, verbleiben dort meist für immer. Denn mit ein paar Klicks können Screenshots erstellt, Bilder heruntergeladen und vervielfältigt und Informationen kopiert werden. Was dann folgt, ist mitunter ganz schön heftig. Du kannst an Deinem Lieblingsplatz abgefangen oder Deinem Arbeitgeber können (gefakte) Informationen über Dich zugespielt werden. Auch kann jemand Fotos von dir, Deinem Freund, Deiner Freundin oder Deinem Kind missbrauchen, um Sharepics zu erstellen und Dich lächerlich zu machen, oder private Details nutzen, um Dich unter Druck zu setzen, vermeintliche Profile von Dir zu erstellen oder Dich zu bedrohen.

Überlege Dir also am besten vor jedem Posten, Kommentieren und Hochladen, ob es für Dich in Ordnung wäre, wenn dieser Content für immer im Netz verbleiben würde.

Neben diesem gibt es auch noch ein paar andere Tipps, wie Du Dich im Netz schützen kannst.

Doxx Dich selbst:

♪ 82

Es kann ganz aufschlussreich sein, sich selbst zu googeln. Probiere es mal aus, setze Deinen Namen in Anführungsstriche (z. B. „Hans Meier") und suche danach.

Was findest du?

....

....

....

Quelle:
www.kompass-social.media/artikel/hast-du-Deine-spuren-in-social-media-im-blick
www.belltower.news/social-media-tipps-5-schritte-zum-digitalen-selbstschutz-105429/

Privatsphäre Einstellungen

Die gibt es in jedem sozialen Netzwerk. Klick Dich durch die einzelnen Punkte durch. Du wirst überrascht sein, welchen Punkten Du ohne Dein Wissen zugestimmt hast, wenn Du Dich bisher noch nicht damit beschäftigt hast.

Starke Passwörter

Nutze starke Passwörter, die nicht nach einer kurzen Recherche zu Dir sofort erraten werden können. Je verrückter, desto besser. Wo möglich, richte eine 2-Faktor-Authentifizierung ein, bei der Du neben der Nutzung Deines Passworts noch über einen anderen Kanal den LogIn bestätigen musst.

Freundesliste

Kennst Du die Leute auf Deiner Liste alle, oder lässt Du jede:n rein? Deine „Freund:innen“ können auch die Informationen und Beiträge lesen, die Du nicht öffentlich teilst.

Content und Aktivitäten

Viele Netzwerke geben Dir die Möglichkeit, selbst zu entscheiden, ob Du Dinge öffentlich, nur für Freund:innen oder auch für Freundes-Freund:innen teilen willst. Wenn Dein Content nur für Freund:innen sichtbar sein soll, solltest Du Deine Freundesliste besonders gut aussortieren.

Auch solltest Du ab und an mal checken, ob Du noch alte Beiträge online hast, die heute nichts mehr im Netz zu suchen haben. Dann lösch sie lieber schnell. Genau das Gleiche machst Du auch mit Likes, Shares, Follows und Kommentaren, die sind nämlich besonders schnell vergeben. Es lohnt sich auf jeden Fall nachzusehen, was Dir in der Vergangenheit so gefallen hat und ob Du noch immer dahinterstehst.

#MUSSMANWISSEN

Tipps zu Einstellmöglichkeiten für verschiedene Plattformen

SEI DEIN EIGENES SPRACHROHR

Es gibt bestimmt Dinge, die Dir wichtig sind, über die Du eigentlich gerne informieren, oder Umstände, auf welche Du hinweisen wollen würdest ... wenn Du die Möglichkeit hättest.

Du hast sie!

Entwickle Dein eigenes Profil auf der Plattform Deiner Wahl für das, was Dir wichtig ist. Überlege dir, was Du gerne thematisieren würdest, was Dein Ziel ist und welche Umgangsformen Dir wichtig sind. Denn Du hast auf Deiner Seite das Hausrecht und gibst vor, wie dort die Kommentierenden miteinander umgehen sollen.

Ein eigenes Profil, eine Seite oder Gruppe in den sozialen Netzwerken anzulegen, ist super einfach und dauert meistens nur ein paar Minuten.

Facebook-Gruppen oder Seiten kannst Du über Dein privates Profil erstellen und verwalten. Eine Gruppe auf Facebook kann entweder öffentlich oder geheim sein und ist super, wenn Du Dich zu einem konkreten Thema mit anderen austauschen willst. Jedes Gruppenmitglied kann dabei selbst Beiträge posten oder Fragen stellen. Gründest Du eine Seite, kannst nur Du (oder von Dir hinzugefügte Admins oder Redakteure) Beiträge posten.

Du gibst also vor, was rausgeht. Da Facebook und Instagram beide zu META gehören, kannst Du Deine Facebook-Seite auch mit Deinem Instagram-Account verknüpfen und mit einem Klick einen Beitrag auf beiden Plattformen gleichzeitig ausspielen. Probiere es einfach aus.

Mein Anliegen:

♪83

....

....

....

....

....

....

Das möchte ich erreichen:

....

....

....

....

....

....

....

Netzwerk(e) meiner Wahl: ....

....

....

....

Name der Seite, der Gruppe oder des Profils: ....

....

....

....

Meine Regeln (Netiquette): ....

....

....

....

....

....

....

....

#MUSSMANWISSEN

Das konsequente Löschen menschenverachtender, beleidigender Kommentare und (ggf.) der Verweis auf Deine Netiquette bietet die Möglichkeit, dass sich Deine Follower:innen ohne Angst austauschen können und kann verhindern, dass Betroffene sich zurückziehen. Allerdings kann das Löschen von Beiträgen auch den Eindruck erwecken, dass andere Meinungen gezielt gelöscht werden.

Lösche besser nicht ohne Vorwarnung und Statement.

Communitymanagement

Mach dir, bevor Du loslegst, ein paar Gedanken, wie Du mit Deiner Community umgehen willst:

- Willst Du moderieren (was zu empfehlen wäre), oder überlässt Du Deinen Follower:innen komplett die Kommentarspalten?
- Willst Du alle Kommentare stehen lassen oder z. B. Beleidigungen und/ oder nicht themenbezogene und destruktive Kommentare löschen?
- Moderierst Du alleine, oder willst Du Dir weitere Mods zur Unterstützung auf die Seite holen?
- Wenn ihr mehrere Mods seid: Wollt ihr eure Beiträge mit Autorenkürzeln versehen oder als undurchsichtige Einheit agieren, weil niemand wissen soll, wer und wie viele ihr seid?

MEMES SAGE ES MIT BILDERN

Memes sind ziemlich trashige Bilder mit einfachen und kurzen Textbotschaften, die schnell und direkt Aufmerksamkeit auf ein Thema lenken. Sozusagen digitale Running-Gags mit Insiderwitz, die gewöhnliche Bilder oder Alltägliches mit einem aktuellen Thema verbinden und auf eine hohe Reichweite abzielen.

Da sie sich leicht erstellen lassen und gerne geteilt werden, werden sie häufig auch gezielt dafür benutzt, Meinungen zu manipulieren und politische Statements zu transportieren (siehe auch S. 90). Dadurch nehmen sie nicht unwesentlich Einfluss auf unsere Meinungsbildung, was populistische Parteien besonders gerne innerhalb ihrer Kampagnen ausnutzen.

Zur Erstellung von Memes gibt es eigentlich keine Regeln. Sie müssen nicht hochwertig sein, brauchen keine Rahmen, besonderen Maße, saubere Schnitte, haben keine standardisierte Bildaufteilung und auch sonst keine Vorgaben, die dafür sorgen könnten, dass Du Dich bis auf die Knochen blamierst.

Die einzige wirkliche Regel:

Damit Deine Botschaft ankommt, sollte sie vor allem originell, eindeutig und verständlich sein und in einem humorvollen Kontext eingebettet werden, der als lustig wahrgenommen wird.

#MUSSMANPROBIEREN

Mit dem Meme Generator kannst Du ganz einfach Memes erstellen und zum Teilen runterladen.

Sei kreativ, überleg Dir Deine Botschaft und gestalte Deine eigenen Memes

Quelle:
https://rise-jugend-kultur.de/material/mit-memes-gegen-islamismus-materialien-fuer-die-politische-medienbildung-mit-jugendlichen/

KEINE PLATTFORM FÜR TÄTER:INNEN

Über Taten wie Amokläufe oder Terroranschläge berichten, aufmerksam machen, Hintergründe aufzeigen und dabei nicht zum Handlanger werden, ist gar nicht so einfach. Denn Täter:innen wollen Aufmerksamkeit und sie wissen, wie sie was im Vorfeld bereitstellen und vorbereiten müssen, um diese bestmöglich zu bekommen. Eine solche Tat ist mit der Durchführung nämlich noch nicht vorbei. Das Werk von Täter:innen ist in den allermeisten Fällen erst dann vollendet, wenn Medien und soziale Netzwerke sich mit ihren Headlines und Beiträgen überschlagen, in Massen über die Tat, die Hintergründe und die Täter:innen berichten und sie bestenfalls mit Foto, Namen und Manifest auf die ganz große mediale Bühne heben, damit diese als „unsterbliche Märtyrer" in die Geschichte eingehen.

DARUM BITTE:

1. Teile keine Bilder von Tatorten
2. Verbreite keine Namen von Täter:innen
3. Teile keine Abschiedsbriefe oder Manifeste
4. Teile keine Fotos von Täter:innen

#SAYTHEIRNAMES

Berichte über die Tat, doch statt Dich auf die Täter:innen zu fokussieren, konzentrier Dich auf die ideologischen Hintergründe, die Systeme hinter den Taten (siehe auch S. 196, Stochastischer Terrorismus), und stelle lieber die **Opfer in den Vordergrund** als die Täter:innen. Damit veränderst Du den Diskurs. Statt Täter:innen eine Bühne zu geben, gibst Du namenlosen Opfern, die in Berichten oft nur als Zahlen auftauchen, ein Gesicht und erinnerst an sie als Menschen mit Geschichten und Familie.

#MUSSMANHÖREN

„Zurückhaltung ist Pflicht - Terrorismus in den Medien", Podcast der bpb

HILFE, ICH HAB SCHEISSE IM NETZ!

Umgang mit menschenverachtenden Kommentaren

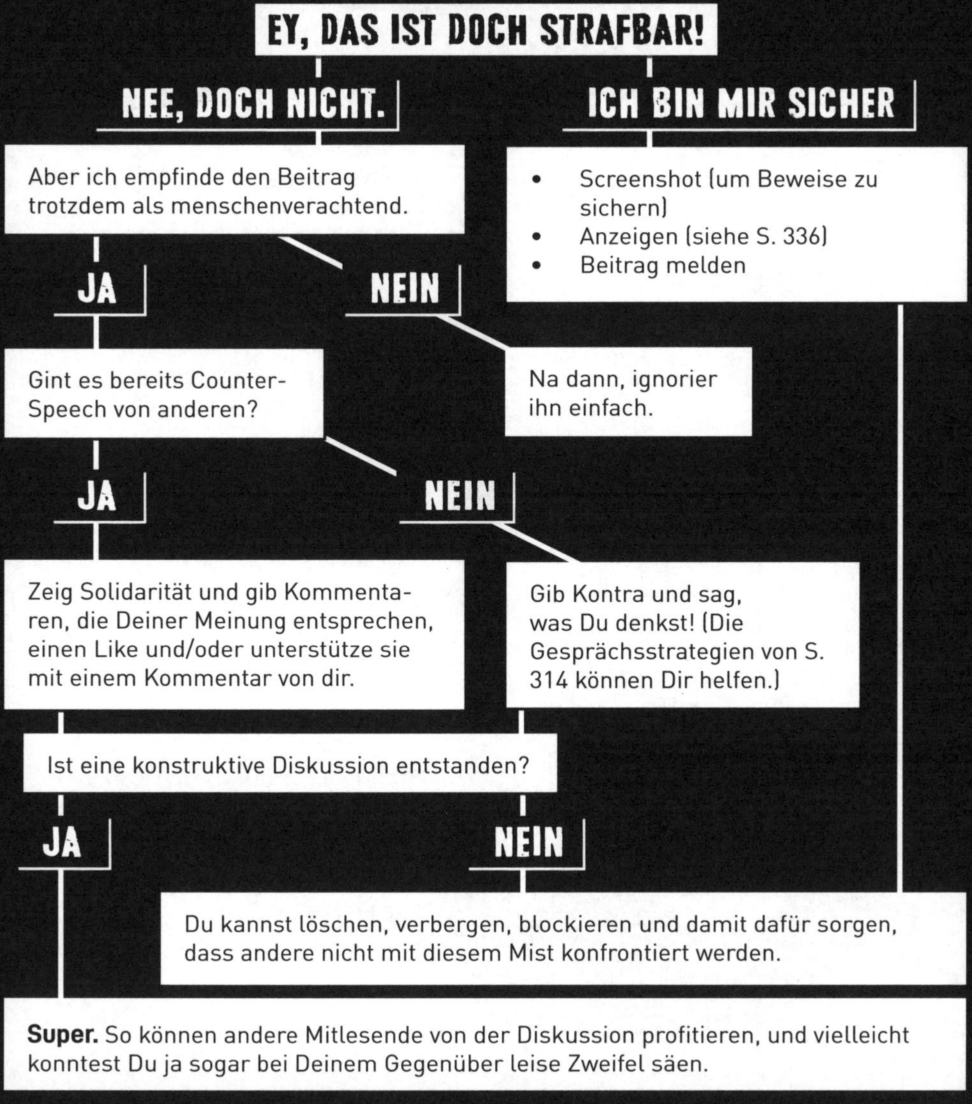

WAS TUN MIT MENSCHENVERACHTENDEN BEITRÄGEN?

IGNORIEREN

- **stehen lassen**

Du kannst einfach wegschauen und Beiträge unkommentiert stehen lassen. Dies ist auch online die häufigste Strategie.

Was spricht dafür?

- Du hast keinen Ärger und sparst Dir Stressmomente ... zumindest so lange, bis es Dich selbst betrifft.
- Andere Meinungen solltest Du aushalten können.

Was spricht dagegen?

- Mangelnde Gegenrede wird als stille Zustimmung wahrgenommen
- Aussagen verbreiten sich unkritisiert weiter. Wie weit das gehen kann, hat uns die Geschichte gezeigt.

Die Grenze Deiner Toleranz sollte die Intoleranz Deines Gegenübers sein!

UNSICHTBAR MACHEN

- **löschen**
- **verbergen**

Du kannst Beiträge löschen, verbergen oder Profile blocken.

Was spricht dafür?

- Menschenverachtende Aussagen erreichen keine weiteren Menschen.
- Klare Regeln schützen Opfer und sorgen für Orientierung.

Was spricht dagegen?

- Verbote können Abwehrhaltungen/bewusste Überschreitungen provozieren.
- Die Opferrolle ist vorprogrammiert.

Wichtig ist Transparenz! Kündige Löschungen an und begründe sie.

MELDEN

Du kannst strafbare Aussagen zur Anzeige bringen und Verstöße gegen Communityregeln den Netzbetreibern melden.

Quelle:
www.kjr-ml.de/wp-content/uploads/2020/02/Handbuch-Rechtspopulismus-erkennen-verstehen-begegnen.pdf

WIDERSPRECHEN

- **diskutieren**
- **argumentieren**

Du kannst rechten Aussagen widersprechen und sie in einer Diskussion widerlegen.

Was spricht dafür?

- Du setzt ein Zeichen von Solidarität und ein deutliches Gegengewicht.
- Du kannst unsichere Menschen und Mitlesende überzeugen.

Was spricht dagegen?

- Deine Gegenrede kann massive verbale Angriffe zur Folge haben.
- Dein Gegenüber kann sich belehrt fühlen und abwehren.

Überlege dir, wen Du erreichen willst. Dein Gegenüber oder Mitlesende!

IRRITIEREN

- **humorvoll**
- **sarkastisch**

Du kannst Dein Gegenüber durch Humor und irritierende Fragen zum Straucheln bringen.

Was spricht dafür?

- Du verschaffst Dir Aufmerksamkeit.
- Irritation kann Dein Gegenüber aus dem Angriffsmodus holen.
- Lachen kann andere und Dich selbst mutiger machen.

Was spricht dagegen?

- Dein Gegenüber fühlt sich nicht ernst genommen und könnte wütend werden.

Gute Satire tritt niemals nach unten!

Was sind Deine Erfahrungen?

....

....

....

....

....

....

....

....

....

....

Was spricht dagegen?

- Meldestürme können auch Beiträge und Seiten verschwinden lassen, die sich im demokratischen Spektrum bewegen.
- Beleidigung, üble Nachrede.

Verleumdung (§ 185/186/187 Stgb) und Volksverhetzung (§ 130 Stgb) sind nicht von der Meinungsfreiheit gedeckt!

Was spricht dafür?

- Du setzt ein Zeichen, dass eine Linie überschritten wurde.
- Du zeigst, dass unsere Meinungsfreiheit klare Grenzen hat (siehe S. 54).

HATE SPEECH
WENN DER HASS SPRICHT

Eine einheitliche Definition für Hate Speech gibt es nicht, was den Begriff wissenschaftlich gesehen und in der Rechtsprechung wenig aussagekräftig macht. Dennoch lassen sich einige Kernbestandteile finden.

Hate Speech ...

#MUSSMANLESEN

„Lösch Dich nicht – Hate Speech im Netz begegnen“, Projektmodul, die Kopiloten

... sind menschenfeindliche Äußerungen, die gezielt Personen aufgrund der Zugehörigkeit zu einer benachteiligten Gruppe angreifen.

... diskriminiert Menschen aufgrund von Hautfarbe, Geschlecht, Sexualität, ethnischem Hintergrund oder Religion.

... bedient sich an tief in der Gesellschaft verankerten Abwertungen und gängigen Diskriminierungen.

... ist nicht immer laut und offensiv, er kann auch passiv aggressiv, rational und logisch schlussfolgernd daherkommen.

... ist oft auch abhängig vom Kontext und lässt sich manchmal nur durch diesen erkennen.

Hate Speech umfasst somit nicht nur gesetzlich verbotene Straftatbestände, wie Beleidigungen, üble Nachrede, Verleumdung oder Volksverhetzung, sondern auch Aussagen, die von der Meinungsfreiheit gedeckt sind. Der Ausschuss zu rassistischer Hassrede der Vereinten Nationen definiert Hassrede als:

„Äußerungen, die menschenrechtliche Kernprinzipien wie die Menschenwürde und die Gleichheit verachten und den Zweck verfolgen, Individuen und Gruppen zu degradieren und ihrem gesellschaftlichen Ansehen zu schädigen.“

neuemedienmacher.de/helpdesk/artikel/nhsm

Die im Hate Speech enthaltenen Vorurteile und Diskriminierungen sind herabwürdigend, beleidigend und menschenverachtend und sollten schon aus diesem Grunde gesellschaftlich geächtet werden. Auch bedroht Hate Speech unsere Meinungsfreiheit. Wir sollten also nicht wegschauen, sondern uns solidarisch zeigen, aktiv werden, eingreifen, sensibilisieren und/oder widersprechen.

Quellen:
www.amadeu-antonio-stiftung.de/8-betreiben-sie-gegenrede/
www.pnas.org/doi/10.1073/pnas.2116310118
https://netzpolitik.org/2022/hass-auf-twitter-warum-gegenrede-nicht-immer-funktioniert
www.medien-in-die-schule.de/wp-content/uploads/Materialblatt_Demokratie_18.pdf

84

Was Du machen kannst, wenn Dir Hate Speech im Netz begegnet?

Du kannst Hate Speech im Netz ignorieren, Du kannst aber auch darauf reagieren, sachlich diskutieren, Dich drüber lustig machen oder löschen, melden oder anzeigen. Was Du tust, ist Deine Entscheidung, aber jede Reaktion hat Vor- und Nachteile.

Der Hatespeech Assistant kann Dir helfen, die richtige Reaktion zu finden.

#MUSSMANPROBIEREN

Es gibt ein Gegenmittel – Widersprich dem Hass!

Hassrede kann durch Gegenrede reduziert werden, wie ein Forscherteam der Technischen Hochschule Zürich nachweisen konnte – vor allem sachlich ruhige Gegenrede, die auf das Mitgefühl (= Empathie) der Hassredner:innen setzt. Zudem produziert Gegenrede noch mehr Gegenrede. Denn sie motiviert und ermutigt andere, ebenfalls zu widersprechen.

Das sind zwei wichtige Gründe, Hass nicht einfach so stehen zu lassen, sondern ihm klar und deutlich zu widersprechen. Das ist jedoch nicht immer ganz ungefährlich, denn schnell landest Du selbst mitten in der Schussrichtung und wirst zum Angriffsziel. Achte also unbedingt auf Deine Privatsphäreeinstellungen in den sozialen Netzwerken und nimm alle Informationen von Dir aus dem Netz, die Dich verletzbar machen: Fotos, Adressen, Deinen Arbeitsort, Telefonnummern u.s.w. (siehe hierzu auch S. 320).

Wähle die Kommentare, auf welche Du reagieren willst, wohlbedacht aus. Denn durch Subkommentare wird ein Kommentar im Kommentar-Ranking nach oben verschoben und bekommt dadurch mehr Aufmerksamkeit. Oftmals ist es darum sinnvoller, einen eigenen Kommentar statt eines Subkommentars abzusetzen.

Dein Ziel bei der Gegenrede sollte nicht in erster Linie sein, Dein Gegenüber zu überzeugen, sondern Mitlesende zu informieren, Dich mit Betroffenen zu solidarisieren, Grenzen aufzuzeigen, Argumente zugänglich zu machen und andere zu ermutigen, es Dir gleich zu tun.

TIPPS:

- Frag nach, wie der Post gemeint ist. Ist es bewusster Rassismus oder nur eine unglückliche Formulierung?
- Entlarve die Absichten der Hass Verbeitenden.
- Lass Verleumdungen und falsche Tatsachenbehauptungen nicht unkommentiert stehen.
- Bleib sachlich, ruhig und unemotional und versuche, das Mitgefühl der Hass Verbreitenden zu aktivieren.
- Online-Diskussionen sind keine Gehirnwäschen. Du kannst niemanden bekehren, der/die das nicht will.
- Endlose Diskussionen bringen nichts. Finde und setze selber das Ende.

WEHRHAFTES NETZ

LÖSCHEN, BLOCKEN, MELDEN

„Der größte Schuft im ganzen Land, das ist und bleibt der Denunziant.“

Sprichwort

Richtig, wer mag schon Petzen, nicht wahr? Aber was ist eigentlich ein:e Denunziant:in?

Denunzieren kommt vom lateinischen Wort denuntiare, was eigentlich eine Anzeige machen bedeutet. Wir denunzieren, wenn wir aus **niederen, persönlichen Beweggründen** jemanden bei einer übergeordneten Stelle melden oder anzeigen, z. B. um selber besser dazustehen, Vorteile zu erlangen oder Genugtuung zu erfahren.

Das heißt, wenn Du ein Profil oder Kommentare mit strafbaren Inhalten, menschenfeindlichen Aussagen, Bedrohungen oder Gewaltaufrufen bei einer sozialen Plattform meldest, blockst oder Anzeige erstattest, hat das mit denunzieren wenig zu tun. Vielmehr ist es eine Art des Selbstschutzes oder der Solidarität und kann ein wichtiger Beitrag zum friedlichen Umgang miteinander und damit auch zur Erhaltung unserer freiheitlichen demokratischen Grundordnung (siehe S. 36) sein. Denn niemand sollte bedroht werden und wir sollten keine Angst haben müssen, wenn wir uns an Diskussionen beteiligen oder uns zeigen, wie wir sind.

Das sehen Neonazis und Rechtspopulist:innen natürlich anders. Sie berufen sich dabei auf die Meinungsfreiheit und schreien „Zensur“, sobald ihre menschenverachtenden Inhalte für andere unsichtbar werden. Ja klar, das ist für sie ziemlich doof, schließlich beruht ihre Strategie auf Angst und Desinformation, welche aber nur dann die volle Wirkung entfalten kann, wenn möglichst viele Menschen erreicht werden. Nur so können sie ihre Macht ausbauen.

Zum Glück hast Du viele Möglichkeiten, online zu reagieren, um Dich selbst und andere zu schützen. Dazu gehört das Melden von Beiträgen oder Profilen, die sich nicht an die Communitystandards der Netzwerkbetreiber halten, das Verbergen von Kommentaren auf Deinen Seiten, die Du als problematisch empfindest, Blocken von Profilen, mit denen Du keine Berührungspunkte haben willst oder auch das Anzeigen strafrechtlich relevanter Beiträge oder Profile.

KOMMENTARE LÖSCHEN ODER VERBERGEN?

Du willst einen Kommentar auf Deiner Seite entfernen, weil er Dich oder Dein Engagement angreift, beleidigt, es sich um Spam oder Propaganda handelt, von der Du nicht willst, dass diese sich von Deinem Kommentarstrang aus weiter verbreitet? Dann hast Du die Wahl:

Du kannst ihn entweder löschen oder verbergen.

LÖSCHEN

... bedeutet, dass Du dafür sorgen kannst, dass ein Kommentar auf Deiner Seite endgültig verschwindet und für niemanden, auch nicht für den/die Verfasser:in, mehr sichtbar ist.

VERBERGEN

... ist eine Art Zwischenstufe zwischen „Stehenlassen" und „Löschen". Beim Verbergen wird der Kommentar für andere User:innen zwar unsichtbar, aber der/die Verfasser:in sieht ihn weiterhin online und bekommt bestenfalls das Gefühl, dass sich niemand für diesen interessiert. Das kann sinnvoll sein, wenn Du nicht willst, dass andere den Kommentar lesen, weil er Beleidigungen enthält, aber die Diskussion in den Unterkommentaren eigentlich ganz gut ist, oder wenn Du Dich zu den Inhalten noch äußern willst, aber im Moment keine Zeit oder Muße hast, Dich darum zu kümmern. Denn einen verborgenen Kommentar kannst Du jederzeit wieder sichtbar machen. Bei einem gelöschten geht das nicht.

Löschen und Verbergen geht genauso einfach wie Melden. Einfach das Menü aufrufen und „Verbergen" oder „Löschen" wählen.

Quelle:
www.brodnig.org/2021/10/28/hasskommentare-melden-aber-richtig

USER:INNEN

BLOCKEN ODER SPERREN

Profile, die permanent spammen, strafrechtlich relevante, menschenverachtende Inhalte am laufenden Band auf Deiner Seite teilen oder andere beleidigen, kannst Du ganz einfach auf Facebook oder Instagram sperren. Gesperrte Personen können keine Beiträge und Kommentare mehr auf Deiner Seite veröffentlichen oder mit „Gefällt mir" markieren und Nachrichten an Dich senden. Die Sperrung kann jederzeit rückgängig gemacht werden.

Auch das Sperren ist recht einfach: Entweder Du gehst über das Dreipunktemenü oder über die Einstellungen Deiner Seite, wo Du auf „Personen und andere Seiten" klickst und dort die Person, die Du sperren willst, suchst. Über das Zahnrad-Symbol neben der Person kannst Du diese dann sperren.

Twitter ist das Reich des Blockens, so sinnvoll es manchmal ist, um Dich vor Beleidigungen oder Angriffen zu schützen, so gefährlich kann es sein, wenn Meinungen oder Tatsachen, die nicht dem eigenen Weltbild entsprechen, gezielt ausgeblendet werden und Filterblasen sich verstärken. Das kann insbesondere dann passieren, wenn Du Blocklisten in Deine Accounts lädst, welche zu einem direkten Block von Hunderten Accounts führen. Irgendwann läufst Du Gefahr, dass Dich nur noch Informationen erreichen, die Deine eigene Weltsicht bestätigen.

Aber wie gesagt, das Blocken an sich kann wirklich sinnvoll sein, wenn Du Dich schützen willst. Mit einem Block sorgst Du dafür, dass bestimmte Accounts Dich nicht mehr kontaktieren, markieren, Dir folgen oder Deine Tweets sehen können und andersrum. Ihr existiert somit quasi nicht mehr füreinander. Blockierte Accounts können nur auf Deinem Profil sehen, dass Du sie blockiert hast, sie bekommen aber keine Meldung. Du kannst sie aber jederzeit wieder entblocken.

Blocken auf Twitter ist ganz einfach und läuft ebenfalls über das Dreipunktemenü eines Tweets oder des Profils, wo Du **Blocken** direkt auswählen kannst.

Welche Profile hast Du geblockt? Erinnerst Du Dich noch an den Grund?

....

....

....

....

....

....

....

....

....

....

INHALTE UND PROFILE MELDEN

Egal ob Facebook, Instagram, Twitter, YouTube oder TikTok. Die großen Internet-Plattformen stehen vor einem Problem. Sie freuen sich über polarisierende Diskussionen, denn das sorgt für Traffic, und Traffic ist bares Geld. Andererseits haben sie aber auch Community-Standards formuliert, die Umgangsformen enthalten, wie man sich auf den Plattformen zu verhalten hat, was geht und was nicht. Damit wollen sie zum einen erreichen, dass die Plattformen nicht zur Hölle auf Erden werden, und zum anderen sichern sie sich damit rechtlich ab. Denn sie sind z. B. verpflichtet, die Meldungen zu strafbarer Hassrede ernsthaft zu überprüfen.

Auch wenn viele Meldungen nach wie vor im Sande verlaufen, sollten gerade strafbare Inhalte, Gewaltaufrufe, menschenfeindliche Aussagen immer gemeldet (und ggf. angezeigt) werden. Das geht ganz einfach und ist auf allen Plattformen relativ ähnlich.

Zu jedem Beitrag gibt es eine Art „Menü", welches über drei Punkte oder einen langen Klick auf den Beitrag zu erreichen ist. Dort kannst Du den Punkt „Feedback geben oder diesen Kommentar melden", „Support erhalten oder Kommentar melden", „Beitrag/ Tweet melden", „Melden", „Diesen Kommentar melden" wählen und Dich einfach durch die Fragen leiten lassen. Auch kannst Du ganze Profile melden.

Einige Zeit nach der Meldung bekommst Du eine Nachricht, ob der von Dir gemeldete Inhalt gelöscht wurde. Nicht selten wird es passieren, dass der Inhalt nicht entfernt werden „konnte". Das liegt zum einen daran, dass die Plattformen aus oben genannten Gründen nicht besonders löschfreudig sind, und zum anderen, dass diejenigen, die unsere Meldungen überprüfen, oft kein Deutsch sprechen und somit kaum in der Lage sind, problematische Inhalte tatsächlich zu identifizieren. Auch wenn Du aus diesem Grund das Gefühl hast, dass Melden nichts bringt, mach weiter. Denn häufiges Melden kann eine Löschung des gemeldeten Profils zur Folge haben. Wenn Profile immer wieder gesperrt/gelöscht werden, wird verhindert, dass eine beständige Community aufgebaut werden kann. „**Deplatforming**" wird das genannt, und genau das zeigt Wirkung, wie wir an den Beispielen Identitäre Bewegung und PEGIDA sehen können. Anfänglich stark gehypt, schossen die Follower:innenzahlen durch die Decke. Durch zahlreiche Löschungen konnten sie ihre Fans nicht mehr erreichen und haben immer mehr an Bedeutung verloren. Ihnen bleibt dann nur noch das Ausspielen von Inhalten auf „alternativen" Plattformen (siehe S.164). Da hier jedoch weniger User:innen aktiv sind, welche zudem bereits tief im Rabbit Hole stecken, können sie nur schwer neue Leute ködern.

INHALTE ODER USER:INNEN ANZEIGEN

Manche Inhalte sind nicht nur verachtenswert, sondern mutmaßlich oder gesichert strafrechtlich relevant. Diese solltest Du unbedingt zur Anzeige bringen, um polizeiliche Ermittlungen in Gang zu bringen. Das kannst Du direkt bei der Staatsanwaltschaft, Polizei oder in Amtsgerichten sowohl mündlich als auch schriftlich machen. In manchen Bundesländern geht das sogar digital.

Grundsätzlich kann jeder Mensch, der eine Straftat mitbekommt, diese anzeigen. Geschädigte, also direkt Betroffene können zusätzlich zur Anzeige noch Strafanträge stellen, um zu betonen, dass sie eine Verfolgung der Straftat unbedingt wünschen. Da Du Anzeigen, im Gegensatz zu Strafanträgen, nicht einfach zurückziehen kannst, solltest Du diese nicht wahllos oder pauschal erstatten. Überlege also vorher gut, ob etwas wirklich strafrechtlich relevant sein könnte.

Es gibt, grob gesagt, zwei verschiedene Arten von Delikten:

ANTRAGSDELIKTE

Zu den Antragsdelikten (z. B. Verleumdung, Beleidigung, „Ausspähen von Daten", Verbreitung und Veröffentlichung unrechtmäßig erlangter Daten, um anderen zu schaden,) gehören die **absoluten** Antragsdelikte, die nur verfolgt werden können, wenn neben der Anzeige auch ein Strafantrag vorliegt, und die **relativen** Antragsdelikte, die auch ohne Strafantrag verfolgt werden können, wenn ein öffentliches Interesse besteht.

OFFIZIALDELIKTE

Bei Offizialdelikten hingegen, dazu gehören so ziemlich alle schweren Straftaten, muss der Staatsanwalt immer tätig werden, auch ohne Strafantrag. Dazu gehört zum Beispiel Volksverhetzung.

♪85

#MUSSMANWISSEN

Seit 2021 sind auch Doxxing (Sammlung und Veröffentlichung privater/persönlicher Daten in böser Absicht) und das Erstellen und Veröffentlichen von Feindeslisten (Listen mit persönlichen Daten, Informationen und Fotos von Personen, oft verbunden mit Drohungen/Hinweisen) strafbar (§ 126a StGB).

Quellen:
https://strafverteidiger-berlin.info/kann-man-eine-strafanzeige-zuruecknehmen/
www.anwalt.de/rechtstipps/doxxing-und-feindeslisten-jetzt-strafbar-126a-stgb-in-kraft-getreten-193022.html

Wenn Du Anzeige erstattest, mache Deine Angaben so detailliert wie möglich:

- Was genau ist passiert und was wurde geschrieben?
  - Screenshot des Beitrags ggf. inklusive Kontext
  - Beschreibung des Vorfalls
  - Wenn Du selbst als betroffene Person giltst und eine strafrechtlich relevante Aussage Dich persönlich diskriminiert/herabwürdigt, solltest Du dies immer mit angeben
- Wo ist es passiert? (Link, Seite, Orte …)
- Wann ist es passiert? (Tag und genaue Uhrzeit)

STRAFANZEIGE

KANN JEDE:R STELLEN

KANN NICHT ZURÜCKGENOMMEN WERDEN

RÜCKNAHME HAT KEINEN EINFLUSS AUF VERFAHREN

VERFAHREN GEHT WEITER

STRAFANTRAG

KANN NUR GESCHÄDIGTE:R STELLEN

ABSOLUTES ANTRAGSDELIKT

VERFAHRENSHINDERNIS: ES MUSS EINGESTELLT WERDEN

RELATIVES ANTRAGSDELIKT

ÖFFENTLICHES INTERESSE?

JA

VERFAHREN GEHT WEITER

NEIN

VERFAHREN WIRD EINGESTELLT

Wachen, bei denen Du online Anzeigen einreichen kannst:

Onlineanzeige leicht gemacht:

Beweise richtig sichern

HASS MIT SYSTEM

Hass verbreitet sich nicht nur spontan, sondern manchmal auch mit System in Form von organisierten **Shitstorms/Hate-Raids**. Von jetzt auf gleich werden Deine Seiten, Profile und Kommentarspalten mit Vorwürfen und schlechten Bewertungen geflutet. Nicht selten werden sie über halb öffentliche Plattformen wie Discord, Steam oder Reddit (vor allem von rechten Akteur:innen) organisiert und koordiniert, um Onlinediskurse zu manipulieren, politische Gegner:innen zu schwächen oder die eigene Gruppe größer und das eigene Weltbild populärer erscheinen zu lassen, als sie in Wirklichkeit sind. Manchmal entstehen sie aber scheinbar aus dem Nichts heraus oder nach einer Meinungsverschiedenheit mit Menschen, die sich an Deinen Aussagen oder Deinem Auftreten stören.

So ein Shitstorm kann ziemlich verletzend sein und Selbstzweifel hervorrufen. Aber lass Dich nicht täuschen. Wenn Du das Gefühl hast, dass ein Shitstorm auf Dich zurollt, atme erst mal tief durch, rede mit Menschen, die Deine Netzaktivitäten gut kennen, und schaut euch zusammen genau an, worum es geht. Handelt es sich um berechtigte Kritik? Dann denke über diese nach und entschuldige dich, ganz konkret und ohne „aber".

Ist es ein waschechter Shitstorm, schließe die Kommentarfunktion für eine Weile und versuche, ruhig zu bleiben und die Dinge, die geschrieben werden, nicht zu nah an Dich ranzulassen. Wenn Du Dich ruhig verhältst, hört es bald auch wieder auf. Antworte darum nicht auf jeden einzelnen Kommentar, versuche gar nicht erst, Dich zu rechtfertigen. Besser ist es, wenn Du ein gut überlegtes und sachliches Statement verfasst, in welchem Du kurz erklärst, was gerade passiert, und Dein Netzwerk ggf. um Unterstützung bittest. Das kann den Shitstorm noch mal kurz befeuern, da das Ziel von diesem schließlich ist, Dich scheitern, also am Boden liegen zu sehen. Aber Du wirst auch sehr viel Solidarität von Deiner Community erhalten und merken, dass Du nicht allein bist. Das ist gerade in solchen Momenten viel wert.

Wenn Du Deine Kommentarspalten offen lässt, solltest Du sie gut im Blick behalten. Wenn Dir die Kommentare zu nah gehen, kannst Du jemanden darum bitten, das zu übernehmen. So können besonders üble Kommentare direkt gelöscht, verborgen, gemeldet oder strafrechtlich relevante Aussagen angezeigt werden und Du kannst User:innen sperren, die besonders aktiv gegen Dich schießen. Willst Du auf einzelne Kommentare reagieren, schreibe nicht, wenn Du emotional angespannt bist, warte lieber einen Moment.

Quelle:
www.webstages.ch/post/11-dinge-die-du-gegen-einen-shitstorm-machen-kannst

WAS DU IN EINEM SHITSTORM TUN KANNST BEI ...

♪86

Hasskommentaren, Drohungen, Angriffen, Unterstellungen und Beleidigungen	• **verbergen** • **löschen** • **melden** • **ggf. anzeigen** (siehe vorherige Seiten)
Provokationen oder argumentationslosem Rumgepöbel	• **ignorieren** • **löschen**
sachlicher und berechtigter Kritik	• **privat antworten** • **auf Statement verweisen**
positiven und solidarischen Kommentaren	• **liken** • **bedanken**

#MUSSMANWISSEN

Noch mehr Informationen und nützliche Links findest Du in der Handreichung „Wie kommen wir durch den Shitstorm?“ der Amadeu Antonio Stiftung.

Eine andere Form, Dich systematisch fertigzumachen, ist Doxxing. Also das Sammeln und unerlaubte Veröffentlichen Deiner privaten und personenbezogenen Daten, wie Adressen, Telefonnummern, Arbeitgeber:innen, Chatverläufe, Fotos und so weiter, um Dich einzuschüchtern, bloßzustellen oder weiteren Angriffen auszuliefern.

Wie Du Dich dagegen schützen kannst, liest Du auf S. 320.

Was Du machen kannst, wenn Du gedoxt wirst:

- Doxxing ist illegal – zeig es an.
- Doxxing ist auf allen Plattformen untersagt – melde die Beiträge und User:innen bei den Plattformbetreibern.
- Wende Dich an Organisationen wie HateAid, die sich mit Doxxing auskennen und Dir helfen können.

hateaid.org/doxxing

OFFLINE-AKTIVISMUS

Aktiv werden kannst Du nicht nur im Netz, sondern auch auf der Straße. Ob dezent und ruhig, vehement oder provokant. Ein steter Tropfen kann den Stein höhlen, aber auch der Vorschlaghammer ist manchmal nicht ganz übel. Wenn Du Dinge verändern und ein Umdenken initiieren willst, fang zuerst bei Dir selbst an. Checke Deine Einstellungen, Privilegien und wie Du mit diesen umgehst, überlege dir, was Dir wichtig ist und warum, und natürlich auch, wie weit Du bereit bist zu gehen. Ein gutes Trainingsfeld ist Dein eigenes Umfeld. Beobachte Dich selbst.

Sagst Du etwas, wenn diskriminierende Aussagen fallen oder jemand rassistisch beleidigt wird? Fühlst Du Dich sicher oder unsicher, diskutierst Du oder vermeidest Du die Konfrontation, weißt du, was zu tun ist, oder fehlen Dir die richtigen Strategien?

Geh raus, ändere Deine Umgebung, Deine Welt, wenn Du denkst, dass Dinge falsch laufen! Wenn Du mit offenen Augen durch Deinen Alltag gehst, erkennst Du sicherlich viele Momente, in denen Du direkt aktiv werden kannst, in denen Menschen durch (Alltags-)Rassismus diskriminiert werden, sexistische Sprüche der allgemeinen Belustigung dienen, Menschen herabgewürdigt oder ausgegrenzt werden. Du kannst Dich einsetzen, Deinen Mund aufmachen, Dich an die Seite von jemandem stellen.

Gerade die alltäglichen Momente können viel verändern. Aber Du kannst auch noch mehr tun, wenn Du willst: Frag dich, was für ein Typ Du bist, und überleg dir, was zu Dir passt. Ist kreativer Protest oder ziviler Ungehorsam etwas für dich, willst Du laut und provokant sein, bist Du eher Sitzenbleiber:in, ist Organisation und Mobilisierung Dein Ding, oder gehörst Du zu den kreativen Köpfen, die immer gesucht werden, um Banner, Plakate oder Flyer zu gestalten und zu verteilen?

Es ist wirklich gar nicht so schwer, selbst aktiv zu werden. Es hängt nur von Dir ab:

- **Deiner Überzeugung**
- **Deinem Mut**
- **Deinem Willen**

Du wirst sehen, Versammlungen verschiedener Art zu finden oder selber anzumelden und Dich auch in der analogen Welt zu positionieren, zu widersprechen, zu handeln, zu diskutieren und Dich zu beteiligen, ist gar nicht so schwer.

Handeln statt zusehen

Körperliche oder verbale diskriminierende Übergriffe gegenüber Personen oder ganzen Gruppen gehören für viele Menschen zum Alltag. Rassismus, Antisemitismus, Sexismus, LSBTQI+-Feindlichkeit, Ableismus sind bei uns weit verbreitet, werden oft gar nicht oder kaum wahrgenommen und begegnen uns im öffentlichen Nahverkehr, beim Einkaufen, in der Familie, unter Freunden, in der Schule oder am Arbeitsplatz. Du warst bestimmt auch schon das ein oder andere Mal in einer solchen Situation.

Gerade im öffentlichen Raum wissen viele Menschen nicht, wie sie sich richtig verhalten sollen, sind verunsichert und machen lieber nichts, als etwas Falsches zu tun. Darum sind die Reaktionen, die folgen, meistens die gleichen:

Schweigen, betretenes Wegschauen, ignorieren

Was das bedeutet, kannst Du Dir leicht vor Augen führen, wenn Du Dich gedanklich in eine solche Situation begibst. Überlege Dir eine Situation, in der jemand in der Öffentlichkeit belästigt, bedroht oder angegriffen wird. Wie würde es Dir in dieser Situation gehen und was würdest Du Dir von anderen wünschen?
Ziemlich sicher würdest Du hoffen, dass Dir jemand hilft und Dir Sicherheit gibt, nicht alleine zu sein.

Genau das kannst Du tun:

♪87

Warte nicht, bis jemand anderes aktiv wird und etwas sagt oder macht, denn die meisten Menschen hoffen darauf, dass jemand anderes den Anfang machen wird, und bleiben still. Sei Du dieser Anfang und greif laut und deutlich ein. Durch ein lautes „Stop!" oder „Hören Sie auf!" machst Du andere auf die Situation aufmerksam.

Statt mit Täter:innen Endlosdiskussionen zu führen, stelle Dich lieber auf die Seite der Opfer. Nimm Blickkontakt auf, rede mit ihnen, setze oder stelle Dich neben sie. Damit zeigst Du ihnen, dass sie nicht alleine sind, und anderen, dass das, was gerade passiert, nicht ok ist und ein Eingreifen von uns allen erfordert.

Sei laut, aber nicht provokativ oder aggressiv, das stachelt die Aggressoren nur noch mehr an. Kritisiere lieber konkrete Aussagen oder das Verhalten als die Person im Allgemeinen.

Versuche möglichst viele Erkennungsmerkmale der Täter:innen wahrzunehmen. Sollte später die Polizei eintreffen, können diese Hinweise sehr behilflich sein.

Quelle:
www.amadeu-antonio-stiftung.de/was-tun-bei-rassistischen-angriffen-55567/

STRASSENPROTEST

DEMONSTRATIV DEMONSTRIEREN

Wir alle haben das Grundrecht, uns friedlich zu versammeln, um zur öffentlichen Meinungsbildung beizutragen. So steht es im Artikel 8, Absatz 1 des Grundgesetzes.

„Alle Deutschen haben das Recht, sich ohne Anmeldung oder Erlaubnis friedlich und ohne Waffen zu versammeln."

Während Versammlungen auf privatem Grund nicht angemeldet werden müssen, sind Versammlungen unter freiem Himmel anmeldepflichtig und unterliegen gesetzlichen Einschränkungen. Die Regelungen hierzu stehen im Versammlungsgesetz des Bundes, die für alle Länder gelten. Bayern, Berlin, Niedersachsen, Sachsen, Sachsen-Anhalt und Schleswig-Holstein haben eigene Landesversammlungsgesetze erlassen. Verstöße gegen das Versammlungsgesetz können als Straftat oder Ordnungswidrigkeit geahndet werden.

DIE WICHTIGSTEN VERBOTE AUF VERSAMMLUNGEN:

§ 2 Abs. 3 VersG untersagt das Mit-sich-Führen von **Waffen** oder anderen Gegenständen, die zur Verletzung von Personen oder zur Beschädigung von Sachen geeignet sind, auf der Versammlung selbst und auf dem Weg dorthin.

§ 3 Abs. 1 VersG untersagt das Tragen von **Uniformen**. Das umfasst auch das plakative Tragen „normaler" Kleidung, um die gemeinsame politische Gesinnung durch äußerliche Militanz zu demonstrieren.

§ 17a Abs. 2 VersG untersagt das Tragen von Kleidungsstücken und Gegenständen, die die Feststellung der **Identität** verhindern können (sogenanntes Vermummungsverbot)

Es gibt viele Möglichkeiten, sich zu versammeln, um der eigenen Überzeugung öffentlich Nachdruck zu verleihen. Du kannst an Lichterketten, Protestcamps, Schweigemärschen, Mahnwachen, Menschenketten, Sitzblockaden, Flashmobs oder an einer klassischen Demo teilnehmen. Diese unterliegt als „Aufzug" (= sich fortbewegende Versammlung) noch weiteren Bestimmungen.

Das Versammlungsgesetz im Detail:

https://dejure.org/gesetze/VersG

Ein Anliegen, was Dir wichtig ist, auf die Straße zu bringen, ist prinzipiell eine super Möglichkeit, um der Sache Nachdruck zu verleihen. Es ist jedoch keine gute Idee, blind an einer Versammlung teilzunehmen, nur weil Dir das Thema zusagt.

CHECKE DARUM IMMER VORHER UND WÄHRENDDESSEN:

WER HAT DIE VERANSTALTUNG ORGANISIERT?

Mach Dich VORHER schlau, mit wem Du demonstrieren willst, und checke, ob Du sowohl die Botschaft der Demo als auch die Einstellungen der Organisator:innen teilst.

WER LÄUFT MIT?

Spätestens während der Demo, besser aber vorher schon, solltest Du im Blick haben, wer noch mitläuft. Wer bewirbt die Veranstaltung? Welche Transparente werden hochgehalten? Welche Organisationen/Initiativen machen sich für die Demo stark? Ist es für Dich wirklich ok, mit ihnen gemeinsam zu demonstrieren?

WAS IST DIR WICHTIG?

Mittendrin oder ganz vorne dabei? Ganz auf der rechtlich sicheren Seite oder auch im Grenzbereich?

Quellen:
www.bmi.bund.de/DE/themen/verfassung/staatliche-ordnung/versammlungsrecht/versammlungsrecht-node.html
https://versammlungsrecht.org/praxisleitfaden/

88

DEMOANMELDUNG

LEICHT GEMACHT

89

VersammlG §1 Abs. 1

„Jedermann hat das Recht, öffentliche Versammlungen und Aufzüge zu veranstalten und an solchen Veranstaltungen teilzunehmen."

Wenn Du mit einer Gruppe öffentlich politisch aktiv werden willst, solltest Du Deine Versammlung mindestens 48 Stunden (in Bayern 72 bzw. 96 Stunden) vor Bekanntmachung bei der zuständigen Behörde anmelden:

Landratsamt oder Gemeinden: Baden-Württemberg, Sachsen

Kreisverwaltung oder Landratsamt: Bayern

Kreisverwaltung oder Stadtverwaltung: Rheinland-Pfalz

Polizeipräsident/Polizeipräsidium/Kreispolizeibehörde:
Berlin, Brandenburg, Nordrhein-Westfalen, Schleswig-Holstein

Ordnungsamt/allgemeine Ordnungsbehörde: Bremen, Hessen

Behörde für Inneres und Sport: Hamburg

Kreisordnungsbehörde: Mecklenburg-Vorpommern

Landkreis, kreisfreie Städte: Sachsen Anhalt, Thüringen, Niedersachsen (plus freie Gemeinde, Polizeidirektion Hannover), Saarland (plus Regionalverband Saarbrücken)

#MUSSMANWISSEN

Eil- und Spontanversammlungen unterliegen keiner bzw. einer eingeschränkten Anmeldepflicht:

Eilversammlungen können auch weniger als 48 Std. vor Beginn angemeldet werden (geht sogar telefonisch), wenn sich kurzfristig ein Anlass ergeben hat.
Spontanversammlungen entstehen spontan aus einem Anlass heraus, sodass sie gar nicht erst angemeldet werden können und damit zumeist auch keine offizielle Versammlungsleitung haben. Das sorgt oft für Ärger mit der Polizei, die dies als Voraussetzung sieht. Ein Dilemma... denn eine nachträglich eingesetzte Versammlungsleitung kann m.u. strafrechtliche Probleme bekommen.

Quelle:
https://kreaktivisten.org/howtos/behoerdenkrams/anmeldung-einer-versammlung/

Oft gibt es Formulare, die Du für die Anmeldung einer Versammlung einfach runterladen, ausfüllen und der zuständigen Behörde zuschicken musst. Falls nicht, reicht ein formloses Schreiben.

FOLGENDE INFORMATIONEN MUSS DEINE ANMELDUNG UMFASSEN:

Name und vollständige Adresse von

- **Veranstalter:in** (Privatperson, Organisation o. Ä.)
- **Ansprechperson** (Kann, muss aber nicht Veranstalter:in sein. Sie steht im Kontakt mit der Versammlungsbehörde, Anmeldebestätigung, Auflagen etc. gehen an sie.)
- **Versammlungsleitung** (Kann, muss aber nicht Veranstalter:in sein, aber wird durch diese:n bestimmt. Sie muss während der gesamten Veranstaltung vor Ort sein, ist zuständig für den geordneten Ablauf und dient der Polizei als Kontaktperson. Sie muss nicht volljährig sein.)

Ort/Route

- Beschreibe die Demo-Route oder den Protest-Ort (Straßennamen, Hausnummer, ob auf Fußgängerweg oder Straße etc.) möglichst konkret, damit Du der Versammlungsbehörde möglichst wenig Interpretationsspielraum gibst.
- Die Ablehnung Deiner Route/Deines Ortes geht nur mit rechtlicher Begründung, (z. B. Bannmeilen um bestimmte Regierungsgebäude und Gedenkstätten).
- Laut Bundesverfassungsgericht (1 BvQ 25/15) muss eine Demo auch auf privatem Gelände erlaubt werden, wenn das Gelände dem „allgemein öffentlichen Verkehr" zugänglich ist.

Zeit/Datum

- Gib am besten großzügig geschätzt Anfang und Ende Deiner geplanten Veranstaltung mit Datum und Uhrzeit an. Du kannst sie jederzeit auch früher beenden.

Thema

- Benenne das Thema kurz und knapp („Toleranz", „Friedliches Miteinander"...).

Alle anderen Angaben (Hilfsmittel, Teilnehmendenanzahl, Redner:innen ...) sind freiwillig. Sie können, aber müssen nicht angegeben werden. Von Vorteil kann es sein, konkrete, für Dich wichtige Hilfsmittel wie Megafone, Flyer, Musikanlage etc. aufzuführen, um späteren Diskussionen mit der Polizei vorzubeugen.

MUSTERANMELDUNG

Anmeldung eines Aufzugs zum Thema Toleranz und Vielfalt

Datum: 22. 11. 2023, 12:00-17:00 Uhr

Teilnehmende: voraussichtlich 1000

Ort:
Die Route des Demo-Umzugs ist der beiliegenden Karte zu entnehmen. Start ist am Brunnen des Kaiserinnen-Auguste-Platzes und folgt anschließend den Straßen Straße 1, Straße 2, Straße 3, Straße 4, Straße 5, Straße 6, Straße 7, um abschließend wieder am Startpunkt anzukommen. Hier findet eine Abschlusskundgebung statt.

An folgenden Orten werden Zwischenkundgebungen gehalten/Stopps eingelegt:

1. Straßenecke Horstweg/Sibyllenstraße
2. Mitte der Lessingbrücke
3. Vor dem Gebäude der Reinhardtstr. 3

Der Umzug bewegt sich durchgängig auf den Autostraßen.

Veranstalter:in:
Initiative Bunter Horizont, Straße 1, 12345 Stadt

Ansprechpartnerin:
Antifaschistische Aktivistin, Straße 1, 12345 Stadt, Tel: 0123-456789

Versammlungsleitung:
Antifaschistischer Aktivist, Straße 1, 12345 Stadt, Tel: 0123-456789

Stellvertreterin:
Antifaschistische Aktivistin, Straße 1, 12345 Stadt, Tel: 0123-456789

Hilfsmittel:
Transparente, Megafon, Flyer, mobile Musikanlage auf Handwagen

Zu welchem Thema würdest Du gerne eine Demo anmelden?

....

....

....

....

....

....

....

....

WIE GEHT ES WEITER?

A

Die Behörde bestätigt Deine Anmeldung so, wie Du sie angemeldet hast.

Du erhältst eine Anmeldebestätigung, inklusive Auflagen, Rechtsbelehrung etc. Nimm diese Unterlagen unbedingt mit zur Versammlung, so gibt es kein Hin und Her mit der Polizei und Du kannst nachweisen, was genehmigt wurde.

B

Die Behörde bestätigt Deine Anmeldung, verändert aber Rahmenbedingungen.

Du erhältst eine Bestätigung mit neuen Details und Begründung. Diese könnte z. B. sein, dass eine andere parallele Versammlung bereits angemeldet wurde. Das kannst Du akzeptieren oder Du widersprichst.

C

Die Behörde untersagt Deine Versammlung.

Du erhältst eine Absage mit Begründung. Sollte diese Begründung nicht schlüssig sein, kannst Du Einspruch erheben ... am besten mithilfe von jemandem, der sich mit Rechtsfragen auskennt.

#MUSSMANWISSEN

Politische Versammlungen sind IMMER kostenfrei und bedürfen keiner „Genehmigung".

Was ist eine Auflage?

Auflagen sind Vorgaben, die durch die Versammlungsbehörde vorgegeben werden. Eine Einhaltung der Auflagen ist die Bedingung, dass die Versammlung durchgeführt werden darf. Auflagen sind zum Beispiel Alkoholverbot, Einhalten von Corona-Schutzmaßnahmen oder eine maximale Höhe für Transparente.

Was ist ein:e Ordner:in?

Ordner:innen müssen volljährig sein und unterstützen die Versammlungsleitung dabei, dass die Versammlung nach Plan abläuft. Sie können sowohl freiwillig von der Versammlungsleitung berufen oder als Auflage durch die Behörde vorgeschrieben werden. Je besser Absprachen getroffen werden, umso entspannter wird die Zusammenarbeit später.

Was ist ein Kooperationsgespräch?

Vor manchen Versammlungen schlägt die Behörde ein sogenanntes „Kooperationsgespräch" zwischen Polizei, Behörde und Veranstalter:in vor. Die Teilnahme ist freiwillig (aber sinnvoll). Besprochen werden hier meistens Dinge wie Ansprechpartner:in vor Ort, Zugang zur Versammlung, Anreisewege, Polizeisperren, Versammlungsort, Hilfsmittel, Probleme bei früheren Versammlungen, Auflagen etc.

WÄHREND DER DEMO:

PASST AUF EUCH UND ANDERE AUF

An- und Abreise
Vor allem bei Gegendemos gilt: Keiner läuft alleine! Häufig ist es auch sicherer, nach der Demo direkt nach Hause oder an einen anderen „sicheren" Ort zu fahren, statt bei einem anschließenden Abhängen in der Stadt Neonazis in die Arme zu laufen.

Presse
Pressevertreter:innen haben ein Recht auf Dokumentation und freie Berichterstattung über Versammlungen und dürfen dabei nicht in ihrer Arbeit behindert werden. Dazu gehört auch das Anfertigen von Fotos, wobei die Persönlichkeitsrechte der Teilnehmenden immer gewahrt werden müssen. Gegenüber der Behörde haben Journalist:innen einen Auskunftsanspruch.

Fotografieren
ist auf Versammlungen grundsätzlich erlaubt. Du darfst auch Polizeibeamt:innen fotografieren und filmen. Untersagen dürfen diese dies nur, wenn die Aufnahmen rechtswidrig veröffentlicht werden sollen oder diese eine Gefahr für die öffentliche Sicherheit und Ordnung darstellen.

NACH DER DEMO: ES GEHT HEIM

Die Versammlungsleitung hat das Recht, die Versammlung zu beenden. Wenn die Versammlung allerdings außer Kontrolle gerät und die Versammlungsleitung keinen Einfluss mehr auf einen ordentlichen Ablauf hat, kann sie zur Auflösung verpflichtet werden. Tut sie es nicht, macht das die Polizei. In diesem Fall trägt die Leitung keine Verantwortung mehr und die Versammlung steht nicht mehr unter dem versammlungsrechtlichen Schutz. Das heißt, dass die Polizei umgehend gegen Störende vorgehen kann. Nach der Auflösung sind die Teilnehmenden verpflichtet, sofort den Versammlungsort zu verlassen.

#MUSSMANWISSEN

Versammlungen dürfen nur so weit eingeschränkt werden, wie unbedingt nötig, um Gefahren für die öffentliche Sicherheit oder Ordnung abzuwenden. Das ist auch der einzige Grund, warum sie verboten oder nach Beginn aufgelöst werden dürfen. Davor müssen immer alle anderen kooperativen und deeskalierenden Möglichkeiten ausgeschöpft worden sein.

WER HAT ANGST VORM SCHWARZEN BLOCK? NIEMAND!

♪90

UND WENN ER KOMMT? DANN LAUFEN WIR!

Bei einer Demo ist Dir bestimmt schon mal eine Gruppe ziemlich einheitlich schwarz in schwarz gekleideter Menschen aufgefallen. Das war wahrscheinlich der sogenannte „schwarze Block", der oft den Demozug eröffnet. Die schwarze Kleidung, Kapuzen, Caps, Sonnenbrillen und Tücher sorgen nicht nur für Neutralität, sondern auch dafür, dass die Teilnehmenden nur schwer auseinanderzuhalten sind. Damit wird die Identität der Einzelnen geschützt, was durchaus in der ein oder anderen Situation ganz hilfreich sein kann. Schließlich ist nicht nur die Polizei mit Kameras vor Ort. Oft werden (Gegen-)Demos auch von Neonazis & Co. abgefilmt, um die Teilnehmenden später zu recherchieren und in (internen) Listen zu sammeln.

Genau genommen ist der schwarze Block aber einfach nur eine Demonstrationstaktik. Eine Taktik, bei der sich Einzelpersonen und Gruppen auf einer Demo zusammenschließen, um ihren politischen Zielen besonderen Nachdruck zu verleihen. Mit dem schwarzen Block soll vor allem Stärke und Geschlossenheit symbolisiert werden. Gewalt wird zwar oftmals akzeptiert und ist auch potenziell vorhanden, aber sie ist, anders als oft in den Medien dargestellt, nicht primäres Ziel.

#MUSSMANWISSEN

Der „schwarze Block" ist nicht nur bei antifaschistischen Demos zu finden. Auch auf recht(sextrem)en Demos bilden sich „schwarze Blöcke".

Quelle:
https://versammlungsrecht.org/praxisleitfaden/

KREATIVER PROTEST

Ein lebensgroßer Scheißhaufen vor dem AfD-Stand, „Flyerservice Hahn", eingefrorene Grundgesetze, umgelenkte Spendengelder, festgeklebte Menschen, viral gehende „Beweisfotos" von Plakaten, die es nie gab, Kartoffelpüree auf Gemälden ...

Kreativer Protest sollte spektakulär sein und Spaß machen!

Gut gemacht erreicht er, was viele Infostände, Webseiten und Co nicht schaffen: Er wirbelt Staub auf, sorgt für Aufmerksamkeit, bleibt in Erinnerung und macht Menschen neugierig, die sich vorher nicht für das Thema interessiert haben. Das kann andere wachrütteln, sodass sie Bock haben, selber aktiv zu werden, sich weiter zu informieren und Dinge zu hinterfragen. Auch kommt man bei kreativen Aktionen viel schneller und ungezwungener ins Gespräch.

Das gibt's zu beachten:

- **Planung:** Manche Ideen kommen super spontan und müssen direkt umgesetzt werden, weil sie genau in diesem Moment wichtig sind. Na dann, auf geht's. Manchmal werden sie aber besser, wenn Du sie kurz sacken lässt und ausfeilst. Worauf willst Du aufmerksam machen? Wo willst Du Deine Aktion umsetzen und wie?

- **Mitstreiter:innen:** Involviere Leute, denen Du vertraust. Wer kann helfen, dass die Aktion richtig Reichweite bekommt? Wer hat gute Kontakte?

- **Information:** Du willst mit Deiner Aktion etwas erreichen. Klar. Aber welche Botschaft soll bei anderen ankommen? Überlege Dir vorher (oder spätestens währenddessen), wie Du es schaffst, dass Deine Botschaft wirkt. Möglichkeiten gibt es viele: Bekennerschreiben, Videodokumentation, Statements auf Flyern oder in Beiträgen auf Deinen oder anderen reichweitenstarken Seiten ...

- **Ziel:** Was willst Du konkret mit der gewonnenen Aufmerksamkeit anstellen, also wie geht es danach weiter, was folgt?

- **Risiko:** Nicht jede:r mag kreative Aktionen, manchmal haben sie (unerwünschte) Nebenwirkungen und nicht immer sind sie legal. Du solltest also immer die Risiken bedenken. Welche nicht beabsichtigten Auswirkungen könnte Deine Aktion auf andere haben? Was passiert, wenn Du erwischt wirst? Ist es das wert?

- **Mut**: Es gibt Tausende gute Ideen, die nicht umgesetzt wurden. Warum? Weil der Mut fehlte. Glaub an Deine Idee und Dich selbst!

- **Vorsicht:** Mitstreiter:innen sind wichtig. Aber überleg Dir gut, wem Du von Deiner Idee erzählst. Wem kannst Du vertrauen? Was erhoffst Du Dir von der Person?

Welches Thema ist Dir so wichtig, dass es Dich reizen würde, eine Aktion dafür oder dagegen zu planen?

Was würdest Du gerne konkret machen?

Mit wem willst Du Deine Aktion umsetzen?

**Wie geht's danach weiter?
Was machst Du mit der Aufmerksamkeit?**

Was hindert Dich bisher daran, Deine Idee umzusetzen?

♪91

ZIVILER UNGEHORSAM ♪92

Ziviler Ungehorsam ist eine Möglichkeit, wie Du Dich am politischen Prozess der Willensbildung und Entscheidung beteiligen kannst. Denn Demokratie hört nicht bei den Wahlen auf. Niemand ist zum Schweigen verurteilt, wenn es Situationen oder Umstände gibt, die Protest erfordern, weil sie wichtig sind, aber bisher noch nicht genug Aufmerksamkeit bekommen.

Ob Sitzblockaden, Boykott, Protestcamps, Kirchenasyl oder Anklebe- und Ankettungsaktionen, ziviler Ungehorsam ist eine uralte Protestform, ein **Werkzeug des gewaltfreien Widerstands**, um Missstände zu verändern und/oder ein Umdenken zu initiieren, indem gegen eine empfundene Ungerechtigkeit gekämpft wird. Sozusagen ein symbolischer Verstoß gegen Konventionen, Normen, Regeln und mitunter auch Gesetzen zur Beseitigung von Unrecht. Eine Strafe sollte dabei in Kauf genommen werden.

Dabei ist es nicht vorrangig das Ziel, die freiheitliche demokratische Grundordnung (siehe S. 36) anzugreifen, sondern vor allem bürgerliche Rechte in der bestehenden Ordnung durchzusetzen und nicht selten sogar unsere Verfassung zu verteidigen.

Auch wenn es erst mal so scheint, meint das im Grundgesetz, Artikel 20 Abs. 4, beschriebene Recht zum Widerstand jedoch nicht „zivilen Ungehorsam".

Mit den Worten „Gegen jeden, der es unternimmt, diese Ordnung zu beseitigen, haben alle Deutschen das Recht zum Widerstand, wenn andere Abhilfe nicht möglich ist" beschreibt der Artikel die absolute Notbremse für alle Bürger, um Angriffe auf die Verfassung und das Grundgesetz abzuwehren, wenn **nichts anderes** (und das ist hier wesentlich) mehr hilft.

Ist ziviler Ungehorsam also strafbar?

Jein. Noch ist in Deutschland ziviler Ungehorsam **weder eine Straftat noch eine Ordnungswidrigkeit, also nicht strafbar.** Aber einzelne Aktionen können es natürlich trotzdem sein, wenn geltendes Recht (Sachbeschädigung, Nötigung ...) verletzt wird.

#MUSSMANWISSEN

Eine Sitzblockade ist so lange legal und straffrei, bis die Polizei diese offiziell auflöst und dreimal (!) die Blockierenden aufgefordert hat, den Platz zu verlassen.
Wenn Du weiterhin sitzen bleibst, begehst Du eine Ordnungswidrigkeit, bzw. machst Dich strafbar...zumindest wenn nachgewiesen werden kann, dass es sich um eine „Verhinderungsblockade" handelt. Wie die Sitzblockade bewertet wird, hängt u. a. von der Dauer der Blockade, Umfang der Behinderung, Ausweichmöglichkeiten der Betroffenen etc. ab.
Eine Sitzblockade **kann** eine strafbare Nötigung (§ 240 StGB) oder eine grobe Störung einer anderen Versammlung (§ 21 VersG) darstellen.

SITZBLOCKADE GEGEN RECHTS

Eine Sitzblockade ist eine gewaltfreie Form des politischen Protests. Durch diese Art des zivilen Ungehorsams, bei welcher Du Dich mit anderen zu Blockadezwecken auf den Boden setzt, kannst Du z. B. Demos aufhalten. Eine Sitzblockade wird entweder durch die „Sitzenbleiber" selber aufgehoben oder durch die Polizei aufgelöst. Das Bundesverfassungsgericht entschied, dass friedliche Sitzblockaden eine **legale Versammlungsform nach Art. 8 des Grundgesetzes darstellen können.** Ob die Teilnahme an Sitzblockaden für Dich infrage kommt? Entscheide selbst.

PRO

- Friedliche Sitzblockaden sind mitunter eine legale Form der Versammlung.
- Das Recht auf freie Meinungsäußerung bedeutet nicht, dass Meinungen unwidersprochen hingenommen werden müssen.
- Nazis sollten ihre Propaganda nicht widerstandsfrei verbreiten können.

KONTRA

- Grundrechte, wie eine freie Meinungsäußerung und das Versammlungsrecht, gelten auch für Verfassungsfeinde.
- Legale Demonstrationen zu verhindern ist undemokratisch.
- Es könnte nach §21 Versammlungsgesetz Ärger mit der Justiz geben.

DEIN SITZENBLEIBER-SURVIVALPACK:

- Bei niedrigen Temperaturen: Rettungsdecke und Sitzunterlage (z. B. aus einer alten Isomatte)
- bequeme Klamotten (je nach Wetter)
- etwas zu essen und zu trinken
- EA-Nummer (= ErmittlungsAusschuss, Hilfe bei Ärger mit der Polizei)
- kleiner Block und Stift
- blickdichter duschvorhang (wenn's mal länger dauert und die Blase drückt, ist der duschvorhang ein super Sichtschutz, vor allem für Mädels)
- Und wenn Du bis zum bitteren Ende sitzen bleiben willst: etwas Geld und wichtige Medikamente

DAS BLEIBT ZU HAUSE:

- Adressbuch
- Glasflaschen
- Waffen
- Sturmhauben
- Schmuck
- Alkohol
- Hunde
- Kinder

Quellen:
https://aktionsbuendnis-brandenburg.de/was-sollte-ich-bei-einer-sitzblockade-beachten/
https://versammlungsrecht.org/sitzblockaden/

SITZENBLEIBEN, STEHEN ODER GEHEN?

#MUSSMANWISSEN

Infos für Sitzenbleiber:innen

♪93

Morgen wollen Tausende „IchBinKeinNaziAber" bei der genehmigten Demo „Deutschland zuerst" durch Deinen Kiez laufen. Demo-Anmelder ist der Inhaber der Kneipe „Bleiche Eiche", beworben wird die Demo über so ziemlich alle Kanäle der AfD, „Nein zu"-Irgendwas-Seiten und diversen rechten Gruppen, die Frauen, Kinder, Freiheit, Schweinefleisch, Heterosexualität, Deutschland, das christliche Abendland und noch viele andere Dinge in Gefahr sehen. Die Route soll an einem alternativen Jugendzentrum und einer Unterkunft für minderjährige Geflüchtete vorbeigeführt werden und vor dem Wohnhaus eurer Bürgermeisterin zur Abschlusskundgebung enden. Du hast gehört, dass es Gegenproteste geben soll.

WAS MACHST DU?

Ich werde die Demo ignorieren, um den Spinnern nicht zu viel Aufmerksamkeit zu geben.

(Dann blättere einfach weiter)

Ich werde die Demo nicht ignorieren, sondern will …

(weiter auf der nächsten Seite)

... mich an einer Gegendemo beteiligen.

Informiere dich, welche Gegendemos bereits angemeldet wurden.

Welche Punkte sind Dir bei der Auswahl der Gegendemo am wichtigsten?

....

....

....

Falls Du ein Plakat oder Transpi mitnimmst – was steht darauf?

....

....

....

Wann wirst Du die Demo verlassen?

- ◯ Nach Auflösung durch Polizei oder Veranstalter
- ◯ Wenn die Demo der Neonazis aufgelöst wird
- ◯ Wenn Nazis mitlaufen
- ◯ Wenn es zu Ausschreitungen kommt

Welche persönliche Grenze willst Du auf keinen Fall überschreiten?

....

....

....

... selber eine Gegendemo organisieren.

Informiere Dich auf S. 344, wie Du am besten vorgehst, und fange früh genug an zu planen.

Mit wem willst Du die Demo organisieren?

....

....

....

Wie willst Du im Vorfeld auf Deine Gegendemo aufmerksam machen?

....

....

....

Wann würdest Du die Demo auflösen?

- ◯ Wenn die Demo nach Plan zu Ende ist
- ◯ Spätestens nach Aufforderung durch die Polizei
- ◯ Wenn die Demo der Neonazis aufgelöst wird
- ◯ Wenn Nazis mitlaufen
- ◯ Wenn es zu Ausschreitungen kommt
- ◯

....

....

....

... mit anderen auf der Demostrecke „Platz nehmen".

Informiere Dich auf der vorherigen Seite zum Thema Sitzblockade.

Was willst Du damit erreichen?

....

....

....

Vor welchen Situationen hast Du Angst?

....

....

....

Wann willst Du aufstehen?

- ◯ Spätestens nach der dritten Aufforderung der Polizei
- ◯ Wenn die Demo der Neonazis aufgelöst wird
- ◯ Ich bleibe sitzen, bis mich jemand wegträgt

Welche persönliche Grenze willst Du auf keinen Fall überschreiten?

....

....

....

ANTIFASCHISTISCHE SCHULE

Kinder verbringen während ihrer Pflichtschuljahre rund 10.000–12.000 Stunden in der Schule, um dort auf das Leben in der Gesellschaft vorbereitet zu werden. Der Bildungsauftrag der Schule ist dabei ziemlich deutlich: Sie ist DIE zentrale, staatliche Einrichtung, um jungen Menschen beizubringen, wie Demokratie und eine freie Meinungsbildung funktionieren. Aus diesem Grund kann sie niemals wertneutral sein, vor allem nicht, was die Werte unseres Grundgesetzes betrifft – egal wie oft Rechtspopulist:innen dieses fordern. Wenn Parteien zum Beispiel rechtsextreme Vernetzungen pflegen, faschistische Abgeordnete haben, die bei demokratiefeindlichen Demos mitlaufen oder Hitler verehren, dann KANN das nicht nur im Politikunterricht kritisch thematisiert werden, sondern MUSS sogar.

Auch steht die Schule in der Pflicht, demokratische Grundwerte (siehe S. 36), wie z. B. das Recht auf körperliche Unversehrtheit und Gleichberechtigung, selbst umzusetzen, und muss sich diesen unterordnen. Aussagen, die gegen unser Grundgesetz verstoßen, menschenfeindliche und diskriminierende Aussagen (also rassistische, antisemitische, islamophobe, LSBTQI+-feindliche, sexistische, ableistische Aussagen) dürfen von einer Lehrkraft auf keinen Fall toleriert oder ignoriert werden. Auch dann nicht, wenn die Aussagen von einer demokratisch gewählten Partei stammen. Denn Lehrkräfte sind dazu verpflichtet, dafür zu sorgen, dass alle Kinder gleichberechtigt und diskriminierungsfrei am Schulunterricht teilnehmen können.

Unsere Demokratie lebt von verschiedenen politischen Positionen und Meinungen. Genau aus diesem Grund umfasst der sogenannte **Beutelsbacher Konsens** die wichtigsten Regeln zur politischen Bildung an Schulen. Zum Beispiel besagt er, dass im Unterricht viele verschiedene politische Positionen zur Sprache kommen müssen, damit junge Menschen sich eine eigene Meinung bilden und in der Gesellschaft zurechtfinden können. Da der Schutz der Persönlichkeit und die Würde des Menschen jedoch mindestens genauso wichtig sind wie die Meinungsvielfalt, ist es umstritten, ob Schulen Politiker:innen der AfD zu Schuldebatten einladen müssen. Das **Kontroversitätsgebot** (zu finden im Beutelsbacher Konsens) verpflichtet zwar Lehrkräfte dazu, Themen von verschiedenen Seiten zu beleuchten und zu diskutieren, wenn sie wissenschaftlich oder politisch umstritten sind. Dabei sollten sie aber ihre eigenen Standpunkte und Einstellungen nicht in den Vordergrund stellen. Ob dafür unbedingt die Aussagen der AfD vonnöten sind, müssen Lehrkräfte, Schulen und Schüler:innen selbst abwägen.

Wenn die Schüler:innen gut vorbereitet sind, können solche Debatten als Trainingsfeld für die Begegnung mit rechtspopulistischen Aussagen außerhalb der Schule dienen. Allerdings lässt sich mit (rhetorisch geschulten) Rechtspopulist:innen nur schwer diskutieren und es besteht die Gefahr, dass Kinder und Jugendliche durch diskriminierende Aussagen herabgewürdigt werden.

♪94

Quelle:
www.bpb.de/gesellschaft/bildung/zukunft-bildung/292674/mythos-neutralitaet

Wenn eine Schule die AfD trotzdem zu einer Debatte einladen will, sollten mindestens folgende Vorbereitungen getroffen werden:

- **Recherche zu rechtsextremen Verbindungen und Aussagen:**

  Wer soll die AfD vertreten? Ist diese Person bereits durch diskriminierendes Verhalten oder rassistische Aussagen aufgefallen? Sind Vernetzungen mit Rechtsextremen bekannt? Falls ja: Nicht einladen!

- **Moderation vorbereiten:**

  Keine Debatte ohne gut vorbereitete Moderation. Mit Rechtspopulist:innen zu diskutieren ist, wie mit Tauben Schach zu spielen. Egal, wie gut Du bist und Dich anstrengst – am Ende wird die Taube aufs Spielfeld kacken, alles umschmeißen und herumstolzieren, als hätte sie gewonnen. Darum müssen Debatten gut vorbereitet werden, um zu vermeiden, dass sie zur Bühne für AfD-Tauben werden. Die Hauptthemen sollten darum vorher in der Klasse besprochen werden, damit menschenverachtende Aussagen auch klar als solche bezeichnet und entlarvende Fragen gestellt werden können.

Was denkst Du? Sollten Vertreter:innen der AfD in Schulen mit anderen Politiker:innen debattieren dürfen oder nicht? Was sind Deine Gründe?

#MUSSMANLESEN

„Das Neutralitätsgebot in der Bildung", Institut für Menschenrechte

Handlungsempfehlungen zum Umgang mit der AfD der Amadeu Antonio Stiftung

ANTIFASCHISTISCHE SCHULE

1. Wenn ein:e Schüler:in im Unterricht eine rassistische Aussage macht, kann, sollte oder muss die Lehrkraft darauf reagieren?

A) Sie kann
B) Sie sollte
C) Sie muss

2. Muss auch die AfD eingeladen werden, wenn die Schule eine politische Debatte mit Vertreter:innen verschiedener Parteien veranstaltet?

A) Ja, um die Vielfalt der Parteienlandschaft in Gänze abzubilden
B) Nein, da die AfD keine demokratische Partei ist
C) Nein, weil die Schule entscheidet, wen sie einlädt

3. Was ist das Neutralitätsgebot für Lehrkräfte?

A) Regelung, dass Lehrkräfte sich auf die grundlegenden demokratischen Werte beziehen müssen
B) Regelung, dass sich Lehrkräfte nicht rechts oder links verorten dürfen
C) Regelung, dass keine Parteiprogramme im Unterricht bearbeitet werden dürfen

4. Was ist das Indoktrinationsverbot?

A) Das gibt es gar nicht
B) Verbot, das Lehrkräften untersagt, Werbung für Parteien in der Schule zu machen
C) Verbot, das Lehrkräften untersagt, Kinder über die Vielfalt von Partnerschaften und Familienmodellen zu informieren

5. Was ist das Kontroversitätsgebot

A) Das gibt es gar nicht
B) Gebot, das Lehrkräften vorschreibt, verschiedenen Parteien anzugehören
C) Gebot, das Lehrkräften vorgibt, politische Diskussionen aus verschiedenen Blickwinkeln im Unterricht abzubilden

6. Was ist das Überwältigungsgebot?

A) Das gibt es gar nicht
B) Eine Regelung, die Lehrkräften erlaubt, Kindern bei politischen Aussagen kurzfristig den Mund zuzuhalten
C) Eine Lehrkraft darf Schüler:innen politisch nicht einseitig beeinflussen

7. Was ist der Beutelsbacher Konsens?

A) Richtlinie, welche die Grundsätze politischer Bildung an Schulen umfasst
B) Grundsatzsammlung, welche das Neutralitätsgebot für Schulen umfasst
C) Eine Einverständniserklärung, die Eltern abgeben müssen, damit ihr Kind am politischen Unterricht in der Schule teilnehmen kann

8. Dürfen Lehrer:innen links sein?

A) Nein
B) Ja
C) Ja, aber sie dürfen es nicht sagen

9. Dürfen Lehrer:innen rechts sein?

A) Nein
B) Ja
C) Ja, aber sie dürfen es nicht sagen.

10. Darf die AfD im Unterricht von der Lehrkraft kritisiert werden?

A) Ja, eine Lehrkraft darf zwar keine Werbung für eine Partei machen, aber Kritik an Parteien üben
B) Nein, sie muss absolut neutral gegenüber allen Parteien sein
C) Ja, aber nur, wenn sie gleichzeitig auch alle anderen Parteien kritisiert

11. Was müssen Lehrkräfte? Kreuze alle richtigen Antworten an:

- ◯ politisch umstrittene Themen aus verschiedenen Blickwinkeln darstellen
- ◯ Schüler:innen befähigen, eigenständige Urteile über politische Themen zu fällen
- ◯ für die freiheitlich-demokratische Grundordnung eintreten
- ◯ hinter dem Grundgesetz stehen
- ◯ Demokratie, Menschenwürde und Gleichberechtigung vermitteln

12. Was müssen Lehrkräfte sein?

A) wertneutral
B) überparteilich

Wenn wir intolerante Menschen tolerieren, wird unsere Toleranz durch deren Intoleranz sterben. Wer Andersdenkenden Gewalt androht, sie verletzt oder jede rationale Auseinandersetzung verweigert, ist intolerant.

Toleranz-Paradoxon nach Karl Popper

Auflösung Antifaschistische Schule
1 A+B+C; 2 C; 3 A; 4 B; 5 C; 6 C; 7 A+B; 8 B; 9 B; 10 A; 11 alle Antworten sind richtig
12 B Eine Lehrkraft sollte zwar überparteilich, aber nicht wertneutral sein.

BEGRIFFLICHKEITEN

♪95

Ableismus
Diskriminierung, die sich gegen Menschen mit Behinderungen richtet und sie als „nicht normal" oder „minderwertig" abwertet

Adultismus
Diskriminierung/Herabwürdigung von Kindern durch Erwachsene

Ageismus
Diskriminierung aufgrund des Alters oder der Generation

Aktionismus
Zielloses, unorganisiertes Handeln, das sich selbst dient und dessen Konsequenzen meist nicht bedacht werden. Dient eher der eigenen Inszenierung und/oder der Begegnung von gefühlter Machtlosigkeit.

Aktivismus
Politisches Instrument, das konsequent für konkrete Veränderungen aktueller Umstände kämpft

Ally
„Verbündete:r", Menschen, die ihre Privilegien nutzen, um sich mit einer diskriminierten Gruppe zu verbünden, um Intoleranz zu beenden, obwohl sie kein Teil dieser Gruppe sind. Ein echter Ally hinterfragt auch eigene Privilegien.

Alter *weißer* Mann
Abwertende Fremdbezeichnung für Männer mit heller Hautfarbe, die ihre privilegierte gesellschaftliche Stellung als selbstverständlich hinnehmen und anderen mit Überheblichkeit und Abwertung begegnen. Synonym für Ewiggestrige. Wird auch verwendet, um weiße Männer älteren Semesters pauschal abzuwerten.

Antisemitismus
Diskriminierung/Stigmatisierung von jüdischen Menschen, religiösen Einrichtungen, Israel. Antisemitimus zeigt sich in vielen gängigen Verschwörungserzählungen wie der „Hochfinanz", „New World Order" oder „Deep State".

Antiziganismus
Diskriminierung von Rom:nja und Sinti:zze aufgrund ihrer Herkunft und/oder Erscheinung. Vorurteile und Stereotype finden sich nicht nur in breiten Teilen der Bevölkerung, sondern auch in vielen Kinderbüchern und Liedern.

Attentismus
Passive Haltung, bei der abgewartet wird, ob sich Situationen von alleine lösen.

Awareness
Bewusst-, Informiert-, Sensibilisiertsein über diskriminierendes Denken und Handeln innerhalb der Gesellschaft. Ein Awareness-Team (z. B. auf Festivals zu finden) ist Anlaufstelle für Betroffene von Gewalt und Diskriminierung.

Backlash
Bestrebungen einer in der Vergangenheit privilegierten Gruppe, die neu erkämpften Freiheiten und Rechte einer früher diskriminierten Gruppe rückgängig zu machen

Biodeutsch
(Rechter) Begriff für Deutsche ohne familiäre Migrationsgeschichte.

BIPoC
„Black, Indigenous and People of Colour", Selbstbezeichnung systematisch rassistisch diskriminierter Personen

Blackfacing
Diskriminierungsform und herabwürdigende, stereotype/rassistische Praxis, bei der sich *weiße* Menschen das Gesicht schwarz anmalen, krause Perücken aufziehen etc., um einen Schwarzen Menschen nachzumachen. Form der kulturellen Aneignung.

Bodyshaming
Diskriminierung/Demütigung wegen körperlicher Eigenschaften: zu dick, zu dünn, zu groß, zu klein, zu viele Pickel oder zu wenig Haare

Bürgi
(= „bürgerlich") Abwertende Bezeichnung für „Normalbürger:innen" oder auch Antifaschist:innen, die als nicht „echt" gesehen werden (siehe auch „Otto"). Wird auch in Kombination mit „weiß" verwendet.

Catcalling
Verbale Form der Belästigung, Entmenschlichung und Erniedrigung, die oft verharmlost wird, da sie ohne körperliche Gewalt auskommt, z. B. Hinterherpfeifen in der Öffentlichkeit durch eine fremde Person. Täter sind meist Männer, Opfer sind weiblich gelesene Personen.

Chauvinismus
Ursprünglich Begriff für einen aggressiv überzogenen Nationalismus, der andere Nationen herabwürdigt. Heute beschreibt er den Glauben an die Überlegenheit der eigenen Gruppe oder auch ein überheblich überzogenes, arrogantes Verhalten von Männern.

cis
Menschen, deren biologisches Geschlecht mit ihrer Geschlechtsidentität übereinstimmt. Die Bezeichnung wird wie „Bürgi" und „Otto" auch zur Abwertung verwendet.

Cybermobbing
Mobbing, meist durch anonyme Täter:innen im Netz. Personen werden wiederholt und dauerhaft psychisch fertiggemacht und gedemütigt, mit dem Ziel, sie zu „brechen".

Cyberstalking
Belästigung, Verfolgung und Demütigung von Personen im Netz über verschiedene Kanäle durch ständige Ansprache, Profilbesuche oder durch Tracking- & Spy-Apps

Denigration
Form des Cybermobbings. Bewusstes Verbreiten von Gerüchten im Netz, um Personen schlechtzumachen, sie zu verletzen und bloßzustellen.

Diversität
Begriff für die Vielfalt (lat. diversitas) aller Menschen, z. B. in Bezug auf Alter, Behinderung, Herkunft, Geschlecht, Religion und sexuelle Identität

Dox(x)ing
Missbräuchliche Veröffentlichung privater Kontaktdaten, Fotos, Kreditkartennummern u.s.w., um Menschen zu schaden

Ethnopluralismus
Weltbild der Neuen Rechten, welches eine kulturelle Homogenität von Staaten und Gesellschaften nach „Ethnien" anstrebt

Exklusion
Ausgrenzung von Personen/(politischen, religiösen, ethnischen) Gruppen

Exotisierung
„Othering" auf eine vermeintlich „positive", aber dennoch rassistische Art. „Schwarze können so gut tanzen" .

False flag
Täuschungsmanöver, bei dem Aktionen einem Gegner angedichtet werden, welcher die Verantwortung und Konsequenzen tragen muss. Ziel ist eine gezielte Desinformation und Rufschädigung.

Femizid
Tötung von Frauen und Mädchen, meist durch nahestehende Männer

Flaming
Beleidigung, vor allem in Online-Diskussionen. Auch in Form von „flame-war" in kurzen, heftigen Auseinandersetzungen.

Feminismus
Geschlechtergerechtigkeit

FLINTA*
Bezeichnung für Frauen, Lesben, intergeschlechtliche, nicht binäre, trans und agender Menschen, also alle außer cis männliche Menschen

Gaslighting
Form der Manipulation, bei welcher Täter:innen ihre Opfer so manipulieren, dass sie ihre eigene Wahrnehmung infrage stellen; z. B. indem gezielt Zweifel über Taten gesät werden; auch innerhalb von (orchestrierten) Attacken auf „Gegner:innen", in Zusammenhang mit „gefühlten Wahrheiten" und dem Anzweifeln oder Verzerren von Fakten oder bei der Konstruktion von Gegenrealitäten zu finden

Gendern
Geschlechterbewusster Sprachgebrauch, der die Gleichbehandlung der Geschlechter über die Sprache fokussiert

Grooming
Gezielte Kontaktaufnahme zur Vorbereitung sexueller Handlungen, welche anschließend im Netz veröffentlicht werden

Happy Slapping
Demütigung durch Veröffentlichung von Videos mit körperlichen Erniedrigungen und Gewalt

Harassment
Wiederholtes Beleidigen oder Belästigen von Menschen oder Gruppen in sozialen Netzwerken

Hate Speech
Form gruppenbezogener Menschenfeindlichkeit, bei der durch öffentliche Hetze Macht demonstriert, Diskriminierung befeuert, zu Gewalt aufgerufen und der öffentliche Frieden gestört werden

Homophobie
„Angst" vor Homosexuellen, die sich durch Diskriminierung/Aggression äußert. Da es sich aber nicht um Angst, sondern um eine Abwehrhaltung handelt, ist die bessere Bezeichnung: LSBTQI+-Feindlichkeit.

Identitätspolitik
Konstrukt, das Identitäten (aufgrund von Geschlecht, Hautfarbe ...) benachteiligter Gruppen und die dazugehörigen Diskriminierungen in den Mittelpunkt stellt. Minderheiten werden dabei als homogene benachteiligte Opfergruppe aufgefasst; Kritik: Ungleichheiten werden verstärkt und Opferrollen betont, statt Minderheiten zu gleichen Rechten zu verhelfen. Auch Nazis betreiben mit ihrem Rassenreinheitsgedanken Identitätspolitik.

IL (Interventionistische Linke)
Zusammenschluss linksradikaler Gruppen/Personen aus der undogmatischen/emanzipatorischen Linken

Impersonation
Identitätsdiebstahl, bei dem gefälschte Inhalte veröffentlicht werden, die vermeintlich von den Betroffenen stammen

Inklusion
Einschluss und Akzeptanz aller Menschen innerhalb einer Gesellschaft

Inspiration Porn
Bewunderung oder sogar Fetischisierung für Menschen mit Behinderung, weil sie Dinge tun, die für sie ganz normal sind – was diese Menschen auf ihre Behinderung reduziert

Integration
Einbeziehung einer Minderheitengruppe in eine Mehrheitsgruppe

Intersektionalität
Eine Person kann aufgrund von verschiedenen Merkmalen vielfach diskriminiert werden. Dies nimmt Intersektionalität in den Blick. Beispielsweise kann eine Frau sowohl lesbisch und Schwarz sein und/oder eine Behinderung haben.

Islamfeindlichkeit
Abwertung und Ausgrenzung von (vermeintlichen) Muslimen. Zugrunde liegen Zuschreibungen gegenüber „dem Islam" als rückschrittlich, gewalttätig und antidemokratisch.

Klassismus
Diskriminierung aufgrund eines vermuteten niedrigeren Status („Arbeiterklasse", „Hartz IV", „arbeitslos")

Kritisches Weißsein
Ansatz der Antirassismus-Bewegung, der *weiße* Menschen für ihr Privileg des Weißseins sensibilisieren will, um dieses spürbar zu machen

Kulturelle Aneignung
(Cultural appropriation) Mitglieder einer dominanten Kultur übernehmen zu ihrem Vorteil Symbole einer unterdrückten Minderheit (z. B. Häuptlingsschmuck zu Karneval). Geht häufig mit Stereotypisierung einher. Hinterfrag Dich am besten selbst: Zeige ich mit meiner „Aneignung" Respekt oder mache ich mich lustig?

Lookismus
Diskriminierung aufgrund von äußerlichen Merkmalen (dick, dünn, pickelig, groß, klein, Kleidung, Frisur)

LSBTQI+
„Lesbisch, schwul, bi, trans, queer, intersexuell, asexuell", Abkürzung für Menschen mit sexueller Orientierung/Geschlechtsidentität abseits der Heterosexualität, das Plus steht als Platzhalter für weitere Geschlechtsidentitäten

LSBTQI+-Feindlichkeit
Diskriminierung von Menschen aufgrund ihrer sexuellen Identität oder Orientierung

Mansplaining
Herablassende, besserwisserische Erklärung eines Mannes, der davon ausgeht, mehr zu wissen als sein weibliches Gegenüber

Misogynie
Abwertung von Frauen

Nationalismus
Hierarchisierung von Nationen, wobei die eigene Nation mit ihren Bürger:innen als überlegen und höherwertig angesehen wird, während andere Nationen abgewertet werden. Das persönliche Wohl wird dem Wohl der Nation untergeordnet: Alles für mein Land!

Neurodiversität/Neurodivergenz
Natürliches Vorhandensein neurobiologischer Unterschiede (z. B. Autismus, AD(H)S, Dyskalkulie, Legasthenie und Dyspraxie)

Non-binär
Sammelbezeichnung für Geschlechtsidentitäten, die sich nicht ausschließlich als Frau/Mann identifizieren

Othering
„Fremdmachung", Abgrenzung eines „Wir" von „den Anderen", indem Unterschiede hervorgehoben werden. Nährboden für Rassismus.

Outing (1)
Veröffentlichung persönlicher, empfindlicher Informationen, um Opfer bloßzustellen und zu erniedrigen

Outing (2)
Öffentlichmachung der eigenen Sexualität und/oder sexuellen Identität

Otto
Abwertende Bezeichnung für „Normalbürger:innen", zur Abwertung von Antifaschist:innen, die als nicht „echt" gesehen werden (siehe auch „Bürgi"), wird gerne in Kombination mit „Querfront" verwendet: „Du Querfront-Otto!"

Outcalling
Öffentliches Hinweisen/Kritisiertwerden, etwas Beleidigendes, Diskriminierendes gesagt oder getan zu haben

PoC*
„People of Color" oder „Person of Color", Selbstbezeichnung von Menschen, die Rassismus erfahren, besser BIPoC

Queer
Sammelbegriff für Personen, deren Geschlechtsidentität/sexuelle Orientierung nicht der zweigeschlechtlichen, heterosexuellen Norm entspricht

Rassismus
Einteilung und Bewertung von Menschen in Rassen aufgrund von (zugeschriebenen) biologischen, kulturellen, ethnischen etc. Merkmalen

Sexismus
Diskriminierung von Menschen aufgrund ihres (vermeintlichen) Geschlechts. Zuschreibung von Eigenschaften und Fähigkeiten durch Geschlechtsvorurteile.

Silencing
Strategie, um andere zum Schweigen zu bringen.

Safe Space
Schutzraum, in dem Menschen geschützt vor Diskriminierung sein sollen

Schwarz
Selbstbezeichnung von Schwarzen Menschen, Menschen dunkler Hautfarbe, People of Color; wird großgeschrieben, da es nicht eine Farbe, sondern die rassismuserfahrene Identität beschreibt

Slutshaming
Diskriminierende Praxis, bei der weiblich gelesene Personen aufgrund ihrer Kleidung oder sexuellen Aktivität sexistisch erniedrigt, beleidigt und angegriffen werden

Stereotypisierung
Verallgemeinernde, vereinfachende Reduzierung auf bereits verfestigte, emotionsbeladene Vorurteile

TERF
„Trans-Exclusionary Radical Feminist", Fremdbezeichnung für radikale, transfeindliche „Feminist:innen"

Token
Von Diskriminierung betroffener Mensch, der aufgrund (zugeschriebener) Merkmale für eigene Zwecke ausgenutzt wird, um Kritik an diskriminierendem Verhalten oder Strukturen abzuwenden, „Ich kann gar kein Rassist sein, schließlich habe ich eine Schwarze Sekretärin".

Tokenismus
diskriminierendes Verhalten, bei dem Angehörige benachteiligter Gruppen instrumentalisiert werden, z. B. als Aushängeschild wie „Quotenfrau", „Vorzeige-Schwarze"

Tone Policing
Vorgehen, bei welchem von Betroffenen verlangt wird, sich „zusammenzureißen"; Strategie, um jemanden zum Schweigen zu bringen

Trigger
Ursprünglich Auslöser von Erinnerungen an traumatische Erlebnisse, umgangssprachlich auch „Reizwort", etwas, was provoziert

Triggerwarnung
Ankündigung zu Beginn eines Beitrags, um Menschen vorab vor möglicherweise verstörenden Inhalten zu warnen

Transphobie
„Angst" vor Transsexuellen und Transgender, die zur Abwertung führt. Da es sich aber nicht um Angst, sondern um eine Abwehrhaltung handelt, ist die bessere Bezeichnung LSBTQI+-Feindlichkeit.

Victimblaming
Täter-Opfer-Umkehrung, bei der den Opfern die Schuld zugeschrieben wird

Whataboutismus
Rhetorisches Ablenkungsmanöver, bei dem ein Vorwurf mit einem Gegenvorwurf gekontert wird, ohne auf Gesagtes einzugehen

White Fragility
Abwehrende, wütende Reaktion *weißer* Menschen auf Debatten über Rassismus oder eigene Privilegien

White Privilege
Weiße Privilegien

White Supremacy
Glauben an die Überlegenheit der *„weißen* Rasse"

Woke
Lebenseinstellung, Bewusstsein für soziale und politische Ungerechtigkeit und Diskriminierung, Begriff dient auch der Beleidigung diskriminierungssensibler Personen

Xenophobie
„Angst" vor Menschen anderer Ethnien, Kulturen und Religionen. Da es sich aber nicht um Angst, sondern um eine Abwehrhaltung handelt, ist die bessere Bezeichnung Rassismus.

Quellen:
www.journalist.de/startseite/detail/article/das-diversity-lexikon
https://atalante-thueringen.de/glossar/
www.aktiv-gegen-diskriminierung.info/argumente/glossar
https://love-storm.de/knowledge-base/glossar
https://perspektivenofcolor.de/rassismuskritisches-abc/
https://diversity-arts-culture.berlin/woerterbuch